·高等院校"十四五"会展专业规划教材·

会展场馆
经营与管理

贾岷江◎编著

The
Management of
Convention
and
Exhibition
Venue

经济管理出版社
ECONOMY & MANAGEMENT PUBLISHING HOUSE

图书在版编目（CIP）数据

会展场馆经营与管理／贾岷江编著. —北京：经济管理出版社，2021.7
ISBN 978-7-5096-8134-3

Ⅰ. ①会…　Ⅱ. ①贾…　Ⅲ. ①展览会—经营管理—高等学校—教材　Ⅳ. ①G245

中国版本图书馆 CIP 数据核字（2021）第 137474 号

组稿编辑：王光艳
责任编辑：王光艳　李光萌
责任印制：黄章平
责任校对：张晓燕

出版发行：经济管理出版社
　　　　　（北京市海淀区北蜂窝 8 号中雅大厦 A 座 11 层　100038）
网　　　址：www. E-mp. com. cn
电　　　话：（010）51915602
印　　　刷：北京晨旭印刷厂
经　　　销：新华书店
开　　　本：787mm×1092mm /16
印　　　张：16
字　　　数：380 千字
版　　　次：2022 年 1 月第 1 版　　2022 年 1 月第 1 次印刷
书　　　号：ISBN 978-7-5096-8134-3
定　　　价：58.00 元

前　言

　　法国管理学家法约尔在其经典著作《工业管理与一般管理》中指出经营与管理的概念不同：除了管理外，经营还包括商业、财务、安全、会计和技术等一系列职能。这大概是多数国内会展场馆类教材命名为"会展场馆经营与管理"的原因，但也有一些教材把会展场馆的经营内容纳入会展场馆的管理内涵中（张以琼，2007；杜洁莉，2008）。目前，会展专业学生毕业后从事会展场馆经营、管理工作的比例仍然较小。大量从事会展活动策划、管理和参加会展活动的人员应该知道如何选择会展场馆，要求（或配合）会展场馆工作人员搞好现场服务。由此，我认为本课程教材至少应包含会展场馆经营、管理与选择三个方面的内容。

　　会展场馆经营与管理是会展专业学生的必修课程。本人从事该门课程的教学已有6年时间，每年使用不同的教材，在教学过程中也随时关注会展场馆的管理实践和理论研究问题，并发表多篇论文。随着时间的推移，我越来越希望编著一本新的教材，能够实现以下目标：

　　这本教材应当更具专业性。专业性理论和技能的介绍有助于会展专业学生提高当前迫切需要的职场竞争力。如果外行人员也能从事会展管理，这对会展专业人士和消费者而言都不是一个好消息。教材内容不应当是相关基础课程内容的重复介绍和管理案例的简单堆砌，需要呈现当前和未来会展场馆管理实践所必需的特有知识和技能。这些理论和技能的介绍应紧密围绕会议场馆和展览场馆的管理实践，而不能有所偏颇。对于会展场馆与其他组织所共有的并且在其他教材中阐述过的理论和方法，本书不准备浪费太多笔墨。

　　这本教材应当具有理论前沿性。传统的教材编写方法是把成熟（认为是正确的或可靠的）的理论知识告诉学生，但是研究理论要变得"成熟"尚需时日，这必然导致教材内容滞后于时代发展。陈旧的知识和技能显然不能适应先进管理和高水平服务的需要。尽管许多研究结论有待进一步验证，但教师有义务把国内外学术研究的前沿问题和最新成果告诉学生，激发他们的学习、工作和研究兴趣，我们需要更多的新人为会展行业的专业化管理贡献自己的智慧。当前，会展场馆经营管理方面的研究问题主要集中于会展目的地或会展场馆选择、会展场馆的经济社会影响、会展场馆营销管理和场馆使用者的行为方面。遗憾的是，学术界对会展场馆管理的研究成果仍然偏少，能够用于指导实践活动的成果更少，一些观点尚存争议。由此，一些业内人士误认为场馆管理人员只需要经验和技能，而不需要理论指导。

　　这本教材应当具有实践前沿性。一本专业教材的内容往往是某个（些）职业岗位的基本要求。这本教材不仅仅是为未来的会展场馆方（投资方和经营管理方）的工作人员编写，也希望为行业管理方（包括政府职能部门和行业协会）和会展活动方（会展活动举办方和活动参与人员）提供学习材料。他们需要知道在工作中将要面临哪些主要问题以及行业内的标杆性做法，如何与会展场馆的利益相关者密切配合，解决不同时间和活动中遇到的新问题。显然，落后于最新实践的教学内容只能增加学生在就业过程中的挫折感和企业在人才招聘过程中的失望感。

从国内同类教材的内容来看，大部分教材的知识框架几乎一致。这说明，同行对会展场馆课程应当教授哪些方面的知识是没有太多争议的。本教材遵循此例，以符合大多数学校会展场馆经营与管理课程的教学要求，但在具体内容上有较大变动，努力实现本教材的编写目标。如在教材中加入了会展场馆的投融资模式、招投标管理、安全与应急管理、管理体系认证、满意度管理方法和会展场馆选择指标体系等新内容。与较为成熟的体育场馆、博物馆和剧院等场所的专业管理教材不同，本教材主要针对专业的会议和展览场馆，当然大部分内容也可用于临时性会议、展览场馆（如博物馆、体育馆、影剧院、小型附属会展场所等）的经营、管理和选择。

为便于教学，本教材的每章内容分为本章要求、章节内容、本章小结、关键词、本章作业和推荐阅读材料六个部分，将理论研究成果的陈述和实践案例的介绍相结合。课程教学的总时长建议设为 32~48 学时，其中包括 4~8 学时的实训时间。为提高学生专业技能，本教材重点推荐以下四个方面的实训项目：会展场馆现场参观或经营调查；会展场馆现场布置方案策划；会展场馆营销方案或投标方案制定；会展场馆选择方案或招标方案撰写。

本教材的出版得到成都大学"会展经济与管理"校级一流专业建设和"会展场馆经营与管理"校级一流课程建设项目的部分资助。鉴于资金匮乏以及本人时间、精力和学识有限，书中难免有不足之处，敬请行家批评指正。如有同行希望交流本课程教学相关事项或共同研究会展场馆经营与管理方面的问题，请加 QQ502113298 并备注，本人将不胜荣幸。本教材的出版也得到了经济管理出版社编辑王光艳老师及其团队成员的支持，在此一并表示感谢。

贾岷江

2021 年于成都大学

目　录

第三章 会展场馆的设施设备管理 //046

第六章　会展场馆的现场和环境管理　//103

第一章
会展场馆及其管理概述

传统上，会展场馆是会展活动的专业化"生产车间"，在很大程度上反映了城市会展业发展的水平。在未来，会展场馆是孕育创新的"温床"。

本章要求	掌握会展场馆的概念
	了解会展场馆的分类
	了解会展场馆的产业和社会功能
	熟悉会展场馆相关各方的管理目标和内容

第一节　会展场馆的概念与分类

传统会展活动的举办需要物理空间的支撑。理解会展场馆的概念和类型是进行会展场馆管理、研究和使用的前提。当前，社会各界对会展概念的看法不一，导致人们对会展场馆的概念和分类出现分歧，在管理上随意套用其他类型场馆的做法可能带来与预期相反的绩效。

一、会展场馆的概念

要清楚会展场馆的概念首先得了解会展的概念。目前国内外并没有统一的"会展"定义，一部分国内学者认为会展是指"会议"和"展览"，甚至仅为展览，另一部分国内学者认为会展还应当包括节庆、演出和赛事等特殊活动（张健康，2020）。在欧洲，会展通常是指会议（Meeting）、奖励旅游（Incentive Travel）、大会（Convention，Conference，Congress）和展览（Exhibition，Exposition）（Mccabe，2008；Mitchell et al.，2016），简写为"MICE"。以王春雷、Getz 为代表的国内外学者认为，会议和展览包含在"活动"（Event）范畴内（丁烨，2019）。在美国，会展是指会议（Meeting），并且将展览也包括在内（Breiter and Milman，2006）。笔者认为，会展是指一定数量以上、来自不同空间位置的人员聚集在某个场所，为了实现既定目标所进行的短期沟通活动，主要是指"会议"和"展览"。

尽管会议和展览的相同点比赛事、节庆活动、奖励旅游要多，但两者在很多方面有着根本的不同（Jin et al.，2013）：①会议的举办地点通常不固定，而展览的举办地点则较为固定；②对于组织者来说，会议只有一组参与者，即会议参加者或会议代表，而展览有两组参与者，即展商（又称为参展商或参展企业）① 和观众，并且双方相互影响；③学习和交流机会对于参会者来说都是至关重要的，而商品交易和信息交流是展览参与者的主要目的；④展览通常涉及商品展示，并配备必要的展位搭建，物流是主办单位和展商关心的主要问题之一；⑤会议参与者的费用基本相同，而展商需要根据展位的大小和位置支付不同的费用，因此，费用方面可能会有很大差异。

能够举办会议和展览的场所较多，这些场所既有室内的，又有室外的。尽管室外场所的建设和租赁费用相对于室内场所较低，但室内场所能够避免天气变化、外部环境干扰对会展活动产生的不利影响，容易营造适合特定会展活动的空间氛围，因此，绝大部分会展活动都是在室内举办的。会展场馆就是指可以举办会议和展览活动的室内场所及其相关配套设施，属于活动场馆（Event Venue）（即广义会展场馆）的范畴。也有学者认为，场馆是指举办活动（Event）的地方，包括室外区域的"场"和室内区域的"馆"（张以琼，2005）。本书所指的"场馆"以"馆"为主，"场"是"馆"的附属配套设施，即"场馆"并不包含独立存在的"场"。

常见的会展场馆包括会议中心、会展中心、博览（展览）中心、会议酒店、展览馆等。根据《会议分类和术语》（GB/T 30520–2014），会议中心（Convention Center，Congress Center，Conference Center）的主要功能是用于集中举办各种规模和形式的会议活动，包含多个不同规模的会议室以及宴会厅、报告厅、停车场、商务中心和会议附带展览所需要的室内展览区域等设施的建筑②；会展中心（Convention & Exhibition Center，Conference & Exhibition Center）用于集中举办各种规模和形式的会议以及展览，是包括专业展厅、会议室、停车场、商务中心等设施的建筑。

举办会议的常见室内场所有会议酒店、会议中心、会展中心、市郊酒店、机场饭店、度假村、培训中心、教育科研机构的会议中心、政府或企业内部的会议场所等。其中，会议酒店是举办各类会议的主要场所。会议酒店和商务酒店、度假型酒店的功能不同。在意大利，会议酒店（Convention Hotel）被定义为出售永久布置的空间并配备会议技术的酒店，至少拥有 50 个座位，并通过广告和沟通策略促销和商业化会议地点（Bernini，2009）。由于能够举办会议的场所较多，英国多个协会对会议场馆的定义为必须是对外租赁的场所，至少拥有 3 个会议室，最大的会议室采用剧院式摆台至少容纳 50 人。

① 笔者认为还包括其他展出组织和个人。
② 某些国家的会议中心兼具会议和展览功能。

展览馆是展出临时性陈列品的公共建筑，通过实物、照片、模型、电影、电视、广播等手段传递信息，促进发展与交流（刘磊，2002）。博物馆、展览馆、博览会建筑与会展建筑都以展览为主要功能，但在展览内容、展览目的和建筑形式上有所不同（周绮芸，2008）（图1-1）。然而这种场馆划分使各类场馆之间的区别依然不够明确。根据展品的不同，展览馆可分为文化艺术类展览馆（如博物馆、世博馆、艺术馆等）和贸易商品类展览馆，前者的数量和规模比后者小得多。目前业界所指的会展场馆主要是贸易商品类展览馆。会展建筑①具有以下特点：集散性强，商贸性为主，通用性强，大空间，大体量，多模式运营，室外场地（包括广场、室外展场、停车场、货场）的面积大。大型展览场馆结合商业及文化设施成为一种综合体建筑。

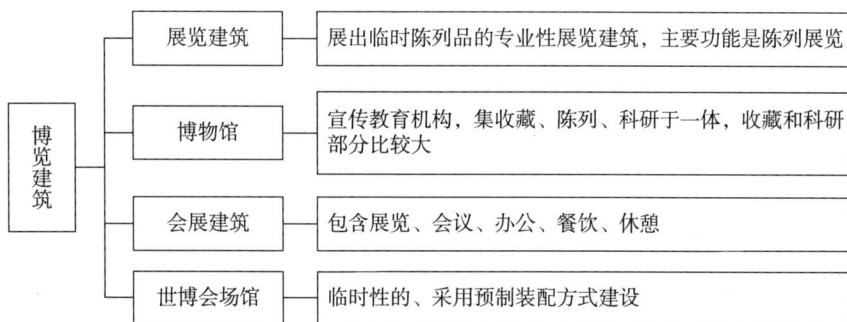

图1-1　会展建筑类型界定

许多室内场所也可以临时用于举办会展活动，但严格说来它们并不属于专业的会议或展览举办场所，如体育场、科技馆、博物馆、纪念馆、文化宫、美术馆、音乐厅、影剧院、大学校园、商贸建筑综合体等②。虽然专业性会展场馆也可临时用于举办其他室内活动，如赛事、歌舞表演、庆祝活动等，但不如专业性的体育馆、影剧院等场所更适合举办该类活动。专业性的会展场馆和其他活动场馆在服务功能上存在一定差异。如节事活动场所是一个"游憩空间"，具有"根基性场所"的特点，观众在与场所的互动中倾向于情感性的依赖；会展活动场馆是一个"消费空间"，具有"工具性场所"的特点，观众在与场所的互动中倾向于功能性的依赖（戴光全、梁春鼎、陈欣，2012）。本书重点讨论经营性会议和展览场馆。当然，本书讨论的许多理论和方法也可以应用于非经营性或非专业性会展场馆。

不同活动类型的场馆之间在设施设备、建筑设计、服务流程、目标客户人群方面可能显著不同。活动场馆的功能转换或临时借用（即场馆活动转换）需要考虑转换成本、转换时间和转换效果。如体育场馆临时用作展览场馆，可能需要改变入场通道、地面承重能力、现场电源线连接等，或对入场展品的尺寸和重量有所限制，场馆面积对展商的规模或展位面积也有限制，露天体育场馆还要考虑气候对展期的不利影响。一般说来，会议场馆与音乐厅、影剧院之间的活动转换时间较短、转换成本较低、转换效果较好，与展览场馆

———————————————

① 实质上是指商品类展览馆。

② 也有许多国内教材将这些场馆归入会展场馆。

之间转换也较为容易。常见的科技馆、博物馆、纪念馆、文化宫、美术馆等文化艺术类展览馆要转化为贸易商品类展览馆则存在较大难度。目前，适合各种活动的通用场馆极少，多功能的通用场馆不仅会增加建造难度，也可能降低专业活动的服务质量。

已经建成并投入使用的各类房屋及其配套的设备、设施和场地通常被称为"物业"。与居住物业、工业物业不同，会展场馆是一种特殊的商业物业（杜洁莉，2008）。具有消费或使用上的非竞争性和受益上的非排他性的产品通常被称为公共产品。大型会展场馆往往具有准公共产品的性质（刘晓广、郝静、巩隽等，2017），即具有非竞争性、排他性、非拥挤性的公共产品。中小型会展场馆则可能具有私人产品的性质。公益设施是指由各级人民政府举办或者社会力量举办的，向公众开放，用于开展文化活动的非营利性图书馆、博物馆、纪念馆、美术馆、文化馆（站）等建筑物、场地和设备。以营利为目的的会展场馆不属于公益设施的范畴。公共设施是指由政府或其他社会组织提供的、供社会公众使用或享用的公共建筑。对公众开放的会展场馆才可以称为公共设施。城市基础设施包括城市生存和发展所必须具备的工程性基础设施和社会性基础设施。一方面，城市基础设施（如交通设施、停车场和绿化）是城市发展会展场馆的基础（傅婕芳，2009）；另一方面，会展场馆日益成为城市的基础设施。

菲尼克（2015）认为，自人类开始永久定居，每个城镇或乡村就会有一个公共的会议场所，一般称之为"广场"。在这里，人们可以见面、交流和开展庆祝活动。从历史上看，会议场馆经历了临时约会地点、固定约会地点、庙堂、议事厅、会议酒店、会议中心等类型的演变，而展览场馆经历了临时集市、商铺、商业街、展览场馆、会展中心等类型的演变。1851 年，在伦敦海德公园建立了一个长约 564 米、占地 92000 平方米的临时玻璃建筑，俗称"水晶宫"。1851 年 5 月 1 日至 10 月 15 日，水晶宫举办了"万国工业博览会"，并产生了财政盈余。有 13000 多个展品展出——包括蒸汽机、巨大的煤块、价值连城的钻石和小饰品，吸引了约 500 万观众。可以说，英国"水晶宫"开启了现代大型会展建筑建设的序幕（Gardner，2018）。在当代，会议和展览日益结合，导致了会议中心和展览中心的结合或相互转化（Chlodnicki et al.，2011），以及包括相关配套设施的会展综合体的出现。如美国许多大型会议中心平均每 5 平方英尺的展览空间就配有 1 平方英尺的会议空间，并且有附属或毗邻的酒店（Graham，2018）。某些国家或地区甚至出现了会展产业区、会展城（镇）、会展之都等会展场馆的聚集地。

二、会展场馆的分类

会展场馆分类的主要目的是明确场馆的目标市场和市场竞争力。2010 年，广东省标准化协会、广东省会议展览业协会发布《展览场馆分等定级要求》（DB44/T 700-2009），根据规模、设备设施、服务质量和管理体系将展览场馆划分为四个等级。活动场所可以根据运营战略、市场、硬件、服务和活动划分为很多类型（表 1-1）（Hassanien and Dale，2011）。这些分类标准也是考察会展场馆属性的标准。

表1-1　活动场所的分类标准

主题	标准
战略	核心业务活动（主要或次要）
	所有权（公共、私人和慈善信托）
	管理（独立、特许和多国）
	竞争战略（成本领先、差异化、集中一点、混合等）
	行业背景（酒店、旅游、休闲、体育、教育或宗教）
	产品生命周期（导入、成长、成熟和衰退）
市场	买家类型（个人、公司、协会和政府）
	市场范围/空间（地区、国家和国际）
	追求价值（休闲、商务、娱乐、培训、营销、学习等）
硬件	年限（历史或现代）
	位置（城市、镇中心或乡村）
	场地的大小（大型、中型或小型）
	场所（自然形成或有目的地建造）
	空间（室内、室外或组合）
服务	服务提供（内部、外包或签约）
	类别、等级或服务质量
	提供的设施和服务（全面服务、自助，或住宅和非住宅场所）
	许可和未许可
活动	类型（会议、展览等）
	持续时间（短或长）
	许可（收费或免费入场）

　　按是否长期对外承接各类会展活动，并以此为主营业务，会展场馆可分为经营性会展场馆和非经营性（自用型）会展场馆。按是否具备适合开展具体会展活动的设施设备，会展场馆可分为专业性会展场馆和非专业性会展场馆。大多数经营性会展场馆都是专业性的会展场馆。比如，会议场馆一般用于举办会议活动，很少用作展览场馆。同样，展览场馆也很少用作会议场馆。

　　实践中对会展场馆规模类型的划分，有的以建筑面积作为标准，有的以能够举办会展活动的最大场地面积来划分。我国建筑业界通常将会展建筑按其总建筑面积划分为特大型、大型、中型、小型或 A 级、B 级、C 级，并且分类标准也不统一（表1-2 和表1-3）。不同场地面积的场馆举办的会展活动规模不同，场地面积较大的场馆往往比面积较小场馆更具有市场竞争力。因此，会展场馆规模应当根据能够举办活动的场地面积大小进行分类。一般而言，以室内活动场地面积划分场馆规模类型是比较合适的。此外，根据规模划分的场馆类型并不唯一，往往因时因地而不同，对场馆使用者而言仅仅具有参考价值。

表1-2　我国会展建筑规模划分

建筑规模	展览面积S（平方米）
特大型	S>80000
大型	50000<S≤80000
中型	30000<S≤50000
小型	S≤30000

资料来源：杨毅.特大型会展建筑分析研究［D］.广州：华南理工大学，2012.

表1-3　会展建筑分级建议表

	A级会展建筑	B级会展建筑	C级会展建筑
所处城市	国际经济、金融、贸易中心城市	国内大型中心城市	经济发达的小城市
基地面积	>20万平方米	>15万平方米	>10万平方米
总建筑面积	>15万平方米	>10万平方米	>5万平方米
展览面积	>10万平方米	>5万平方米	>3万平方米
国际标准展位	>2000个	>1500个	>1000个
室外展场面积	>5万平方米	>5万平方米	>3万平方米
会展活动级别	国际级	国家级	地方级

资料来源：陈剑飞，梅洪元.会展建筑［M］.北京：中国建筑工业出版社，2008.

国外对展览场馆规模的划分标准与国内也有所不同。大型展览场馆需要能够举办面积超过100万平方英尺（约9.3万平方米）的展览（Breiter and Milman，2006）。美国的大型会展场馆需要具备超过35万平方英尺（约3.25万平方米）的展览空间（Graham，2018）。世界展览业协会（UFI，2020）将展览场地面积小于2万平方米、2万~10万平方米、大于10万平方米的会展场馆划为小型、中型和大型。

2017年，全球展览场地面积在2万~10万平方米的中型会展场馆有417座，占被调查场馆总数的34%；超过10万平方米的大型会展场馆有62座，占5%；小于2万平方米的小型会展场馆有738座，占61%。2019年，中国投入运营的292座展览场馆室内可供展览总面积为1196.6万平方米，24座在建场馆的室内可供展览总面积为261.7万平方米①，立项待建的16座场馆②可供展览总面积为170.6万平方米③。其中，可供展览面积达1万平方米以上的在用展览场馆共253座，5万平方米以上的场馆有73座，超过10万平方米的场馆有25座。

由于中国会展业的发展进入快速发展阶段，会展场馆成为城市建设的热点。这些场馆的规模越来越大，已经接近甚至成为世界最大会展场馆。在深圳国际会展中心未全部建成

---

① 其中14座为5万平方米及以上。
② 其中11座为5万平方米及以上。
③ 数据来源于中国会展经济研究会。

之前，德国汉诺威博览中心是世界上最大的展览场馆，整个场馆占地100万平方米，共27个展馆，室内展览场地总面积达到46万平方米。深圳国际会展中心全部建成后，室内展览场地面积达到50万平方米以上，成为国内乃至全球最大的会展中心。

会展活动按照主要参与人员或企业的地域来源可分为国际会展、国家会展、区域会展、本地会展四种类型。相应地，展览场馆也可分为国际级、国家级、省级和地市级四种类型。不同级别场馆的面积和功能有所差异（表1-4）。需要注意的是，国际会展场馆的最终界定依赖于承接的国际会展活动的数量和所占比例，而不是由场馆名称单独决定。

表1-4　不同级别场馆的面积和功能

分类	建筑总面积	功能空间构成及说明
国际博览园	$100000m^2 \sim 300000m^2$	展览馆（多处）、广场、商店、餐饮设施等
国家级、国际展览馆	$35000m^2 \sim 100000m^2$	展览厅、会议中心，一般带有剧场、商场、饭店等公众设施
省级展览馆	$10000m^2 \sim 35000m^2$	展览厅、会议室等
地市级展览馆	$2000m^2 \sim 10000m^2$	展览厅、会议室等，展厅应可同时用于地级政治、经济、文化集会

资料来源：中国建筑学会.建筑设计资料集4［M］.北京：中国建筑工业出版社，2017.

会议场地的面积相对于展览场地的面积要小得多（Graham，2018）。会议场馆和展览场馆的分类标准并不相同（表1-5）。

表1-5　展览建筑及会议建筑规模等级分类

展览建筑		会议建筑	
建筑规模	总展览建筑面积S（m²）	建筑规模	总建筑面积S（m²）
特大型	S>100000	特大型	S>50000
大型	30000<S≤100000	大型	20000<S≤50000
中型	10000<S≤30000	中型	5000<S≤20000
小型	S≤10000	小型	S≤5000

资料来源：建筑设计资料集编委会.建筑设计资料集［M］.北京：中国建筑工业出版社，2017.

会展场馆按建筑空间分布和业主类型可分为独立式、附属式和混合式。独立式会议或展览场馆是指会展场馆与其他用途的建筑物在空间上完全分开，且不属于同一业主，如单独设立的会议中心或展览中心。附属式会议或展览场馆是指会展场馆与其他用途的建筑物结合在一起，且属于同一业主，建筑物的主要用途并非会议或展览，如会议酒店中的会议室或展览厅、度假山庄中的会议室等。混合式会展场馆的会议场馆和展览场馆结合在一起，或虽然空间上分离，但仍然属于同一业主，如综合性的会展中心或会展综合体。由于会议和展览结合的紧密程度比其他活动要高，因此同时具备会议和展览功能的会展中心或会展综合体的数量日渐增多。

会展场馆按是否有实体建筑物存在，可分为线下实体会展场馆和线上虚拟会展场馆。

虚拟会展场馆本质上是参展者、参会者借助互联网进行实时沟通交流的一个网络平台。该平台虽然也需要利用文字、图像、声音和视频传递信息，但与传统的聊天软件在功能上不同。虚拟会展场馆不是实体会展场馆的在线展示，会展活动在虚拟场馆中的举办不能照搬实体场馆的举办模式。然而，一些虚拟会展场馆只不过是把实体场馆"搬到"线上而已（黎志生和陈育青，2008）。虚拟会展场馆目前可以进行在线会议和在线展览。在实体会展场馆不能举办会展活动的情况下，许多会展活动纷纷转移到线上虚拟场馆中进行，但总体效果不佳。

Vermeulen（2011）根据场馆设施的物理形式、功能、空间根植性（或嵌入性）和制度背景四个维度，把欧洲的展览中心分为挪用设施、伪装设施、孤立设施、静态设施和协调设施五类。物理形式（Physical Form）包括实体建筑物及其内部设施；功能（Function）由举办活动的性质决定；空间根植性或嵌入性（Spatial Embededness）表明举办活动与区域经济以及酒店等其他旅游设施的关系；制度背景（Institutional Setting）取决于设施本身的目标和资源，也取决于不同层次的政府、利益集团、场馆协会、开发商、居民各自的目标、行为模式和正式、非正式的规则。各类设施的特征表现为：挪用设施（Hijacked Facility）的功能不适合空间嵌入性、制度背景和设施的物理形式；伪装设施（Disguised Facility）的物理形式不适合空间嵌入性、制度背景和功能；孤立设施（Disconnected Facility）在与其周围环境的整合方面不成功；静态设施（Static Facility）的形式、功能和空间嵌入性长时间几乎未被改变；协调设施（Harmonious Facility）的所有四个维度适合相同的发展模式。

第二节　会展场馆的产业和社会功能

会展场馆具有三项重要的产业和社会功能：一是提高会展活动的服务水平；二是促进会展业的规模化发展；三是对城市经济社会生活其他方面产生溢出效应，包括促进城市就业、增加税收和带动城市相关产业发展等功能。

一、会展场馆与城市会展活动的服务水平

会展场馆为会展活动的举办提供了场地和主要的硬件设施，可以说是会展活动专业化的"生产车间"。会展场馆方提供的服务进一步完善了活动举办企业（或其他组织）对活动参与者的服务。会展业的核心和外围企业（或其他组织）提供的服务均可能由场馆方来完成。会展场馆的设施设备直接影响到会展活动举办的成功与否，是会展活动消费者（参展或参会者）服务满意度的重要影响因素，最终影响会展活动品牌的形成，从而成为品牌会展活动的构成要素（详见第五章第一节内容）。此外，场馆方也可能是会展活动的举办企业（或其他组织）。

会展场馆是提高会展业服务水平的重要"抓手"。会展场馆的硬件设施设备和服务应当与参展者、参会者的预期相吻合。参展者和参会者的服务预期是变化的，对场馆技术水平和服务水平的要求总体上是逐渐提高的。新的会展场馆的出现往往比老旧会展场馆更具有市场竞争力。会展场馆方需要不断改进设施设备和服务，以应对市场竞争和满足参展者、参会者不断变化的需求。会展场馆服务水平的提高，可以使会展活动的举办企业（或其他组织）专注于自身服务质量的提高，提高参展者、参会者的总体满意度。

二、会展场馆对城市会展业发展的影响

会展活动的举办企业①是会展业的主体。会展业的形成和规模化取决于会展举办企业的数量和产出规模。为会展举办企业提供服务的核心和外围企业（或其他组织）构成了会展业的上游或下游产业。根据与会展活动的紧密程度，会展举办企业的核心服务企业（或其他组织）包括活动策划设计组织者、会展场馆、主场服务商、展台搭建企业、会展物流企业等；外围服务企业（或其他组织）包括住宿酒店、餐饮企业、交通运输企业、旅游企业、通信企业、广告企业、会展专业学校等。可见，会展场馆是会展活动举办企业（或其他组织）的核心服务企业。

也有学者和业内人士（侯晓，2019）认为，会展业包括会展活动的举办企业（或其他组织），以及向其提供服务的核心和外围企业（或其他组织），会展场馆是会展业的上游企业（或组织）（图1-2）。可见，会展场馆是会展业发展的前提，可能会成为城市会展业发展的"瓶颈"。

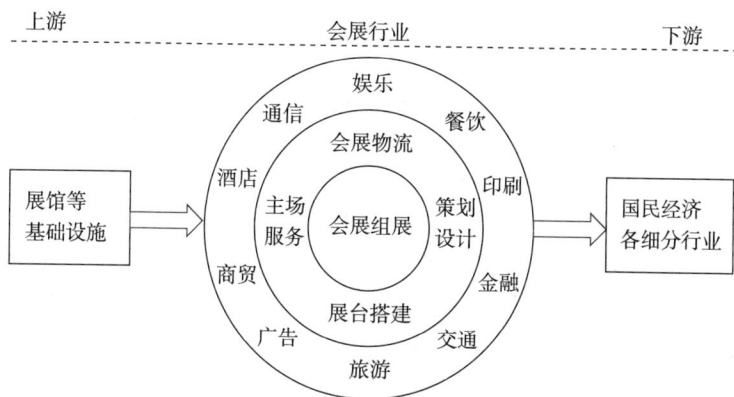

图1-2　会展行业产业链示意图

会展业和会展场馆是相辅相成的。会展场馆是会展业的基础设施。由于绝大多数会展活动是在室内举办的，会展场馆提供的活动场地面积为单个活动能够达到的最大规模设置了上限。会展场馆提供的活动场地面积较小可能阻碍单个会展活动规模的进一步扩大。城

① 国内一般称为主办方、承办方，国外多称为组织者（Host）、组展商（Organizer）。

市会展场馆的构成在很大程度上决定了城市会展活动举办的数量和规模。事实表明，城市会展场馆的活动场地总面积与会展活动的总产出规模（由活动举办次数和每次活动的场地面积决定）正相关。大型展览场馆建设对展览业发展水平有显著正向影响（张淑华、朱玉蓉、陈虹全等，2020）。会展场馆通过支配效应、乘数效应、联动效应、极化效应与扩散效应对周围配套设施产生组织作用（表1-6）（傅婕芳，2007）。依赖举办会展活动生存的企业，其形成和发展是与会展场馆的建设密切相关的。虽然人类社会自诞生以来就有会展活动，但直到专门承接各种会展活动的场馆出现才标志着城市会展业的真正形成。除了影响会展业的规模外，大型会展场馆往往是会展业聚集的诱因之一（方忠权，2013）。会展活动相关企业的空间聚集最终形成会展产业集群。另外，会展业的发展会刺激场馆的建设。随着会展业规模的扩大，城市会展场馆的规模和数量也将增大。

表1-6 会展场馆对周边配套设施的作用

效应类型	解释
支配效应	周边配套设施的发展根据会展场馆需求的变化而发生相应的变化
乘数效应	会展场馆发展促进配套设施的日益完善，配套设施的完善反过来也会加速会展场馆的发展
联动效应	给配套设施带来收益（拉动效应），给周边配套设施带来的环境改善、声誉提高等方面的影响（扩散效应），场馆周围地区在经济和社会方面的一系列变化推进配套设施升级（旁侧效应）
极化效应	会展场馆能吸引和拉动周围地区的配套设施不断趋向会展场馆
扩散效应	场馆的日益发展，能提高场馆所在地的知名度，从而改善所在地的配套设施的设置，甚至超前发展

三、会展场馆与城市经济社会生活的关系

1. 会展场馆能够间接带动城市相关产业的发展

城市的会展产业越发达，其融通、汇集信息流、资金流、技术流和商品流的功能就越强，城市在国际分工体系中的竞争力就越大。尽管适合城市会议设施的成本和规模因当地情况不同而不同，但会议中心已成为城市之间争夺具有重要经济意义的会议和展览活动的焦点，城市可以通过夺取会展市场的份额而从中受益（Laslo and Judd，2005）。基于此，政府会对会展场馆给予土地、交通和政策方面的支持，甚至直接出资建设会展场馆，以带动城市经济和区域经济的发展。

会展业的直接经济效益包括组织者举办会议、展览而取得的营业收入，间接经济效益包括广告、餐饮、旅游、交通、酒店等获得的收入。会展业在许多国家被纳入旅游观光业。会展业能够带来大量商业游客，他们比普通社会游客花费更大。许多美国城市借助会议中心吸引了大量的外地游客，并给本地区带来了出口收入（Fenich，1992）。统计表明，国内一线城市的航空客运量、过夜游客接待人数与展馆数量显著正相关（杨欣和吴琼，

2015）。这是会展业受旅游业管理者欢迎的主要原因。会展业已成为旅游观光业中发展最快的部分之一。由于会议和旅游业与地方利益之间相互依存，会议中心通常被认为是带动旅游经济发展的新一代基础设施的重要组成部分（Laslo，1999；Morgan and Condliffe，2006）。

会展业能够带动酒店业的发展。有的国家将会展业视为酒店业的组成部分。因此，会展场馆的建设可以带动酒店业的发展。事实上，某些酒店本身就是重要的会议场馆。尽管会议中心经常因为很难收回运营成本和偿债能力较低而受到批评，但其对所在社区经济的影响仍然是积极的：参展者和参会者往往是酒店、餐馆、交通和旅游景点等当地企业收入的重要来源。这是在社区建立会议中心显而易见的好处（Kim et al.，2003）。如在达沃斯论坛期间，会场周边90家酒店全部被预订，并且价格要比平时高数倍；在成都举办的全国糖酒会期间，外地客商在场馆周边的酒店中寻找住宿，往往"一房难求"。

2. 会展场馆的建设可能影响城市区域经济的布局和发展需要

地处城市边缘的会展场馆可以带动周边商业地产和居民住宅的发展。会议中心发展的直接利益清单包括获得直接花费收入、提高就业水平、提高城市形象和重建不太吸引人的地区（Fenich，1992）。会展中心不仅带动周边房地产的开发，提升房地产价格，而且使房地产的功能定位呈现明显的会展特色（罗秋菊和卢仕智，2010）。尽管会展中心在经营上可能蒙受损失，但为其所在社区带来了净经济收益，包括财政收入（Kock et al.，2008）。也有业内人士把会议中心比作"知识转化的载体"，认为"会议中心目前已经成为新兴知识经济的一部分，与知识产业建立战略联盟关系是他们未来成功的关键"。历史分析发现，展览设施开发与区域经济发展有一定对应关系（表1-7）（Vermeulen，2011）。

表1-7 欧洲展览设施开发及与经济发展的关系

	1920 年	1920~1945 年	1945~1990 年	1990 年之后
经济发展	早期工业化	持续工业化	经济增长和服务经济引进	深入实施国际化经济
设施开发	小型民用场馆	第一个大型专用展厅	扩建展厅，增加会议和休闲设施	设施的国际化导致外观和质量改善，通常场馆选址在城市边缘

但也有研究发现，一个新的或更大的会议中心本身不能振兴或重新振兴城市中心，对解决困扰旧的核心城市的贫困、腐败、人口流失和住房遗弃等问题几乎无能为力（Sanders，2005）；会议中心不能改变大都市地区的经济流动（Sanders，2015）。现代城市的发展有去中心化的趋势。1984~1995年，美国纽约市为避免中产阶级向郊区迁移，大量投资修建城市中心的商务区，这些设施包括办公楼、酒店、运动场、剧院和会议中心。贾维兹会展中心（Javits Convention Center）就是这时候建立的，然而，贾维兹会展中心并没有使中产阶级回归到城市中心，没有引起城市事实上的复兴。

3. 会展场馆能够提高城市的应急管理能力

会展场馆能够容纳大量人员，因此有时候也用作地震期间的紧急避难场所。目前，会展场馆的公共服务功能越来越受到城市管理者的重视。

4. 会展场馆对城市形象宣传的作用

大型会展活动是城市及其产业的营销工具。会展活动的参与人员并不限于本地居民，还可能来自国内其他地方，甚至全球其他国家或地区，因此，场地设计、设施、员工、可用信息和舒适度对会展场馆所在城市的形象推广和参会人员的意向行为可能产生积极影响（Abou-Shouk et al.，2018）。大型会展场馆往往是城市的标志性建筑（Nelson，2004），有利于城市形象的树立，吸引更多其他国家或地区的活动参与人员。

第三节　会展场馆的利益相关者及其管理

会展场馆的利益相关者涉及行业管理方、场馆方、会展活动方和社区居民（图1-3），各方管理的内容是有区别的。行业管理方包括政府管理部门、会展业协会以及其他相关部门，如旅游局或旅游委员会、会议观光局（Convention & Visitors Bureau）、会议局（Convention Bureau）、商会（Chamber of Commerce）、博览局、会展办、公安部门、消防部门等。场馆方包括场馆投资方（业主）和经营管理方。会展活动方包括会展活动的举办企业（或其他组织，即场地承租方）和会展活动的参与人员（展商、观众或参会者）。社区居民是指场馆周边的居民或更为广泛的城市居民。本书重点讨论场馆方和会展活动方的管理。

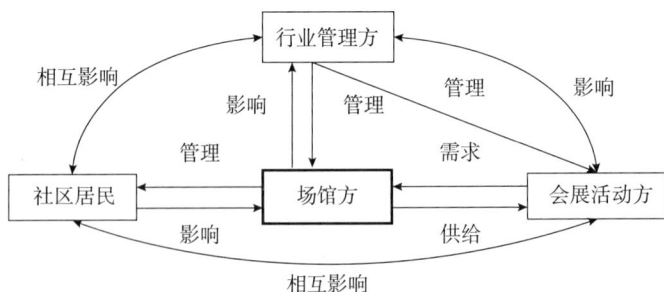

图1-3　会展场馆利益相关者之间的关系

会展场馆各方需要的知识点不同，如表1-8所示。

表1-8 会展场馆各方对应的知识点

知识点	场馆方		活动举办方	行业管理方
	投资方	经营管理方		
会展场馆及管理概论	●	●	●	●
会展场馆的规划管理（规模、选址、布局、投融资和未来发展）	●	○	○	●
会展场馆的设施设备管理	○	●	○	○
会展场馆的市场业务与人员管理	●	●	○	○
会展场馆的营销管理	○	●	○	○
会展场馆的现场管理（场地布置、交通管理、人流和物流管理、环境管理）	○	●	●	○
会展场馆的安全管理（危机、风险、安全和应急管理）	●	●	●	●
会展场馆的绩效与服务质量管理	●	●	○	○
会展场馆的选择	○	○	●	○

注：●表示主要知识点，○表示次要知识点。

一、场馆方对会展场馆的管理

场馆方的管理内容包括会展场馆的投资管理和日常经营管理。通常情况下，会展场馆的投资方和经营管理方是分开的。场馆投资方的管理目的是保证项目建设的可行性，内容涉及：确定场馆功能、活动场地面积和分区，选择会展场馆的地理位置，筹集建设资金，计算投资回收期，组织和监督项目建设完工。

会展场馆经营管理方的管理目的是保障场馆设施设备的正常使用，提高场馆服务水平和利用率，扩大场馆的经济和社会效益。会展场馆经营管理方的不同性质（企业还是事业单位）可能影响具体管理目标的选择。场馆经营管理方主要为场馆使用者（活动方）提供活动场地和相关服务，具体管理内容主要包括：设施设备维护和管理、财务管理、人力资源管理、营销管理、现场管理和安全管理等。会展场馆方需要重视对社区居民的关系管理。社区居民不仅直接影响场馆方的经营活动，还可以通过行业管理方和会展活动方间接影响场馆管理方的经营活动。

会展场馆管理不同于物业管理（钟伟明，2002）。物业管理是指物业服务企业按照与业主的物业服务合同约定，对房屋及配套的设施设备和相关场地进行维修、养护、管理，维护物业管理区域内的环境卫生和相关秩序的活动，本质上是向物业使用者提供额外的增值服务。根据物业类型不同，物业管理可分为居民物业管理、商业物业管理和工业物业管理三种。商业物业管理的内容主要包括设施设备维护管理、环境卫生和绿化管理、安全管理、车辆停放和交通管理、租赁管理、广告管理、装修管理等。除了进行商业物业管理的大部分业务外，会展场馆经营管理方还需要进行场馆营销，以提高场馆的利用率，并向活动方提供健康与安全、营销、公共关系、活动现场布置、活动许可与规划、人员配备、合作伙伴关系和赞助等方面的有偿服务。会展场馆管理的具体内容总是与承接的具体会展活动相适应的。

二、会展活动方对会展场馆的管理

会展活动策划人、会展活动举办方需要将会展活动与会展场馆联系起来考虑。会展活动的参与人员是会展场馆的真正使用者。会展活动参与人员将场地需求向会展活动的举办企业（或其他组织）反映，后者又在此基础上与场馆经营管理方进行协调。会展活动的举办企业（或其他组织）选择会展活动场所的先后次序为：举办国家→举办地区→举办城市→举办场馆。会展场馆的选择将影响会展活动参与人员的构成、参与成本和收益，最终影响其对会展活动的满意度和再次参与活动的意愿。会展场馆的选择也会影响举办企业（或其他组织）的成本和收入。例如，场馆内的设施以及场馆的通达性影响展商对展览的选择（Jin et al.，2013；Nayak，2019）。展商参展决策要考虑三方面因素：关于展览的信息、公司的营销目标和感知的成本，包括不参展的机会成本、展位费用和人员派出费用、场馆成本、酒店花费和旅行距离花费等（Berne and Uceda，2008）。因此，选择符合参展企业和观众需要的场馆是活动举办企业（或其他组织）的重要工作。

三、行业管理方对会展场馆的管理

行业管理方对会展场馆的管理目的：保证会展场馆建设的有序化和促进场馆方与会展活动方（场馆使用方）之间的良性竞争，避免场馆过度建设或建设不足，保证会展场馆能够真正促进会展业的发展。行业管理方对城市会展场馆的管理内容主要有规划建设管理、场馆使用协调管理、整体对外营销管理。

鉴于会展场馆对行业发展的重大影响，行业管理方需要从资金、税收、服务和管理方面推动会展场馆的建设。在许多国家，政府为展览场地提供资金，因为参展者以航空旅行、住宿、商务旅游和娱乐等形式给当地和国家经济带来了巨大的利益（Mccoy and Plessis，2000）。

一个城市大型会展场馆的数量通常是有限的。特别是有的地方只有一个大型场馆。在这种情况下，大型会展场馆的管理方在与大型会展活动的举办企业（或其他组织）进行谈判时可能占据有利地位。这显然不利于大型会展活动的举办。行业管理方有必要通过各种手段对场馆方的垄断行为进行干预。

行业管理方也需要对会展活动的举办企业（或其他组织）的场馆使用行为进行管理。比如，同类会展活动在同一会展场馆举办，可能涉及举办时间的冲突问题。为避免举办方之间产生矛盾，有的地方政府或行业协会规定，同类会展活动的举办必须间隔一个月以上。出于公共安全的需要，行业管理方也需要对参展者或参会者的行为进行行政管理、法律管理和监督管理。

本章小结

　　会展场馆是举办会议和展览活动的永久性的专业化场所，具有商业物业和准公共产品或私人产品的性质，逐渐成为城市的基础设施。会展场馆可以从许多方面进行分类，室内活动场地总面积是场馆规模等级划分的基本依据。会展场馆具有三项重要的产业和社会功能：提高会展活动的服务水平，促进城市会展业的规模化发展，对城市经济社会生活其他方面产生影响。会展场馆的利益相关者涉及行业管理方、场馆方、会展活动方和社区居民。其中，场馆方包括投资方和经营管理方，会展活动方包括举办方和参展、参会人员。会展场馆的管理主要涉及行业管理方、场馆方和会展活动方。各方的管理目标和管理内容不同。

关键词

　　会展场馆，活动场馆，临时会展场馆，产业功能，社会功能，场馆利益相关者，会展场馆管理，物业管理

本章作业

　　1. 调查你家乡所在城市会展场馆的类型和分布情况。
　　2. 可以从哪些角度对会展场馆进行分类，这些分类有什么用处？
　　3. 城市会展场馆对当地会展业和相关产业的发展有何影响？
　　4. 试述会展场馆各方的管理目标和管理内容。

推荐阅读资料

　　[1] 戴光全，梁春鼎，陈欣. 基于扎根理论的节事场所与会展场馆场所依赖差异——以 2011 西安世界园艺博览会园区和琶洲国际会展中心为例 [J]. 地理研究，2012，31（9）：1707-1721.

　　[2] 周绮芸. 会展建筑设计研究初探 [D]. 天津：天津大学，2008.

　　[3] Graham T R. An Analysis of the Convention Center Market and Implications for the Planned Expansion of the Boston Convention and Exhibition Center [D]. Cambridge：Massachu-

setts Institute of Technology, 2018.

　　[4] Hassanien A, Dale C. Toward a Typology of Events Venues [J]. International Journal of Event and Festival Management, 2011, 2 (2): 106-116.

　　[5] Nelson R R. Current Issues in Convention and Exhibition Facility Development [M]. New York: Haworth Hospitality Press, 2004.

　　[6] UFI. UFI World Map of Exhibition Venues (2017 Edition) [EB/OL]. [2020-08-07]. https://www.ufi.org/industry-resources/research/global-reports/world-map-of-venues/.

　　[7] Vermeulen R. Exhibition Centre Development in Europe: A Multidimensional Historical Analysis [J]. Tijdschrift Voor Economische En Sociale Geografie, 2011, 102 (4): 441-454.

第二章
会展场馆的规划管理

大型会展场馆往往是城市的标志性建筑。

<table>
<tr><td rowspan="5">本章要求</td><td>掌握会展场馆规模的影响因素</td></tr>
<tr><td>掌握会议和展览场馆选址的影响因素</td></tr>
<tr><td>了解会议和展览场馆的布局和设计要点</td></tr>
<tr><td>熟悉会展场馆的投融资模式和管理模式</td></tr>
<tr><td>了解会展场馆的未来发展方向</td></tr>
</table>

第一节　会展场馆的规模确定

　　一些研究者认为，成功的会议中心需要扩大规模以保持竞争力，失败的会议中心需要增加空间才能成功（Sanders，2002）。也有学者认为，规模宏大是现代会展场馆的显著特点（郭海霞，2013；胡平，2013）。近年来，我国会展场馆的规模越来越大，许多地方通过新建或扩建争做世界第一或区域最大场馆。由于世界最大会展场馆是德国的汉诺威会展中心（Messe Hannover），其场地规模为46万平方米，我国一些大型场馆的规模就以40万平方米以上为建设目标，如深圳国际会展中心、济南绿地国际博览城会展中心、国家会展中心（上海）、天津国家会展中心、武汉天河国际会展中心等。盲目攀比建设大型会展场馆的结果往往是场馆利用率偏低，甚至场馆闲置。可见，会展场馆规模至少影响场馆的市场竞争力、规模经济和利用率。因此，一个城市需要多少会展场馆和建设多大规模的会展场馆是场馆方和行业管理方需要认真考虑的事情。

　　会展场馆的活动场地规模可用独立的会展场地建筑单元（会议厅或展厅）的数量和每个建筑单元内的活动场地面积来描述，是确定会展场馆建筑总面积的基础数据。会展场馆建筑面积包括可供会展活动主办或承办方租用的室内活动场地面积、室外活动场地面积、临时办公用房面积，以及场馆经营管理方的办公用房面积和其他作业场地面积。场馆室外活动场地面积、办公用房面积和其他作业场地面积可以根据室内活动场地面积推算。如德国展览场馆室外展览场地面积与室内展览场地面积之比一般在 15%~30%，停车场面积一般按每平方千米室内展览场地面积不低于 70 辆车的标准计算（许懋彦、张音玄、王晓欧等，2003）。

美国战略学家波特教授提出的"钻石模型"可用于会展场馆的规模分析（图 2-1）（屈雪莲和过聚荣，2009），即需要考虑的因素包括：①生产要素；②需求条件；③相关产业和支持产业的表现；④企业的战略、结构、竞争对手的表现；⑤机会；⑥政府行为。从会展业相关学者的研究来看，会展场馆室内活动场地的规模可根据城市经济规模和产业构成、现有会展场馆构成、会展活动的构成及未来需求变化来估计。

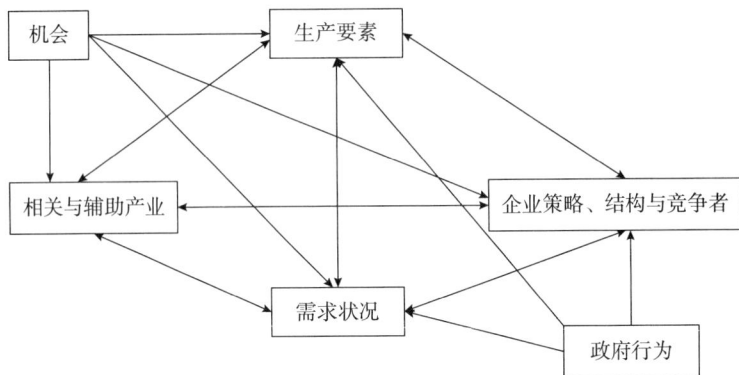

图 2-1　国家产业竞争优势的"钻石"模型

一、城市经济规模和产业构成

城市会展场馆的构成可用会展场馆的数量和每个会展场馆的室内活动场地总面积来描述。衡量城市会展业产出规模的会展活动总面积受城市会展活动的生产条件——会展场地总面积限制，而场地总面积又由场馆数量和单个场馆的室内活动场地面积决定。一些学者研究了展览总面积与展览总数、展馆数量、展览平均面积的相关性，认为会展业的发展在很大程度上与地区的展馆建设情况有关（杨欣和金李梅，2014）。事实上，会展业发展与会展场馆建设之间存在互促共进关系（王春才，2008）。

从会展业的功能本质和历史发展来看，城市所需的会展数量和规模反映了其他产业企业和城市居民对会展活动的需求，根本上是由城市经济规模决定的（基希盖奥格等，2008），同时对城市经济规模的扩大起拉动作用（胡平和杨杰，2006；孟凡胜、宋国宇、井维雪等，2012）（图 2-2）。从理论上讲，城市的会展场馆数量和场地总面积可以由城市经济规模来估计。国内有学者用"展馆经济比"（即省区市内的展馆总面积与该省区市的 GDP 总额之比）来衡量省区市内展览场馆的开发程度（胡平，2008）。也有学者发现，城市的 GDP 生产总值与展馆数量显著正相关，第二产业对展馆数量的影响最大且最为显著（杨欣和吴琼，2015）。

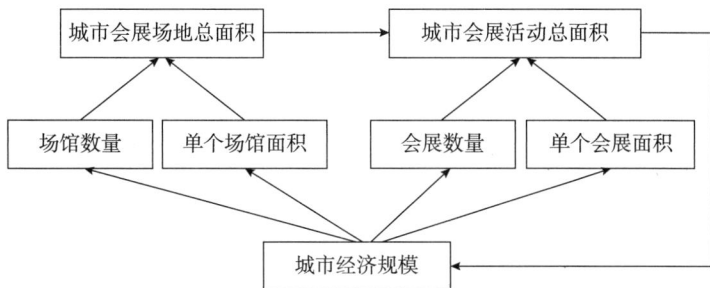

图 2-2　城市会展活动总面积的影响因素

二、现有会展场馆构成与使用情况

据统计，我国大多数城市会议场馆的数量较多，而展览场馆的数量较少（图 2-3）。可以根据城市现有会展场馆的使用情况来判断城市会展场地是否满足需求。较大规模的场馆在举办会展活动的数量和规模上比较小规模的会展场馆大。那么，一个城市为什么需要众多的中小型场馆而不是一个大的会展场馆？原因有三点：一是减少人员参与会展活动的成本，会展场馆大多数是为本地企业和居民服务的，本地企业和居民就近参与会展活动可以减少交通费用和时间；二是引入市场竞争，场馆之间的竞争有助于提高场馆的管理和服务水平，降低场地租赁费用；三是大多数会展活动的规模较小，完全可以在中小型会展场馆中举办。

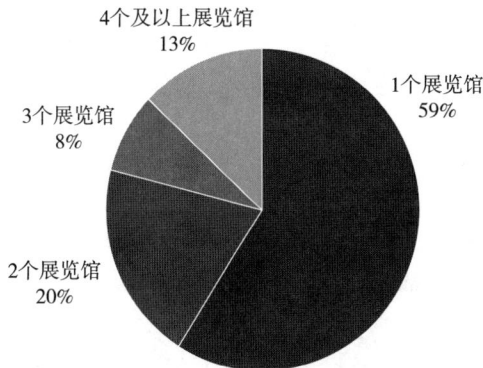

图 2-3　2019 年我国拥有不同数量展览馆的城市所占比例

资料来源：《中国展览经济发展报告》（2019）。

场馆方有建设大型甚至超大型会展场馆的动机。在规模经济的驱动下，大型会展场馆单位面积的管理成本会下降。大型会展场馆可以使用更专业的设施设备，聘请大量优秀的专业人才，有利于提高场馆的服务水平。会展场馆的建设必然对同等规模以及较小规模场馆的场地租赁造成冲击，因此，新建会展场馆的规模需要考虑同等规模以及较小规模场馆的场地使用情况，不宜超过城市现有会展场馆室内活动场地的总规模，以免对现有会展场馆的经营活动造成较大冲击。上海不同时期新建大型会展场馆对市场的影响就是一个很好的案例（贾岷江、万春林、岳培宇等，2017）。

2002 年，上海新国际博览中心的展览会主要来自本地，对上海其他展馆当时以及后来几年的经营影响并不大。这是因为，当年上海五大会展中心接受安排的各项展览都超过了 2001 年。2002~2003 年，上海新国际博览中心、世贸展馆、光大会展中心、国际展览中心每年举办的展览会数量是上升或维持不变的。尽管受到 SARS 的不利影响，但 2003 年上海会展规模创历史新高，2 万平方米以上的展览比 2002 年增加约 10 个。其主要原因是随着国内经济的高速增长，各类展览对上海展馆场地的需求较大，展览场馆的可使用场地面积严重不足。展览场馆已经成为当时上海展览业发展的主要瓶颈。2010 年，上海新国际博览中心展馆的利用率高达 68%，已成为全球最忙、出租率最高的场馆，完全处于供不应求的状态（过聚荣，2012）。上海新国际博览中心的出现使得上海国际印刷包装纸业展览、中国华东进出口商品交易会等大型展览会有了更好的展示和交易条件，对上海会展业的国际化和规模化发展做出了重要贡献。

2015 年正式投入使用的国家会展中心的室内展区面积是上海原有最大展馆——上海新国际博览中心的两倍。其中，约 80% 的展览来自本地已有展馆，60% 左右属于本地原有的两个大型会展中心：上海新国际博览中心和上海世博展览馆；约 20% 的展览会来自外地大型展馆，如中国国际展览中心新馆、广州进出口交易会展馆、中国国际展览中心（老馆）等。从其他场馆转移过来的最大展览面积达到 21 万平方米，面积在 10 万平方米以上的展览会数量所占比例为 35.9%（图 2-4）。

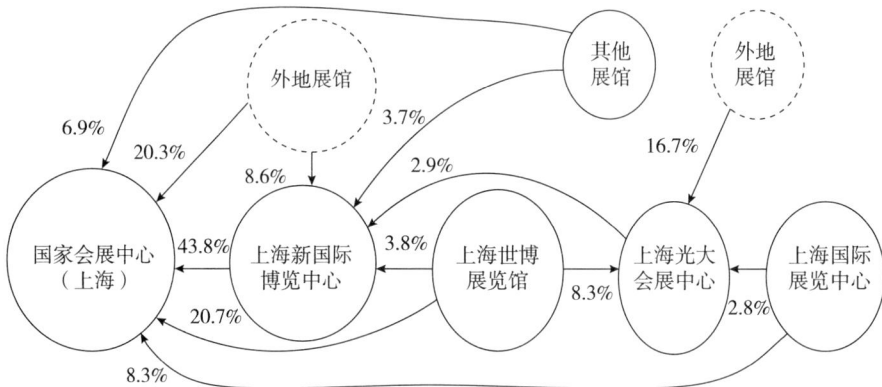

图 2-4　2015 年国家会展中心展览会的来源

资料来源：贾岷江，万春林，岳培宇. 大型会展场馆建设的市场影响与管理对策研究——以上海两大会展中心为例［J］. 城市观察，2017（4）：60-70.

上海新国际博览中心 2015 年举办的展览总数为 105 个，与 2014 年 104 个的总数相比几乎没有变化，继续在该馆举办的展览会数量高达 81%。虽然该馆是向国家会展中心输出展览会最多的场馆，但外地展馆、上海世博展览馆和上海光大会展中心等比其稍小的展览场馆转移过来的展览数量分别占到 8.6%、3.8% 和 2.9%。作为上海本地中小型展览场馆的代表，2015 年上海光大会展中心举办的展览会中以前在本中心举办过的展览、外地新来展览、上海世博展览馆和上海国际展览中心转移来的展览所占比例分别为 72.2%、16.7%、8.3% 和 2.8%，且外来展览的面积在 2 万平方米左右。

会议场馆的规模要比展览场馆的规模小得多，但一个城市会议场馆的数量要比展览场馆的数量大得多。有学者认为，未来一段时期，将呈现区域中心城市会展场馆"大型化+阶梯式"、副省级城市以及区域副中心城市会展场馆"一大+多小"、地市级城市会展场馆"均衡分布+查缺补漏"、县级城市会展场馆"综合体+常年展配套设施"等特征，城市地位、展览贸易经济、产业政策、交通设施、地理位置、重大活动是影响会展场馆空间布局的主要驱动因素（任国岩，2014）。

三、会展活动的构成及未来变化

除了考虑城市现有会展场馆的总规模和构成外，新建会展场馆的规模还需要考虑城市会展活动构成和变化情况。如果城市最大会展场馆的规模已经不能满足当前会展业发展的需要——表现为最大会展场馆的利用率偏高且难以举办更大规模的会展活动，则可以考虑建设更大的会展场馆。会展场馆的展厅或会议厅总面积的确定需要根据会展活动的面积规模确定。从国内统计数据来看，目前 10 万平方米以上的展览数量所占比例极小，5 万平方米及以下的展览数量所占比例高达 90% 以上（表 2-1），因此，大多数城市最大展览场馆的场地规模以 5 万平方米较好。

表 2-1　2019 年按清单项目的展览面积规模比较

展览规模	数量（场）	占比（%）	展览总面积（万平方米）	占比（%）
10 万平方米及以上	171	2.96	2969.0	26.0
5 万~10 万平方米	313	5.41	1985.1	17.4
3 万~5 万平方米	558	9.65	1944.3	17.0
1 万~3 万平方米	2131	36.86	3272.0	28.6
1 万平方米以下	2608	45.11	1266.0	11.0
总计	5781	100.00	11436.4	100.0

资料来源：中国会展经济研究会官网。

在固定展厅或会议厅的情况下（即每个建筑单元为一个展厅或会议厅），也需要根据现有会展活动场地面积的统计数据来确定每个厅的面积和不同面积展厅或会议厅的数量。单个展厅的面积一般按 1000 平方米、2000 平方米、5000 平方米、10000 平方米和 20000 平方米的规格来建造。如深圳国际会展中心拥有 16 个 2 万平方米的标准展厅、2 个 2 万平方米的多功能展厅和 1 个 5 万平方米的超大展厅。

根据中国会议酒店联盟统计，30~100 人的会议约占被调查会议总数的 52%，300 人以下的会议约占被调查会议总数的 85%（表 2-2）。因此，大多数会议室的面积可按容纳 300 人的标准计算。

表 2-2 2017 年会议规模的统计

序号	参会人数（人）	会议数量	比例（%）
1	30~100	12425	51.9
2	101~300	7880	32.9
3	301~500	1896	7.9
4	501~1000	1270	5.3
5	1001~2500	377	1.6
6	2500 以上	95	0.4
合计		23943	100.0

会议厅（室）可根据参会者人数来确定其面积，一般按人均 2 平方米的标准估算（表 2-3）（周绮芸，2008）。深圳国际会展中心的国际会议厅位于北登录大厅西侧，面积为 2210 平方米，设有 1820 多个阶梯式布局座位；北宴会厅的面积为 6631 平方米，在会议模式下可容纳 6100 人，在宴会模式下可容纳 2730 人。这显然属于超大型会议室。

表 2-3 会议室面积的计算

类型	座位数/面积	平均每座面积（平方米）	设备需求
大型会议厅	>300 座	1.5~3	
中型会议厅	100~300 座	0.5~1.5	
小型会议厅	20~50 座	0.5~1	大型投影设备、摄像设备等；同声传译系统；音响照明系统等
洽谈室	5~20 座	1~2	
贵宾室	50~100m²	—	
多功能厅	>500 座	1.5~2	

当然，也可以建造可分隔式展厅或会议厅，即建造少数几个大的展厅或会议厅，然后根据活动规模采用移动隔板临时分隔成小的展厅或会议厅，从而实现充分利用场地的目的。但是，分割式展厅或会议厅的隔音效果往往较差，可能增加建造成本。新加坡会展中心 MAX Atria 在这方面却做出了表率（吕亚妮，2014）。在该会展中心每个会议室的天花板上都设计了独特的凹槽式、井字形轨道，专业厂家生产的轻质、隔音、防火、抗压"木板"被吊装在这些轨道上，这些木板可以根据客户需要把大的会议室分隔成多个小会议室。这种轻质隔板甚至被用到了男女卫生间的设计上，可以根据参会者性别和人数灵活改变男女卫生间的数量。

第二节　会展场馆的选址

中国国际商务及会奖旅游展览会（CIBTM）2014 年的调查报告发现，地点、价格、建筑与装饰、人员服务是会议客户最看重的场馆要素。研究结果也发现，在会展场馆的区位、开发方式、建筑特色、附加功能四个属性中，区位是最重要的属性，开发方式和附加功能紧随其后，建筑特色的效用最小（Lee et al.，2015）。会展场馆的选址需要考虑的因素通常有会展场馆的功能、场馆规模、交通设施、周边配套服务设施和未来发展空间（可持续性发展）。会展活动主办或承办方选择场地的标准是会展场馆选址过程中最重要的决策依据。会展场馆的选址方法可用层次分析法（朱坚鹏，2008）和综合评分法。

会展场馆的选址模式有城市核心区、城市边缘、城郊接合部（周绮芸，2008）。一般来说，位于城市中心的会展场馆周边配套设施完善，交通便捷，能够在短时间内聚集大量人流，可以减少投资额，但场地限制大，容易造成交通拥堵，并且市中心地租较高，导致活动方的成本上升。位于城市边缘的会展场馆接近城市大型交通枢纽，可持续性发展好，对新城区的发展有部分拉动效应，但相关配套服务设施经常不够完善，需要自建配套设施，从而增加投资额和投资风险。

大型会展场馆的选址在区位上可分为两个层次（周绮芸，2008）：一个层次是宏观区位选择，即城市（目的地）的选择；另一个层次是微观区位选择，即在城市范围内会展场馆的位置选择。微观区位选址应与城市规划相吻合，并将交通条件、环境条件和地形条件作为选址的三大要素进行论证，其中交通条件被列为选址的首要条件。我国会展场馆的现实区位规律：在宏观区位上表现出明显的沿海指向性；在中观区位上表现出明显的大都市指向性；在微观区位上表现出明显的城市边缘指向性（程金龙和吴国清，2004）。但是，会议场馆和展览场馆的选址条件可能存在差异。

一、会议场馆的选址

会议场馆应当建在有竞争力的城市（目的地）。会议主要目的地是与艺术、文化遗产或商业相关的城镇，因为它们对会议代表和组织者具有吸引力，并拥有适当的基础设施（Bernini，2009）。高品质酒店的存在是当地竞争优势的主要来源。酒店业提供的酒店设施和高品质服务有助于会议目的地的形成。私人和公共部门应投资建设基础设施，建设专门的会议场馆，完善酒店设施，促进休闲产业发展，引进更多的专业人员。刘海莹和许锋（2014）指出，会议目的地竞争力的评价指标包括社会经济条件、地理及资源条件、基础设施及可进入性、政府、会议服务商及人力资源、价格水平（成本）六大类。31 会议网提出了会议目的地的七大竞争力指标：基础设施建设、城市商业发展水平、安全、医疗与卫生、教育与科研水平、社团的活跃性、目的地声誉。

会议场馆的选址和展览场馆的选址存在差异。会议活动场地的面积较小，会议参与人对配套服务如交通、餐饮、住宿、休闲购物等的要求较高。会议场馆周边应有核心配套服务设施。会议场馆周边相对重要的设施为住宿和商务办公服务。会议场馆可以分布在城市的繁华地段。国外会议场馆多数位于市中心，为本地居民休闲、购物、娱乐的场所或高端商务场所，并有配套酒店。刘海莹和许峰（2012）也认为会议中心尽量在市区而不是郊区，交通必须便利，商业环境尽量成熟，有配套酒店，与周边地形环境融合，成为城市的新名片。中国建筑学会（2017）认为会议场馆的选址应该符合以下条件：①应建在城市中交通方便、城市公用设施完备的地区；②最好建在市区或城市近郊；③周边应有酒店；④宜留有适当的扩建余地；⑤具有良好的城市品牌形象和气候条件，且旅游资源丰富程度较高地区，更有利于会议活动的开展，可提高会议设施的竞争力。

二、展览场馆的选址

展览活动场地的面积较大。除了交通条件外，会展参与人员对配套服务的要求不如会议参与人员高。展览场馆的选址一般在城市的边缘地段，展览场馆的规模越大，越倾向于远离城市中心。不同类型会展场馆选址比较见表2-4。展览场馆选址需要考虑的具体因素有以下几点：

第一，有增值价值。一般来说，应该处于城市增长点，容易形成可观人流的地方，这样有利于未来会展场馆的业务经营。周边要能预留部分空地或绿化地作为发展用地。会展场馆建设能对周边及交通沿线的开发起较大带动作用。

第二，注重会展场馆的旅游环境。当地或周边地区必须要有丰富的旅游资源。这些资源主要包括自然景观和人文景观两方面。

第三，应远离居民区和其他行政机构服务区域，避免给居民带来困扰或妨碍其他公共事务。

第四，展览建筑的选址必须服从城市总体规划的部署，并同城市分区规划紧密结合。考虑城市发展方向、区位条件、规划用地性质、布局均衡性和发展空间。

第五，具备完善的市政基础设施。展览场馆周边应具备齐全的市政配套设施，包括道路、水、电、煤气、网络等管线。其他相对重要的服务设施有餐饮、商务办公、物流企业、展位设计搭建企业等。

第六，至少有两种快速交通线连接，确保会展活动召开期间不干扰城市交通的正常运转。需要综合考虑场馆离市中心的距离、周边车流量、轨道交通站点布置、周边道路情况。会展场馆需要发达的交通设施支持，与航空港、港口或火车站有良好的联系（中国建筑学会，2017），但会展场馆不能过于靠近交通枢纽节点，以免造成更大的交通压力。

德国多数会展中心与机场的距离在15~20千米，其间有高速公路、城市快速路、城市铁路等相连接，15~20分钟即可到达（许懋彦、张音玄、王晓欧等，2003）。贾岷江和何婷（2021）通过对国内具有 5 万平方米及以上室内展览场地的大型会展场馆与城市机场之间的交通数据分析发现：两地之间的直线距离平均为 22 千米；两地之间乘坐专用车辆的平均时间为 36 分钟，乘坐大型公共交通工具的平均时间为 90 分钟；GDP 或常住人口越大的城市，以及职工月工资水平越高的城市，两地之间乘坐大型公共交通工具的时间越短，而直线距离、乘坐专用车辆的时间在两类城市的场馆之间差异不明显；场馆规模对大型场馆与城市机场之间的时空距离并不显著相关。

第七，考虑经济因素，如地价、拆迁成本、场馆利用率、对地区经济的带动性（朱坚鹏，2008）。

第八，考虑场地地理特征，如地形地貌、气象、地质、水文等情况。

表 2-4 不同类型会展场馆选址的比较

类型	位置	对交通的要求	对服务设施的要求
大型展览中心、大型会议中心	城市中心附近、城市近郊	城市快速干道、城市环境	配套要求多，如住宿、办公、娱乐等
会展建筑综合体	市中心附近	城市快速干道	配套要求较少、自身带有一定的辅助设施
会展城	城市近郊、新城	区域快速干道、公共系统	配套要求少，自身带有辅助设施

资料来源：郑建瑜. 会展场馆经营与管理［M］. 上海：上海人民出版社，2006.

三、会展场馆的迁移

由于历史上城市轨道交通不发达，人口规模较小，会展场馆最初位于城市中心。随着城市规模的扩大、私人交通工具的普及，市中心的交通拥堵日益严重，会展场馆可能从市中心向城市边缘迁移，特别是大型展览场馆（兰婷，2013）。即使原有会展场馆不迁移，多数新建场馆和大型场馆也会选择城市边缘或新区，会展场馆也可能随着城市中心的空间位置变化而迁移。为了避免会展场馆"被迫"迁移，会展场馆的选址需要重点考虑周边产业的发展、城市规划布局的变化，以及是否预留未来扩建用地。

成都大型会展场馆的迁移就是一个很好的案例（钟静雯，2012）。建成于 20 世纪 60 年代、位于市中心天府广场附近、拥有 2.5 万平方米展览场地的四川省展览馆曾经是成都最大的展览馆，2006 年更名为四川科技馆，不再承揽大型展览活动。建成于 1997 年、位于北二环附近的成都沙湾国际会展中心于 2017 年正式关闭。沙湾国际会展中心见证了成都会展经济的腾飞。随着城市规模的扩大和成都经济的向南发展，只有 4 万平方米展览场地面积的沙湾国际会展中心无法容纳成都大型会展活动，必然让位于成都南四环外的世纪城新国际会展中心。新国际会展中心的展览场地面积为 11 万平方米，会议场地面积为 3 万平方米，分别于 2004 年 12 月和 2006 年 8 月投入使用。世纪城新国际会展中心曾一度使成都成为全国会展业前四强城市之一。随着成都经济的继续向南发展，多次获得国内外殊荣的世纪城新国际会展中心同样不能适应成都会展业的发展，面临难以举办更大规模的活动、交通拥堵、停车难等困境。2017 年，距离市中心 26 千米、位于天府新区、拥有室内展览场地面积 20 万平方米的中国西部国际博览城开始投入使用。

第三节 会展场馆的布局和设计要点

大型会展场馆往往由众多小型建筑单元构成。这些小型建筑单元就是一个独立的展厅或会议厅。如果这些建筑单元集合成一个大的建筑，则会展场馆可称为"单体式建筑"。如果这些建筑单元独立建设，结构上没有连接，构成建筑群落，则会展场馆可称为"分体式建筑"。单体式建筑结构相对复杂，建筑难度较大，但占地面积小，人员行走距离短。分体式建筑的特点与此相反。目前国内单体式会展场馆较多。

会展场馆的布局需要注意功能区域的划分、功能区域之间的相关性，坚持"以人为本"原则。包含布局和设计要点说明的会展场馆平面示意图（平面分布图）是场馆内部管理、场馆出租、活动安排、场馆选择和场馆费用计算的基本资料。场馆经营管理方应当向活动举办方提供适用的场馆平面示意图，在重要出入口向活动参与人员展示场馆平面示意图（图 2-5）。

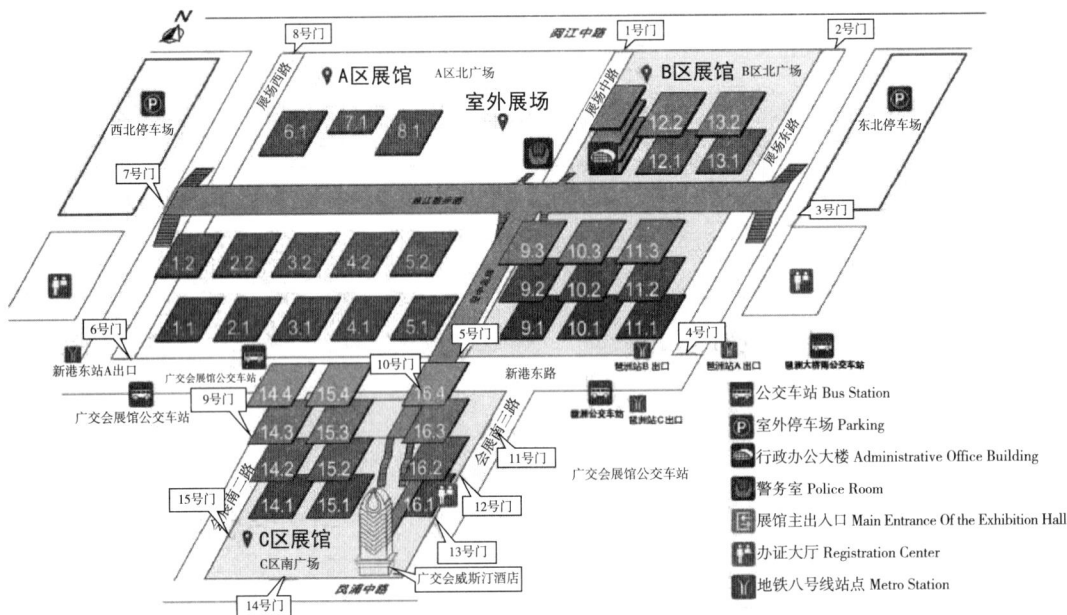

图 2-5 中国进出口商品交易会展馆示意图

资料来源：中国进出口商品交易会展馆官方网站。

会展建设场地包括建筑用地和室外场地。室外场地包括广场、室外展览场地、货场、停车场、道路、绿化景观用地。广场可作为人员集散地，有时候兼作室外展览场地或其他活动场地。会展建筑除主要的展览厅、会议室外，还设有一些配套服务设施，如办公用房、仓库、室内停车场，甚至酒店、公寓、写字楼、大型商场等，但基本组成内容可分为展览空间、会议空间、公共服务空间、辅助空间和仓储空间五部分（周绮芸，2008）。大型会展场馆有朝立体化方向发展的趋势，即地下为停车场，地上一层为展览厅，二层为会议厅或办公室。会展场馆与周边配套设施的空间布局可以分为集中式布局、散点式布局、混合式布局三种模式（傅婕芳，2007），且呈圈层式布局（图 2-6）（王玮和梁霄，2018）。但会议场馆和展览场馆的布局和设计在某些地方又存在不同。

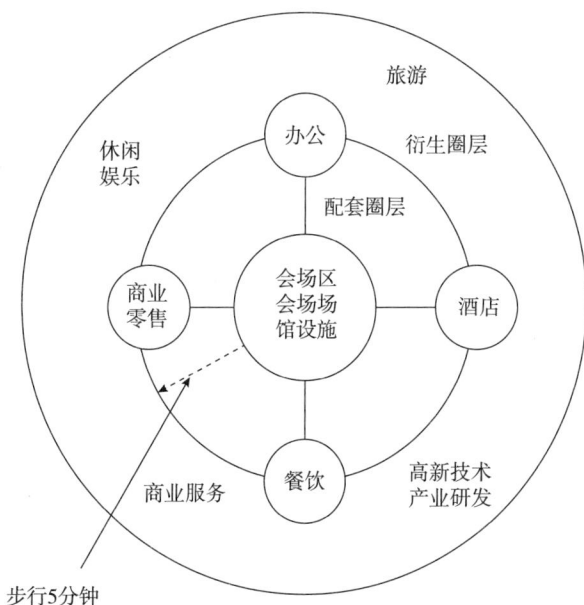

图 2-6　会展地区圈层布局示意图

一、会议场馆的布局和设计要点

会议场馆的基本空间包括接待厅、会议厅、临时洽谈区、卫生间和后勤空间，大型会议场馆的空间还包括贵宾室、休息厅、更衣间、储藏室、会议举办方办公室、停车场、餐饮区、住宿区、商务办公区、小型展览场地、购物区和休闲娱乐区等（图 2-7）（中国建筑学会，2017）。有研究表明，在建筑结构特征属性上，一栋楼的综合设施优于多栋楼的综合设施；市民团体更喜欢文化娱乐设施作为会展中心的附属设施，而会展专家更喜欢住宿设施作为会展中心的附属设施（Lee et al.，2015）。

大型会议厅的平面形状主要有正方形、长方形和扇形，立面形状有水平式和阶梯式。大型会议厅层高（装修后的净高）为 6~8 米，应为无柱空间；进出会议厅的门高 3 米，

图 2-7　会议中心功能流线图

宽 4~5 米；应有两个及以上的出入口。中小型会议室的层高（净高）可参考表 2-5 设计（中国建筑学会，2017）。会议空间的人性化设计要考虑合适的空间尺度、无障碍设计甚至是通用设计，在基地和场馆内设置完善的标识系统（欧阳锐坚，2010）。会议功能空间在不同使用状态下（如剧场型、教室型和宴会型）的人员容量是不同的。

表 2-5　中小型会议室净高

面积（m²）	净高（m）
30~80	3~3.3
80~150	4~4.5
150~300	5~5.5

二、展览场馆的布局和设计要点

展览场馆的空间包括展览空间、公共服务空间（包括入口大厅、展商商务区和洽谈会议室、人员休息和就餐区、新闻中心等）、仓储空间（包括展商用库房、活动举办方用库房和场馆经营管理方用库房）和场馆方办公空间，建筑单元包括序厅（又称为入口大厅、门厅，包括接待厅或注册厅、售票厅）、正厅（展览厅或会议厅）、配套服务厅和备用厅等。序厅又可分为内厅和外厅。外厅为人员自由活动区，内厅为人员控制区。

人员在大体量的建筑群中行走往往会迷失方向，进而引起疲劳、焦虑等消极情绪。通常将这样的感觉称为"蚂蚁综合症"（许懋彦、张音玄、王晓欧等，2003）。为避免蚂蚁综合症，需要重视大型会展场馆（尤其是展览场馆）的布局设计。在场馆中的人流线、物流线和车流线设计可参考《展览场馆功能性设计指南》（GB/T 34395-2017）的具体规定。

展厅内部展览场地的平面形状主要有长方形、正方形和扇形三种（表2-6）（中国建筑学会，2017）。大型会展中心多数为长方形展厅。长方形展厅导向性强，空间利用率高，展览现场布局形式易调整。展厅也可设置为单层或多层（表2-7）（中国建筑学会，2017），但单层展厅居多。

表 2-6　不同平面形式展厅比较

平面形式	特点	实例
长方形	展位布置效率极高；观展方向感强；走道易布置；长边有利于通风采光；短边有利于消防疏散；结构及设备经济性好	中国进出口商品交易会琶洲展馆、中国国际博览中心新馆、上海新国际博览中心
正方形	展位布置效率次高；展台形式调整方便；走道易布置；相同面积通风采光较差	南宁国际会议展览中心、厦门国际会展中心
扇形	布置展位时，展厅面积较浪费；位于边缘的展厅灵活性差；联系各展厅的交通廊易形成环形参观路线	武汉国际会展中心、郑州国际会展中心

表 2-7　单层、多层展厅优劣对比分析

展厅类型	优点	缺点
单层展厅 实例：中国国际博览中心新馆	所有展厅均满足大荷载要求；所有展厅货运更方便快捷，货车可直接驶入展厅，布展和撤展效率较高；有利于大空间人流的安全疏散；提供完全无柱的展览空间	占地面积大，土地利用率较低；人流步行的距离较大；相对于多层展厅体型系数过大，节能效果较差

展厅类型	优点	缺点
多层展厅 实例：中国进出口商品交易会琶洲展馆	有利于在较小的基地建设大面积展厅，适合城市中心区用地紧张的展览建筑；展厅集中，参观人流的观展路线更为简短高效；因外围护减少，建筑较为节能；选型更丰富	二层、三层货运系统较复杂，一般需设置大型货车坡道与大型货运电梯结合利用；二层、三层展厅大量人流疏散需通过垂直防烟楼梯解决，且防烟楼梯需直通室外或通过安全通道至室外；二层、三层展厅地面荷载不宜过大，一般 1~1.5 吨；一层展厅的柱子对展示有一定影响

单独一个或多个展厅构成一个建筑单元。从建筑单元的平面布局上看，众多会展建筑单元又以长方形、扇形、星形、三角形等形状构成一个整体。建筑单元的整体平面布局应当有利于场地的充分使用，缩短人员移动距离，保证人员安全和视野开阔，同时避免因场馆过分集中所带来的人员和车辆拥堵。

1. 长方形展览场馆

长方形展览场馆的建筑单元（展厅）为长方形，通常短边为进出口。为方便卸货、避免人流和物流混杂导致的安全问题，一方开口为人流通道，另一方开口为物流通道。长方形展览场馆有 A、B 两种类型（图 2-8）。大型展览场馆为 A 型，超大型展览场馆为 B 型。B 型布局又称为"鱼骨式"布局，其中央廊道可设置水平式自动人行道，直达各场馆。长方形展览场馆有利于场地的充分使用，但不利于减少人员跨展厅的移动距离，以及限制了人员的视野范围。典型的长方形展览场馆有意大利米兰国际展览中心、深圳国际会展中心、合肥滨湖国际会展中心。

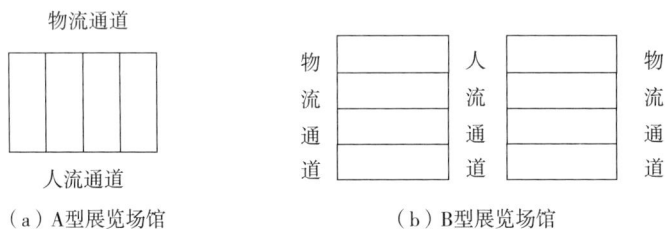

物流通道

人流通道

（a）A 型展览场馆

物流通道　　人流通道　　物流通道

（b）B 型展览场馆

图 2-8　长方形展览场馆

2. 扇形展览场馆

扇形展览场馆的建筑单元（展厅）为扇形，弧形边开口。为方便卸货、避免人流和物流混杂导致的安全问题，短弧形边开口为人流通道，长弧形边开口为物流通道。扇形展览场馆有 A、B、C 三种类型（图 2-9）。B 型展览场馆有时又构成圆形展览场馆。C 型展览场馆也可称为"V"形展览场馆。扇形展览场馆可以在短弧边设置中央广场，作为室外活动场地。扇形展览场馆可减少人员在不同建筑单元之间的行走路径，在建筑单元入口处人眼视野开阔，但建筑单元内场地可能不便于标准展位的设置。典型展览场馆有成都世纪城国际会展中心、武汉国际会展中心、西部国际博览中心。

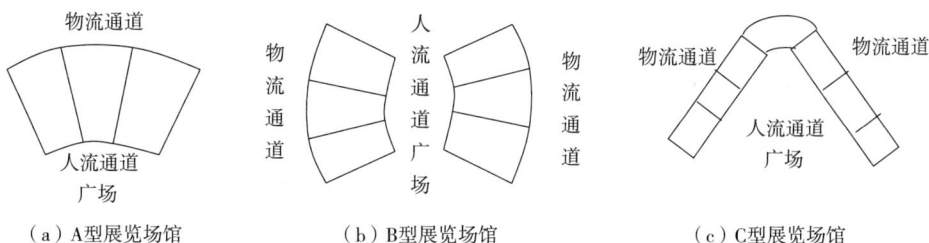

（a）A型展览场馆   （b）B型展览场馆   （c）C型展览场馆

图 2-9 扇形展览场馆

3. 星形或圆形展览场馆

展厅建筑群整体外观呈星形或圆形，众多建筑单元（展厅）围绕中心建筑（或广场）设置。中心建筑（或广场）为人流通道，建筑单元外围为物流通道。中心地带如无建筑则可做室外活动场地。星形展览场馆有 A、B 两种类型（图 2-10），相对于其他类型的展览场馆，该类场馆布局更为紧凑，但需要占用较多土地，且异形的建筑外观可能增加建造成本和难度。典型展览场馆有国家会展中心（上海馆）、曲阜孔子文化会展中心、滨州国际会展中心。

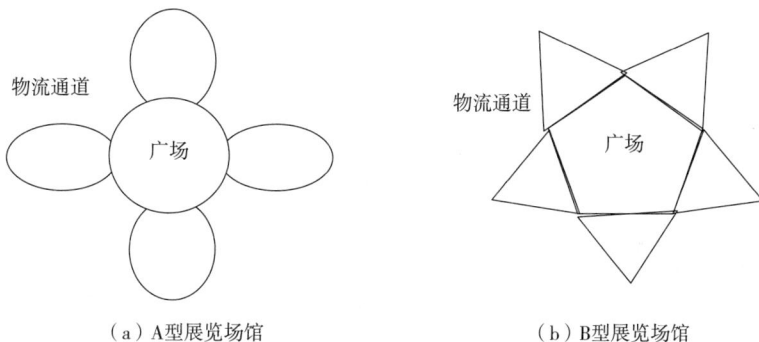

（a）A型展览场馆   （b）B型展览场馆

图 2-10 星形展览场馆

4. 三角形展览场馆

三角形展览场馆的长方形建筑单元（展厅）围绕三角形中心广场排列，广场周边为人流通道，建筑单元外围为物流通道，中心地带可作室外活动场地（图 2-11）。与星形或圆形展览场馆不同，三角形展览场馆的众多建筑单元为长方形或正方形，建造相对容易。但这种场馆布局同样需要占用较多土地面积。典型展览场馆有上海新国际博览中心。

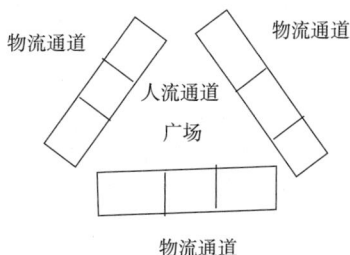

图 2-11 三角形展览场馆

中国建筑学会（2017）则将展厅组合形式分为组团式、鱼骨集中式、半鱼骨集中式、围合状集中式和半围合状集中式五种类型（表 2-8）。也有学者根据展厅的不同组合形式将展览建筑的布局归纳为集中式、单元式、分散式和混合式四种（周绮芸，2008）。

表 2-8　建筑组合类型分类

分类	示意图	概述
组团式： 如德国汉诺威国际展览中心		一般情况下以大小不一、形式不同的单体展览建筑分散排布在场地内。总体布局呈组团模式摆放。建造年代、群落造型风格、展厅大小和功能定位均可能不同 优点：对用地形态要求相对宽松；可一次规划，分期实施；新建展厅便于改进，随着展览市场的发展而发展；展台规模多样化，便于满足不同需求 缺点：馆区管理难度比较高；馆区交通不易组织；整体风格不容易统一
鱼骨集中式： 如德国慕尼黑国际会展中心		交通人流系统由连接各层的交通厅以及交通廊组成。人流线为主干，展厅顺主干依次两边排列。货运系统由货运坡道及各层卸货区组成。展厅的一端为人流进口，另一端为货运进口 优点：各类人流线、车流线、货运流线清晰明确，互不干扰；可随会展市场的变化分期实施；展厅的一端为人流进口，另一端为货运进口 缺点：对建设用地形态有要求
半鱼骨集中式： 如德国法兰克福会展中心		多用于多层展馆建设，参观人流系统由连接各层的交通厅以及交通廊组成。人流线为主干，展厅顺主干依次沿主干两边或单边排列。货运系统由货运坡道及各层卸货区组成。展厅的一端为人流进口，另一端为货运进口，互不干扰 优点：功能集中，便于使用，便于管理，各类流线清晰明确，互不干扰；可随会展市场的变化分期实施 缺点：增加了垂直交通，流线相对复杂
围合状集中式： 如上海新国际博览中心		由一个或多个登录厅串联多个展厅，围合出一个院落。院内为参观活动的区域，院外为货运活动范围。展厅的一端为人流进口，另一端为货运进口 优点：各类人流线、车流线、货运流线清晰明确，互不干扰；可随会展市场的变化分期实施，从开敞到半围合，最后是围合；展厅的一端为人流进口，另一端为货运进口，清晰明确 缺点：占地较大，流线较长
半围合状集中式： 如青岛国际展览中心		由一个或多个登录厅串联多个展厅，半围合出一个院落。院内为参观活动的区域，院外为货运活动范围。展厅的一端为人流进口，另一端为货运进口 优点：各类人流线、车流线、货运流线清晰明确，互不干扰；可随会展市场的变化分期实施，从开敞到半围合，也可实施全围合；展厅的一端为人流进口，另一端为货运进口，清晰明确 缺点：占地较大，流线较长

　　除了展厅的布局外，展厅规划要素还包括展厅外观、人流线和物流线、展厅面积、展厅层高、地面条件、照明、管沟、出入口宽度和高度、通道宽度和卫生间等（周绮芸，2008）。展厅外观要经济实用，尽量与城市发展规划相一致。场馆设计强调安全性、通畅性（尤其需要考虑残疾人的道路要求）、多用途和绿色性。

　　展览观众的流线为：室外集散广场→入口登录大厅→展厅或会议厅→服务区域→出口。其中，入口登录大厅利用电子登录系统收集展商和观众的信息。工作人员流线为：工作人员入口→办公区域→展厅或其他区域。货物流线为：货物入口→货运专用道路→货物装卸区（或货车专用停放场地）→展厅或仓储区→出口。

　　展览建筑的外部交通可分为五大通道：人行通道、车行通道、货运通道、消防应急通道、垃圾装卸及运输通道。展厅内部通道尺寸主要考虑展位前观众的聚集情况。展厅内部主通道应尽量直通疏散出口，宽度不宜小于6米，以便于消防车进出；次通道尺寸不宜小于3米。展厅沿着主通道的两侧一般设有多个疏散出口。控制人流的出入口（主通道两端）一般面向前厅或交通连廊，其余疏散出口多直通室外场地。主要出入口的宽度和高度为6~7米。特别需要注意消防应急通道不得随意被占用。

　　展览场馆要求屋顶具有大跨度和地面有一定承重强度（图2-12）。展厅内部通常为无柱空间。展厅宽度应考虑人眼的视野距离和房间内人员的疏散逃生距离。有文献指出，人眼的视野距离和房间内人员的疏散逃生距离均为35米左右，展厅宽度宜在70米左右（丁烨，2019）。展厅地面采用钢筋混凝土浇筑。单层展厅地面荷载应满足2~5吨/平方米，标准较高的展厅地面承载力为5~10吨/平方米。多层展厅一般首层荷载应满足2~5吨/平方米，二层及以上展厅地面荷载根据用途灵活设定，一般为1~1.5吨/平方米。不同展览对地面承重的要求不一样，重型展览对地面的承重能力比轻型展览要高（表2-9）。

图2-12　重型卡车在展览场馆卸货

资料来源：笔者拍摄。

表 2-9　展览类型（按展品重量划分）

分类	典型展品
轻型展	轻工业产品，如食品、纺织、皮革、造纸、日用化工、文教艺术体育用品、印刷品等的展览
中型展	一般工业产品，如普通机械、电气、汽车、电子设备等的展览
重型展	重工业设备及产品，如机械加工、化工等的展览

展厅净高的设计主要考虑四个因素：一是布展时吊车的作业空间，一般 10 米左右的高度已足够吊车作业；二是展品所需要的空间高度，如帆船展、机械设备展等对空间高度要求较高；三是展台类型，如双层展台就比单层展台对展厅的净高要求高；四是满足高空表演类特殊活动的需要，较高的净高为展厅的多功能使用提供了可能性。甲等展厅（展厅面积大于 10000 平方米）的室内净高不宜低于 12 米，乙等展厅（展厅面积 5000～10000 平方米）的室内净高不宜低于 8 米，丙等展厅（展厅面积小于 5000 平方米）的室内净高不宜低于 6 米。多数国际展厅室内净高的设计高度为 13～17 米，大型展览建筑个别展厅的净高甚至达到 20 米。此外，展厅顶棚应设有悬挂展品的挂钩。如深圳国际会展中心的室内吊挂系统遍布各个展览、会议和活动场地，其承重能力更是遥遥领先其他大型场地的吊挂系统。

第四节　会展场馆的投融资和管理模式

会展场馆的规划不仅需要考虑区域与城市环境、会展产业、已有场馆市场、功能定位、建筑规模、选址、配套设施和交通设施，还需要考虑拟建场馆的投资、融资和管理模式。不同投资、融资和管理模式组合下的会展场馆其绩效可能存在差异，理论上有必要深入研究。会展场馆建设的可行性分析不应当只有建筑工程设计。相对于运营资金管理、成本费用管理和利润管理，筹资管理在会展场馆的财务管理中具有较大难度和重要性。

一、会展场馆的投资模式

会展场馆物业的投资主体有政府、企业、非营利机构和私人。中国大型会展场馆的投资主体有政府、国有企业、私营企业、外资企业以及其他投资主体，如大学、科研机构等事业单位（图 2-13）（白素英，2007）。2019 年，多个重点展览场馆的投资建设主体均以国家部委、地方政府或国资背景企业为主[1]。近年来，会展业市场化的呼声日益增加（刘晓广等，2017）。政府和企业混合投资的会展场馆将会逐渐增多。此外，国家把会展业也

---

[1]　参见《中国展览经济发展报告（2019）》。

纳入对外开放领域，允许国外企业投资会展场馆建设。混合所有制模式可以在一定程度上减少政府单一投资带来的财政压力和管理水平低下现象。

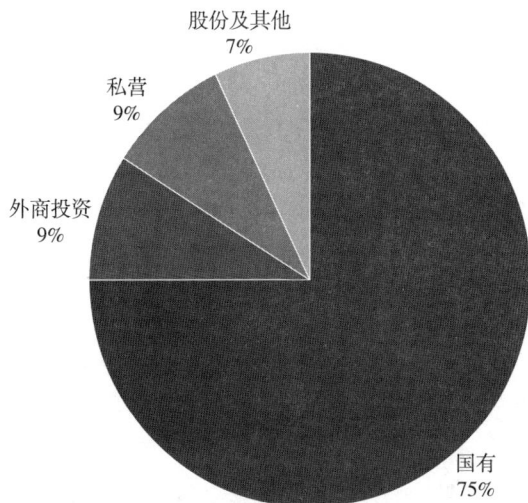

图 2-13　全国会展场馆所有权状况

位于上海虹桥商务区的中国博览会会展综合体，2014 年 5 月正式更名为"国家会展中心（上海）"，是由中国对外贸易中心和上海东浩兰生国际服务贸易有限公司投资兴建的。位于上海浦东的上海新国际博览中心（SNIEC）由上海陆家嘴展览发展有限公司与德国展览集团国际有限公司——包括德国汉诺威展览公司、德国杜塞尔多夫博览会有限公司、德国慕尼黑国际展览中心有限公司——联合投资建造，是中外企业合资合营的第一家国内展览中心。该中心于 1999 年 11 月开始建设，一期工程于 2001 年 11 月建成并正式营业，室内展览面积为 4.5 万平方米，室外展览面积为 2 万平方米。全部 12 期工程于 2012 年 2 月完成，室内展览面积达到 20 万平方米，室外展览面积达 10 万平方米。

大型会展场馆的投资额较大、投资回收期长。私人企业和个人一般不愿意参与大型会展场馆的投资建设。个人投资主要集中在小型会展场馆，特别是会议酒店。从全球范围来看，大型会展场馆建设的资金来源主要是政府财政资金。多数情况下，会议中心不是有利可图的，但是它们可以作为经济催化剂或社区的"市民中心"（Nelson，2004）。由于会展场馆将给所在区域或国家（地区）带来更广泛的经济和社会效益，政府可以推动场馆建设项目实施，而不管建成后的经营收入能否全部偿还投资成本（Sanders，2005）。政府通过对活动举办方或展商的场地补贴也是促进场馆建设的间接手段之一。

国外大型会议中心由政府投资呈普遍化。会议中心在维持城市基本税收和促进市区商业发展方面发挥着一定作用。政治和经济领袖们也认为它们对于塑造城市的国家和国际形象，以及在城市之间的竞争中非常重要（Laslo，1999）。美国各地的社区使用公共资金建造、扩建和翻新会议中心，以期刺激城市的经济复兴（Nelson，2000）。被调查的韩国市民和会展业（MICE）专家组也倾向于以国家预算兴建本地会展中心（Lee et al.，2015）。

德国的会展中心大多数由政府控股，实行企业化管理。这些公司既是会展中心的管理者，又是许多大型博览会的举办者和实施者。如汉诺威展览公司是由下萨州政府和汉诺威市政府各持股 49.8%，既是汉诺威展览中心的拥有者，又是 CeBIT（信息及通信技术博览会）和汉诺威工业博览会等大型展览会的举办者。法兰克福展览公司是德国最大的展览公司之一，拥有法兰克福会展中心。法兰克福市政府和黑森州政府分别持有该中心 60% 和 40% 的股份，并将盈利全部用于再投资，政府不收取任何费用，只从不断增加的税收中得到回报。法兰克福会展中心外景如图 2-14 所示，德国杜塞尔多夫展览中心的混合投资模式如表 2-10 所示。

图 2-14　法兰克福会展中心外景

资料来源：笔者 2016 年拍摄。

表 2-10　德国杜塞尔多夫展览中心的混合投资模式

股东	股份（%）
杜塞尔多夫市	56.50
杜塞尔多夫工业地区 Reisholz 股份公司	20.00
北莱茵—威斯特法伦州	20.00
工商总会	1.75
杜塞尔多夫手工业协会	1.75

在 20 世纪末，少数美国学者对政府投资兴建会展场馆提出了不同的看法。"会议中心本身是有竞争力的。如果政府不干预的话，它的竞争力可能会更高"（Mills，1991）。Mills 提出了三点看法或建议：①私营部门之间的竞争使得客户的需求得到关注，从而提高了效率；但在政府部门，利润受到抑制，亏损得到补贴，缺乏竞争给纳税人带来了越来越大的负担。②如果各级政府希望鼓励私人发展会议中心，应该做的第一件事就是宣布暂停新的政府拥有或资助的会议中心。③私人会议中心的开发商不应受到比其他大型和重要房地产

项目的私人开发商更好或更差的待遇。

Brezina（1999）对美国二线城市会展场馆的案例研究发现以下事实：①会展设施的可行性研究对未来举办活动和财务绩效的预测能力较差。②关键决策者将可行性研究视为公共关系工具，而不是判断设施未来承接活动和财务业绩的可靠依据。③专门为会议中心设计和建造的设施经常用作市民中心，主要举办当地的公共活动。④会议中心开发带来的经济附加收入（即场馆为酒店、餐厅和零售带来的收入）低于预期。⑤随着时间的推移，以利润为导向的经济和政治压力越来越大，场馆将改变管理和营销行为以寻求高收益，即从优先举办会议和展览活动改为优先举办本地其他活动以及宴会。⑥建立会议中心的决定或多或少与"政治"和增强城市形象有关。

二、会展场馆的融资模式

民间新建会展场馆的资金来源有自有资金、银行贷款和股份制融资。国有会展场馆的资金来源于自有资金、银行贷款和发行的债券。如 1983 年开发建设的美国橙县会议中心（OCCC），其投资资金就来自于一系列市政债券的发行（Kock et al.，2008）。银行贷款和发行债券最终也需要政府使用财政资金偿还。为减少资金筹措压力，大型会展场馆的投资可以采取一次融资、一次建设完成，或多次融资、多次建设完成。1988 年建立的香港会展中心就经历了 1997 年和 2007 年两次在原址上的扩建。多次融资、多次建设完成的投资风险比一次融资、一次建设完成要小，但建设作业可能影响会展活动的开展。目前一次性融资建设会展场馆的较多。

与传统的国有会展场馆融资模式①相比，运用市场化融资模式的优点主要表现在：为民间资本参与城市场馆设施建设提供了有效的途径；有利于减轻政府的财政资金压力，减少政府的负债额度，减少政府投资导致的低效率；加快场馆基础设施建设，有效解决展馆建设不足的问题。我国正处于会展业加速发展的起点上，场馆建设资金需求巨大。市场化融资可以建立以经济效益和社会效益衡量项目成败的体制，引入市场竞争与激励机制，提高投资效益，降低场馆建设成本和维护成本。更进一步而言，市场化融资可以完善治理结构，利用私人企业的管理技术提高展馆在建设、运营中的效率，使政府、居民和投资者均能受益，从而提高整体社会福利。

会展场馆社会融资模式有 BOT（Build-Operate-Transfer）模式和 PPP（Public-Private-Partnerships）模式。BOT 模式被称为"暂时私有化"过程（Temporary Privatization）。私营部门合作伙伴资助和建设设施，提供运营服务，在合同结束时将设施控制权移交给公共部门。采取这种模式的一个前提是后续的场馆经营能够有可预期的、稳定的现金流，可以收回建设方的投资。PPP 模式即政府首先对投资项目进行公开招标，然后与中标企业共同投资建设，最后交由企业经营，双方依照协议分配项目收益。BOT 和 PPP 模式在香港会

---

① 政府直接使用自有资金新建会展场馆。

展场馆的建设中得到了应用：政府提供土地，房地产公司建设和运营场馆（张兵，2018）。洛杉矶会议中心管理公司（LACC）和洛杉矶会议与旅游发展部（CTD）之间的关系也是公私合作伙伴关系（PPP模式）。自2013年该中心首次获得私人管理合同以来，管理公司超越了既定目标并树立了成功的声誉。

未来的场馆规划建设中应更多地采取PPP模式。该模式根据现有及将来可能的活动和参会人员进行建设，可以使建设资金多元化，建设目标和规划更加符合市场需求，减少非理性投资和重复建设，减轻政府的财政负担。Liu和Wilkinson（2014）指出，大型会展场馆采用PPP模式由于以下优势而受到政府的青睐，例如，减轻公共预算限制，提高公共服务质量，加强创新和优化风险转移。他们认为PPP模式成功的关键是：①私营部门具有良好的业务开发案例；②精简财务安排；③稳健招标；④有效的治理结构和基于伙伴关系的联盟；⑤现实风险分配。

三、会展场馆的管理模式

会展场馆的管理模式按业主（投资人）是否参与运营管理可分为以下四种：

1. 业主直接管理（自主管理）模式

即业主自行投资，自行组建管理队伍。如四川天府国际会展有限公司是四川省、成都市共同出资设立的中国西部国际博览城国际展览展示中心（简称"西博城"）资产管理法人单位，于2017年4月注册成立。其中，四川博览局指定下属四川国际会展有限公司作为省政府出资代表人，持股49%；成都天投集团作为成都市政府出资代表人，持股51%。德国各大展览场馆的投资主要来源于政府，政府成立专门的股份公司进行管理。

2. 全部委托管理模式

场馆的所有权和经营权分离。如政府投资建设的场馆委托专业场馆管理公司进行管理，特别是聘请境外公司进行管理或利用国内品牌场馆输出管理。郑州新国际会展中心由郑州航空港兴港投资集团和世界500强企业绿地控股集团共同投资兴建，由郑州香港会展管理有限公司负责管理及营运。郑州香港会展管理公司为中外合资专业场地管理公司，是香港展览会议场地管理中国有限公司与上海国际展览中心有限公司合资组建。目前郑州新国际会展中心和上海新国际博览中心有限公司达成了战略合作，由上海新国际博览中心为展馆提供顾问、培训和运营保障服务。ASM Global成立于2019年10月，由娱乐场所的全球创新者AEG Facilities和活动管理最高标准的制定者SMG合并而成，是一家专业的场馆管理公司，参与管理五大洲、14个国家和300多个世界上最负盛名的竞技场、体育场馆、会展中心和表演艺术场馆，如芝加哥的麦考密克广场、洛杉矶会议中心和深圳国际会展中心。

3. 合作或联合管理模式（部分管理业务外包）

为提高服务水平，以色列特拉维夫会展中心（Expo Telaviv）把大量业务外包给该领域内最好的多家而不是一家供应商。活动组织者、展商、观众和参会者必须与会展中心推荐的供应商合作或接受其管理。如餐饮业务外包给了 Neto Investment、Republic 等八家公司，安全和电器业务外包给了 Mivdak-Electrical Testing & Training、Eytan Siani 等十家公司，音响和视频业务外包给了 Expo Tel Aviv App、B Zone 等四家公司，安全和清洁外包给了 S. NIR Group 和 S. B. Shmira Ubitahon Guarding Group 两家公司。

4. 混合管理模式

该模式是以上管理模式的混合体。如深圳市招华国际会展运营有限公司由两大中央企业——招商局蛇口工业区控股股份有限公司和深圳华侨城股份有限公司于 2017 年 5 月联合发起成立，主要负责深圳国际会展中心（Shenzhen World）的运营管理。招商蛇口和华侨城均具有国有企业的背景。深圳国际会展中心一期于 2019 年 9 月建成，同年 11 月正式启用。该会展中心由深圳市招华国际会展运营有限公司和美国 ASM GLOBAL 公司合作运营管理。

按管理者的身份，会展场馆的管理模式可分为：政府管理、企业管理、事业单位管理和私人管理。目前，国内外会展场馆普遍采用的管理模式是企业管理模式。私人管理模式主要用于小型会议场馆的承包管理。相对于政府管理和事业单位管理，企业和私人管理模式的优势表现在：政企分开，自主经营，自负盈亏；激励措施可建立在盈利能力大小和成本节约的基础上；集中致力于客户服务，有利于克服官僚主义；用工较为灵活，有利于裁减冗员；对政府投资的场馆来说，财政风险相对较小。企业和私人管理模式的劣势有过分注重短期利益和经济利益。

事业单位是指国家投资设立的，带有一定公益性质（不以营利为主要目的）的法人机构，不属于政府机构，但接受政府领导，从事教育、科技、文化、卫生等活动的社会服务组织。事业单位管理模式可能是具有中国特色的管理模式，主要在政府投资的会展场馆中使用。如北京会展场馆管理体制可概括为事业单位管理体制、事业单位性质但企业化运行的管理体制、事业单位改制企业体制和企业化的管理体制四种类型（杨松，2013）。美国纽约市贾维兹会议中心的运营公司是纽约州一家公共福利公司，属于半官方机构，同时管理两家私人签约公司，后者分别负责设施和餐饮管理（Fenich，1994）。

第五节　会展场馆的未来发展方向

关于会展场馆未来发展方向的看法较多，这些看法往往很不统一。比如，一方面认为会展场馆的规模将越来越大（丁烨，2019），另一方面又指出大型会展场馆的利用率较低（林大飞，2014；张兵，2018）。由于场馆使用者对服务的预期变化，场馆经营者对生态环境的保护意识增强，以及虚拟场馆对实体场馆的竞争加剧，结合学者的相关研究，本书认为会展场馆的发展将朝着智能化、人性化、生态化和集合化的方向发展。

一、会展场馆的智能化

Zhang 等（2019）认为智能（或智慧）场馆、展览和会议是智能（或智慧）展览的三种应用场景。智能场馆采用移动通信、物联网、云计算、人工智能、大数据应用等最新技术，结合信息需求与业务流程分析，评估场馆信息化状况，提出信息化总体规划，形成以人为本的新三位一体模式，可以用精确的图片说明场馆中所有空间的状况。在数据分析的基础上，覆盖整个会场的功能可以智能交互，随时适应空间形式、行业类型和信息生态。智能场馆的应用模块设计包括基本业务模块、个性化体验模块、系统集成模块和人流价值模块。

会展场馆使用智能化的设施设备，目前至少可以实现三个方面的目标：提高服务水平，实现预定和自助服务，通过数据采集绘制用户画像并提供个性化服务；降低成本，包括人力成本和能源成本，降低人员劳动强度；为客户提供增值服务，如向活动组织者、展商提供数据服务，或向观众提供新的体验。会展场馆的智能化有助于场馆科技化和专业化发展。尽管虚拟场馆不能完全代替实体场馆，但与实体场馆结合可以大大提高实体场馆的智能化水平（李春富和柴晶，2014）。目前，会展场馆的智能化技术还不够成熟，管理人员对现代信息技术和人工智能技术的应用缺乏前瞻意识。相关内容详见第三章第三节的叙述。

二、会展场馆的人性化

人性化就是要认识到人与人之间的个体差异，重视人的尊严与价值，避免出现特殊人群歧视、性别歧视、种族歧视和国别歧视。会展场馆要做到人性化的服务，首先要分析会展活动的类型。不同类型活动的参与者的需求可能并不完全相同。其次，会展场馆还需要了解会展活动参与者的类别及行为特点。不同群体的行为也可能不完全相同。最后，会展场馆要针对活动参与者的需求和行为规划活动服务内容，满足各类人群的个性化需求，体现场馆经营管理方对服务细节的重视，以及对各个服务环节的全面考虑，比如考虑女士上厕所排队的问题、残障人士的通行问题、儿童看护问题，甚至宗教人士的习惯问题。

如美国芝加哥展览中心特别为残疾人设计和提供了便利的设施设备。为照顾上班女性在公共场所为小孩哺乳，美国 5.5% 的会议中心设有固定哺乳室，32% 的会议中心提供临时哺乳室（Koo and Spatz，2016）。德国汉诺威展览中心提供诸如管家服务、物流服务，以及为不同客商（尤其是 VIP 客商）提供包括特色餐饮、娱乐休闲等个性化服务。该馆有专门针对儿童的室内休息室、厨房、衣柜设施、尿布台和室外游戏场地，为在展览会期间工作的父母提供专业的儿童服务。

国际会展场馆不是单纯表现在场馆名称和设施上，而是表现在对来自国外的会展活动参与人员的全面服务上，特别是语言服务、餐饮服务和国际旅行服务。由于会展场馆缺乏专业管理人才，国内一些场馆经营管理方的服务仍然停留在传统的物业管理基础上，对会展活动举办方和参与人员的服务缺乏针对性。场馆方和会展活动举办方在活动现场布置上也未严格执行《城市道路和建筑物无障碍设计规范》（GB 50763-2012）和《中华人民共和国残疾人保障法》中的相关规定。《中华人民共和国残疾人保障法》规定：文化、体育、娱乐和其他公共活动场所，为残疾人提供方便和照顾；新建、改建和扩建建筑物、道路、交通设施等，应当符合国家有关无障碍设施工程建设标准；公共服务机构和公共场所应当创造条件，为残疾人提供语音和文字提示、手语、盲文等信息交流服务，并提供优先服务和辅助性服务。

三、会展场馆的生态化

每一次活动结束之后，会展场馆都面临大量的垃圾需要处理（图 2-15）。未来会展场馆的建设应更加重视满足节地、节水、节能、节材的绿色建筑要求，减少噪声、空气污染和固体废物。这不仅是为了保护生态环境，也是为了降低会展场馆的运营成本。国内外许多场馆都重视场馆建设的生态化。德国莱比锡新会展中心建立了雨水收集系统，考虑自然通风、采光等被动式技术的应用（李晓辉，2007）。贵阳国际会议展览中心收集当地老建筑拆除废弃的灰砖作为建筑材料（丁荣和段安安，2011）。新加坡会展中心 MAX Atria 则采用了自然通风井、绿色庭院、节能外墙和一些新技术（吕亚妮，2014）。

图 2-15 会展场馆现场触目惊心的垃圾

资料来源：笔者 2019 年摄于上海某会展场馆。

管理者应当向与会者提供前往目的地和场馆最便捷路线的信息和公共交通工具，推行可持续发展计划（Hunt，2017）。会展场馆应当积极响应政府倡导的优先采购 3C 认证（China Compulsory Certification）、节能环保认证产品的号召。中国台湾会展业采取碳足迹分析、碳中和措施来使场馆和活动绿色化。碳足迹分析的第一步是了解其碳排放量以及主要碳排放来源（图 2-16）；第二步是针对碳排放来源分析，提出减少碳排放的措施。碳中和是针对组织、产品、服务或会展活动所产生的"碳足迹"计算碳排量，并进行减量工作，再以取得减量额度（碳权）的方式来抵换无法避免的排放量（余碳），使得大气中的温室气体没有净增加。2016 年"台湾国际医疗展"成为中国台湾会展业界首例实施碳足迹检查并完成碳中和的展览。整个展期计算出的碳排放量约 1103 吨二氧化碳当量，由中国台湾华映公司捐赠 1103 吨碳权进行抵换，实现零碳排放。当前，我国政府提出了在 2030 年实现"碳达峰"，2060 年实现"碳中和"的双碳目标。这对国内会展场馆在提高环境管理水平方面提出了更迫切的要求。

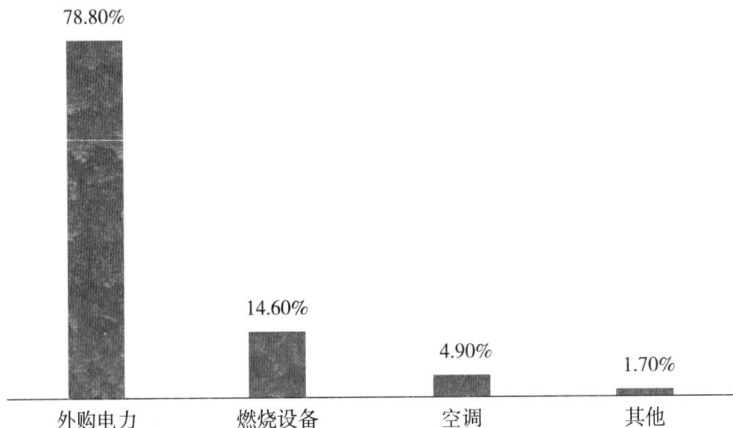

图 2-16 中国台湾六福万怡会议酒店的碳排放量占比

资料来源："meettaiwan"官网。

四、会展场馆的集合化

单一功能的会议或展览场馆其配套服务设施往往不足，如场馆内外的交通设施不完善，停车位严重缺乏。场馆投资方对城市长远发展往往缺乏准确预测，原有场馆设施随着城市的发展难以扩建。由于会议和展览活动经常联合举办，单一功能的会展场馆将朝着综合性的会展中心演变。我国多数大型会展场馆都是能够同时举办会议和展览活动的会展中心，单独的大型会议中心或展览中心较少。集中了各种会展场馆设施和会展业上下游配套服务设施的建筑设施或建筑群被称为"会展综合体"（侯晓，2019）。在参展参会者对场馆服务要求越来越高的情况下，各种新型的会展综合体、会展娱乐综合体、会展度假综合体等综合性设施应运而生。如贵阳国际会议展览中心就是一种会展综合体（丁荣和段安安，2011）。会展综合体的建设有利于会展业集群的发展，适应多种会展活动的举办，增强活动参与人员的现场体验感，方便行业管理，提高服务水平和降低运营成本。

从更大空间范围来看，"会展小镇""会展城""会展之都"实现了会展产业集聚化和会展经济规模化。国外会展中心特别强调会展产业以会展中心为核心的产业集聚效应。德国汉诺威会展中心已经自成体系，发展成为独立的"会展城"，并在其周围建设大量的酒店、餐饮等设施，通过内外部配套，基本可以满足展商、观众及工作人员的各种需求。南京空港会展小镇总占地 3.49 平方千米，核心区 2.37 平方千米。核心区规划建设大型滨水会展综合体，其中会展场馆 15 万平方米，会议中心 3.5 万平方米。小镇同步配套多层次酒店、生态公园、主题商业街区和创意办公空间。

📖 本章小结

会展场馆的建设需要考虑的因素包括硬件和软件两个方面，如活动场地和公共区域所需的环境和空间、建筑技术标准、照明和声音要求、设备规范、交通设施、财务管理、市场营销等。本章对其中较为重要的会展场馆规模、选址、布局、投融资和管理模式，以及未来发展方向进行了阐述。会展场馆的规模确定需要考虑城市经济规模和产业构成、现有会展场馆构成和使用情况，以及会展活动的构成及未来变化。会展场馆的选址需要考虑场馆功能、场馆规模、交通设施、周边配套服务设施和未来发展空间，满足活动举办方和参与者的要求是选址的关键依据。会议场馆的选址因素、布局和设计要点和展览场馆有所不同。尽管政府、企业、非营利机构和私人均可投资建设会展场馆，但大型场馆以政府投资为主，中小型场馆以民间投资为主。会展场馆的管理模式主要有自主管理、委托管理和合作管理。为减少财政资金压力和投资风险，大型国有会展场馆还可以选择 BOT 和 PPP 融资模式。未来会展场馆的建设和管理将朝着智能化、人性化、生态化和集合化方向发展。

💡 关键词

会展场馆规模，选址，场馆空间，建筑组合类型，地面承重，蚂蚁综合症，BOT，PPP，混合投资，自主管理，委托管理，合作管理，智能化，人性化，生态化，集合化，场馆（或活动）迁移现象

📔 本章作业

1. 为什么会展场馆的规模通常不包括室外活动场地面积？

2. 会议场馆和展览场馆选址上有何不同？

3. 试述不同会展场馆空间布局的利弊。

4. 调查本地会展场馆的构成情况。

5. 会展场馆的投资模式和管理模式有何差异？

6. 调查本地国际会展场馆能否满足国际会展活动的需要。

7. 试述会展场馆未来的发展方向。

8. 以下是某会展场馆项目的可行性分析报告大纲，试指出哪些部分应重点阐述。

某会展场馆项目的可行性分析报告大纲①

（一）项目概况和编制依据

（二）项目背景和建设单位概况

（三）项目建设的必要性

（四）规划布局和平面功能设计

（五）建设内容、规模和建设方案

（六）公用工程

（七）建设选择和外部配套条件

（八）环境保护

（九）消防与安全

（十）节能

（十一）项目实施进度和招投标方案

（十二）投资估算和资金筹措

（十三）财务评价

（十四）社会效益分析

（十五）结论与建议

推荐阅读资料

[1] 中华人民共和国住房和城乡建设部. 展览建筑设计规范（JGJ 218-2010）[S].
北京：中国建筑工业出版社，2011.

[2] 中华人民共和国国家质量监督检验检疫总局，中国国家标准化管理委员会. 展览
场馆功能性设计指南（GB/T 34395-2017）[S]. 北京：中国标准出版社，2017.

[3] 中华人民共和国国家质量监督检验检疫总局，中国国家标准化管理委员会. 区域
展览场馆规划指南（GB/T 34398-2017）[S]. 北京：中国标准出版社，2018.

[4] 白素英. 展馆建设融资模式研究 [D]. 保定：河北大学，2007.

[5] 弗雷德·劳森. 会议与展示设施规划、设计和管理 [M]. 吕楠，译. 大连：大

① 展览馆项目可行性分析 [EB/OL].［2017-04-27］. https：//max. book118.com/html/2017/0427/102711333. shtm.

连理工大学出版社，2003.

　　[6] 侯晓. 基于共生理论的会展综合体设计研究 [D]. 广州：华南理工大学，2019.

　　[7] 克莱门斯·库施，沃克文·马格，安娜贝尔·格哈尔. 会展建筑：设计与建造手册 [M]. 卞秉义，译. 武汉：华中科技大学出版社，2014.

　　[8] 刘海莹，许锋. 会议中心设计、运营与管理 [M]. 北京：旅游教育出版社，2012.

　　[9] 杨威. 国际会议中心功能构成与设计研究 [D]. 北京：北京建筑大学，2017.

　　[10] 杨松. 北京会展场馆运营管理模式比较研究 [J]. 城市管理与科技，2013 (1)：28-31.

　　[11] Bernini C. Convention Industry and Destination Clusters：Evidence from Italy [J]. Tourism Management，2009，30 (6)：878-889.

　　[12] Lee W R，Bong-Seok K，Kim Y S. The Mixed-Use Development Strategy of New Convention & Exhibition Center [J]. Korea Trade Exhibition Review，2015，10 (3)：1-26.

　　[13] Liu T，Wilkinson S. Large Scale Public Venue Development and the Application of Public-Private Partnerships [J]. International Journal of Project Management，2014 (32)：88-100.

　　[14] Sanders H T. Convention Myths and Markets：A Critical Review of Convention Center Feasibility Studies [J]. Economic Development Quarterly，2002，16 (3)：195-210.

第三章
会展场馆的设施设备管理

智慧会展的发展依赖于会展场馆的智能化。

第一节　会展场馆的设施与设备

根据《汉语大词典》的定义，设施是指为某种需要而建立的机构、系统、组织、建筑等，如交通设施、酒店住宿设施；设备是指进行某项工作或满足某种需要的成套建筑、器物等，如起吊搬运设备、会议视听设备。设施和设备都是指可供人们在生产中长期使用，并在反复使用中基本保持原有实物形态和功能的生产资料和物质资料的总称。设施通常具有不可移动性，而设备具有可移动性。会展场馆既有设施，又有设备。按照不同行业场馆之间的差异性，会展业场馆的设施设备可分为通用和专用设施设备两大类。

一、会展场馆的通用设施设备

1. 建筑设施

房屋与楼宇建筑是会展场馆的基础设施。尽管一些配套服务设施不是会展场馆必需的，如酒店、餐饮、办公、金融、购物、海关、知识产权管理、卫生急救等设施，但大型场馆（特别是远离市区的场馆）往往都有此类配套设施，如芝加哥麦考密克展览中心就建有酒店、剧院等住宿和娱乐设施。

2. 交通物流设施设备

交通物流设施设备为场馆的人流和物流提供方便，包括车辆识别系统、泊车指引系统、各类汽车和自行车停车场、车辆收费系统、公共交通站点、自有运输车辆、货物起吊和搬运设备、货物仓库、载物或载人升降电梯、自动人行道、各种道路指向标志、建筑布局示意图，以及共享单车、共享汽车、无人驾驶汽车等。大型展览场馆中的自动人行道如图 3-1 所示。

图 3-1　大型展览场馆中的自动人行道

资料来源：笔者拍摄。

3. 照明设施设备

场馆的照明设施设备可分为人工照明设施设备和自然照明设施设备。人工照明设施设备又可分为灯具设备、控制设备和电源设备（如发电机），包括集中照明或分散照明设施设备、应急照明设施设备、广告或指示照明设施设备。特别需要注意配备应急电力系统，避免因停电导致活动中断或出现人员恐慌状况。

4. 消防设施设备

消防设施设备是保障活动参与人员安全的必备条件，如消防控制室、避雷设施设备、火灾自动报警系统、排烟设施、灭火器（干粉、气体、泡沫）、消火栓、自动灭火器、安全疏散设施设备等。自动消防设施应具有电系统和水系统两套自动设施。

5. 空调设施设备

涉及场馆通风、温度和湿度调节的设施设备。北方地区场馆一般有供暖设施，南方地区场馆多安装中央空调系统。采暖设备在冬季为房屋提供热量，包括锅炉、循环泵、散热器等设备。除中央空调外，一些房间安装有局部空调设备。干燥地区或房间可以安装加湿器。

6. 环境卫生设施设备

按照《环境卫生设施设置标准》（CJJ 27-2012）规定，环境卫生设施包括公共设施、工程设施和其他设施。公共设施包括废物箱、垃圾收集点和公共厕所。公共厕所一般采用固定式，分男、女卫生间或通用卫生间。大型会展场馆有时也采用活动式公共厕所，以临时弥补固定式公共厕所的不足。

7. 安全监控设施设备

安全监控设施设备包括门禁系统、门卫室、人像采集系统、闭路电视监控系统、监控室、隔离栅栏、对讲机、周界防越系统、电子巡更系统和室内报警系统等。临时入口的安检系统如图 3-2 所示。

图 3-2　临时入口的安检系统
资料来源：笔者拍摄。

8. 水电气设施设备

水电气设施设备包括生活供水、设备用水、消防给水和排水管道，通风管道、压缩空气管道、燃气管道和排烟管道，供电线路、变配电装置、高低压电器、充电器，安防系统、火灾自动报警与联动控制系统、通信与有线电视系统、建筑智能化系统等弱电设备。特别需要重视场馆区域内 WiFi 设备的安装、信号强度、更新升级和免费使用条件。

二、会展场馆的专用设施设备

1. 会议场馆的专用设施设备

会议场馆的专用设施设备包括：注册台、桌签、专用照明灯具、音响、话筒、录音录像设备、讲台、投影仪、激光笔或演示者远程控制器、显示屏、演示者折返屏幕（演示者面对观众但可以看到屏幕内容）、幻灯机、白板、会议室家具（包括桌椅、平台和讲台）、地毯、会议系统、声光控制室、同声传译室、网络机房、试片室（预览室）、贵宾休息室、茶歇间、衣帽间（更衣室）、储物柜、可分割会议室、自动翻译机、现场服务机器人等。其中，桌签是设于主席台、会议桌或餐桌上，用于显示演讲人、参会代表或用餐者身份或所在机构名称的卡片；试片室（预览室）是会议主办单位或承办单位提供给演讲人用于预览、上传修改报告和演示文件的房间①。国际会议中心协会（IACC）认为，理想的会议室应是开放的、灵活的、明亮的、有趣的和技术装备精良的。会议现场的同声传译室如图 3-3 所示。

图 3-3　会议现场的同声传译室
资料来源：笔者拍摄。

---

① 中华人民共和国国家质量监督检验检疫总局，中国国家标准化管理委员会. 会议分类和术语（GB/T 30520-2014）[S]. 北京：中国标准出版社，2014.

会议室基本照明设备有射光灯、泛光灯及特殊效果灯。调光器是会议室内必要的装置，通过它提供局部照明，可以提高屏幕的画面清晰度。灯光亮度要保证观众在看清投影的同时，能够记笔记。照明方面的技术细节应由专业人员负责，会议中心的服务人员也应对灯光设备的使用有足够的知识。

选择会议室家具时要考虑家具的环保性、阻燃性、易清洁性、装饰性、经济性、牢固性和耐用性，且选择便于操作和储藏的家具，不使用时可摞在一起。为了避免过多的搬运和储藏，最好是购置多用途的会议室家具，比如可拆卸互换大小不同底盘的桌子，有双重高度的折叠平台等。会议室的折叠座椅如图3-4所示。

典型的会议系统包括会议传声器系统、会议讨论系统、会议译音系统、语言分配系统、会议表决系统和视频会议系统（顾克明等，2013）。目前，会议管理系统和无纸化多媒体会议系统得到了广泛应用。无纸化会议系统使用场景如图3-5所示。

图3-4　会议室的折叠座椅
资料来源：笔者拍摄。

图3-5　无纸化会议系统使用场景
资料来源：笔者拍摄。

2. 展览场馆的专用设施设备

展览场馆展览区的专用设施设备包括：室内展厅（陈列室）、室外展览场地、标准展位、特装展位、接待台、桌椅、展示柜、广告显示屏、灯柱、地毯、广播、现场人群监控系统、在线展览系统、现场直播设备、全息显示仪、可用于分割展厅的移动墙等。目前，现场人群监控系统、在线展览系统、现场直播设备、增强和虚拟现实技术得到了越来越多的应用。展览现场的直播场景如图3-6所示。

展商、观众服务区的设施设备包括：安检设备、接待总台、售票处、广播室、储物柜、洽谈室、贵宾室、休息室、小卖部、就餐处、急救室、举办方临时办公室、知识产权保护办公室、虚拟服务设备等。新技术为展商开辟了虚拟空间，使产品和解决方案具有交互性和有形性。如德国慕尼黑展览中心为展商提供虚拟展示服务，展商可以通过增强和虚拟现实技术（AR/VR）来扩大他们的展位展示。该中心提供的智能技术可以将各种产品和服务可视化。当产品还没有完全制造出来，或者这些展品具有特殊尺寸、难以运输时，使用它们尤其有利于展示。此外，更大的虚拟现实体验创造了可持续的品牌体验，给客户留下持久的印象。

后勤服务区的设施设备包括：停车场、展品装卸场所、临时库房、可租赁物品（如各种展具）、桁架升降系统、手摇支架、叉车、各类梯子（如方形梯和人字梯）、常用安装工具等。可伸缩支臂安装车如图 3-7 所示。

图 3-6　展览现场的直播场景
资料来源：笔者拍摄。

图 3-7　可伸缩支臂安装车
资料来源：笔者拍摄。

目前，场馆方广泛使用手机应用软件（App）和管理软件。App 的优势表现在：能更好地发布会议的实时信息，有更强大的位置识别和场地导示功能，可以减少纸张使用，让现场交流和人际关系建立更容易，让调查和投票的成本更低，加强品牌化，有更强大的参会者数据分析功能，更有效的客户关系管理等。场馆管理软件是一种用于计划和组织活动运作的工具，帮助用户处理客户问题、安排活动、创建建议、组织文档、跟踪员工任务、生成发票等。

3. 会展场馆的建筑小品和标志（标识）

建筑小品除具有使用功能外，还具有观赏或装饰功能，讲究造型上的艺术性（见图 3-8）。会展场馆的建筑小品有利于营造活动现场的情感氛围，强化场馆的个性形象和树立场馆品牌形象。此类小品有雕塑性建筑小品，如供休息用的异形桌椅；装饰性小品，如花瓶、风景墙；照明小品，如灯柱；展示性小品，如导游图；服务性小品，如时钟塔等。日本东京国际展览中心（Bigsight）是日本最大的国际展览中心，该中心有 7 件艺术品，每件艺术品极具个人主义色彩，与周围环境融为一体，营造出丰富的氛围，吸引了大批观众。

在《现代汉语词典》中，"标识"等同"标志"。会展场馆建筑的标志包括内、外部标志。外部标志有：建筑物顶部、前面、入口处、广场、停车场、安保岗亭、道路的标志；内部标志有：功能区、设施设备的标志。会展场馆需要特别重视导向标志、双语标志（通常为中英文标志）、固定和临时标志以及警示标志的使用。中英文标志应遵循《公共服务领域英文译写规范》（GB/T 30240）、《公共场所双语标识英文译法》（DB21/T 2414.1－2015）的规定。对于国际会展场馆的建筑小品和标志（标识）要考虑不同国家、不同民族在生活习俗、文化背景、政治制度和宗教信仰方面的差异所带来的禁忌。展览现场的临时标志如图3-9所示。

图3-8　德国法兰克福会展中心门口的
机器工匠（动态雕塑）

资料来源：笔者2016年摄于法兰克福会展中心。

图3-9　展览现场的临时标志

资料来源：笔者拍摄。

第二节　会展场馆的设施设备管理

　　会展场馆设施设备是场馆产品的组成部分，是评价场馆先进程度的重要指标，也是场馆服务质量的重要依托（郭海霞，2013）。会展场馆设施设备管理属于物业管理的范畴，但在管理目标、内容上又与其他物业管理存在某些差异。会展场馆设施设备管理需要遵循设施设备管理的规定，能够提高场馆使用者的服务体验水平。

一、会展场馆设施设备管理的目标

会展场馆的硬件（设施、设备）和软件（组织的经营理念）对提升场馆竞争地位至关重要，设施设备管理对更广泛的企业目标存在贡献（Tay，2006）。会展场馆设施设备管理的目标有：①正常发挥设施设备功能，为场馆使用者提供优质服务，保障人员财产和生命安全；②做好设施设备经济分析，尽量节能降耗，降低场馆运营成本；③提高设施设备的利用率，尽快收回设施设备的投资成本。

会展场馆设施设备管理最重要的目标是提高场馆使用者的满意度。影响会展场馆使用者满意度的因素包括：①场馆内部和外部整体氛围（是场馆外观、工作人员、建筑设计、隔音效果等物理属性与人员主观感受的结合）；②场馆周边环境（酒店、城市和社区居民、场馆区位）；③场馆的物理属性（温度和照明）；④指路方式（标识、道路、城市中的位置）（Foxall and Hackett，1994）。决定会展场馆物理环境质量的关键因素是可达性、清洁性和便利性；感知的物理环境对客户满意度产生积极影响；客户满意程度越高，场馆的口碑就越好，重访的意愿也越高（Jung，2011）。

Breiter 和 Milman（2006）认为，会议中心（可承接会议和展览①）的服务内容包括：会议中心整体清洁度，设施设备的维护，客服人员乐于助人、友善，会议中心其他人员提供协助，会议中心网站的设计和内容。场馆使用者对服务设施的要求包括：会议中心内有方位指示牌，附近有高品质住宿设施，有充足的洗手间，手机信号强，有路标，有足够数量的座位，容易找到餐饮设施，停车场收费可以接受，有往返于会议中心的出租车服务且收费可以接受，所有展示时间内餐饮服务网点开放，整个会议中心均有食品售卖亭，餐饮服务靠近展厅，提供商业服务，有足够数量的公用电话，提供高档食品，很容易接入互联网，提供品牌食品。其中，会议中心的整体清洁度、维护良好的设施以及客服人员乐于助人是会议中心设施服务使用者（观众）较为重视的项目，其次是会议中心内的方位指示牌，附近有高品质住宿设施，有足够数量的洗手间，手机信号强。

此外，灵活可变的家具摆放和设备布置对会展中心灵活使用的会议、展览空间非常必要。家具或演讲舞台需要可折叠、可移动和方便存放，以满足不同活动的需要，如报告会、宴会、酒会、文艺演出等。音乐表演活动则需要考虑完备的配套设施，采用可安装和拆卸的音响系统设备。根据 2020 年 IACC 的调查，会议场馆运营商为了促进协作和空间灵活性最常使用休息室家具（沙发、豆包、软座、扶手椅）、各种风格的桌椅（特别是不同高度的桌椅）和易于移动的家具（便于携带或有轮子的家具）。

---

①　这一点与国内会议中心的定义不同。

二、会展场馆设施设备管理的内容

会展场馆设施设备管理的内容包括全要素管理、全生命周期管理和全过程管理三个维度，涉及人和技术的管理，如图3-10所示（王兆红、詹伟、邱菀华等，2008）。一些大型会展场馆的全寿命周期集成管理系统包括项目建设期和运营期的管理，如图3-11所示（何文才、谢琳琳、何清华，2008）。会展场馆设施设备管理的原则包括：①大型设施设备需要多人负责、多方管理；②坚持预防管理，防患于未然；③改进设施设备功能，增强活动参与人员的现场体验感；④重视生态管理，包括环境生态和商业生态管理。

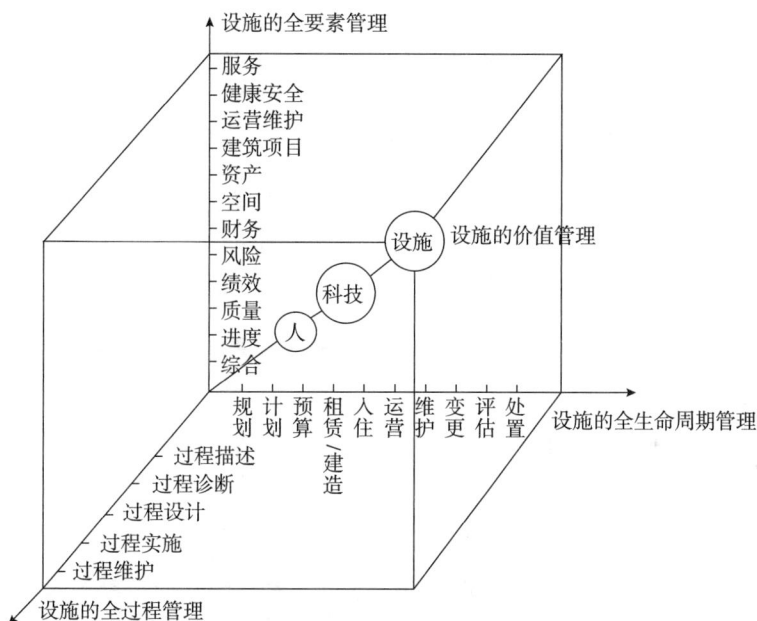

图3-10　设施管理的理论体系框架

设施设备管理不同于流程管理，主要管理内容有针对设施设备的规划管理、运行管理、环境管理、安全管理和成本管理。从时间（或过程）上看，设备管理涉及以下几个环节：规划、购买、安装、使用、维护、改造和报废，主要工作是前期管理。设备前期管理是指从设备需求提出直至设备采购、安装调试、验收投入使用的管理，包括设备需求策划、设备采购评审、设备采购招标、签订技术协议和合同、设备到馆检验、设备安装、设备调试、设备移交等过程。

除了常见的设施设备管理内容外，会展场馆经营管理方应当加强设施设备的租赁管理。租赁对象包括展具、道具、家具、照明、电器、工具、植物、花卉、运输车辆、临时办公用房、展厅和会议室等。租赁管理可以提高设施设备的利用率，提高对活动方的服务水平，为场馆经营管理方增加收入。会展场馆比其他会展活动服务企业更有场所和位置优势实施租赁经营。

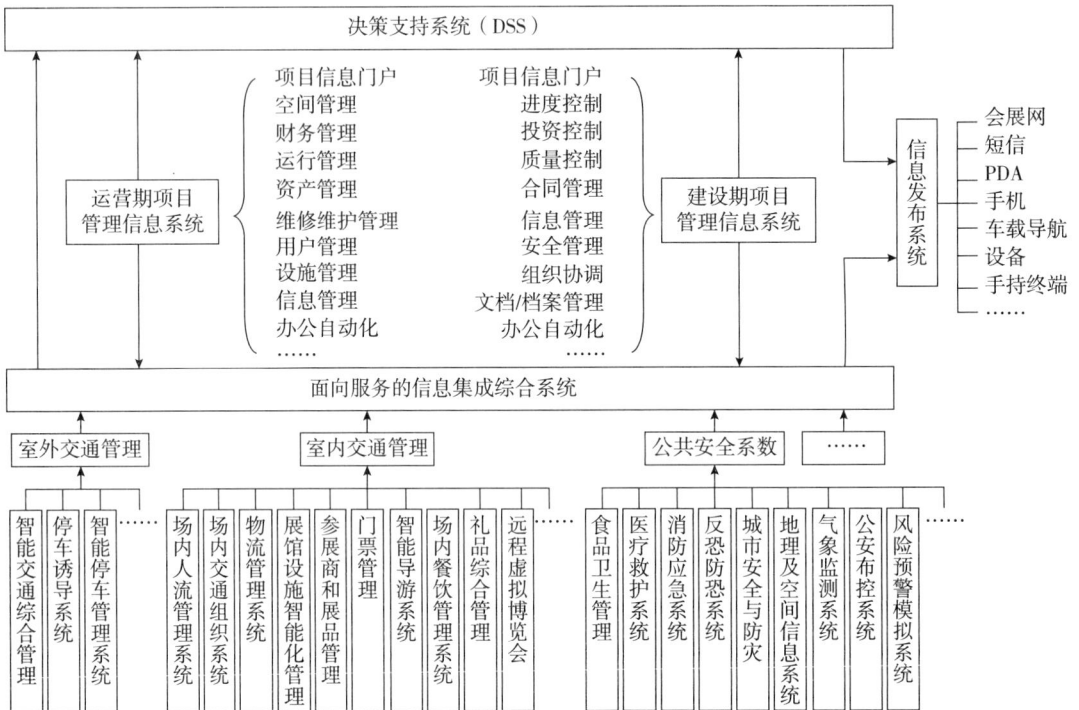

图3-11 大型会展场馆项目全寿命周期集成化系统的基本功能框架

三、会展场馆设备故障风险管控的方法

会展场馆设施设备的管理要坚持综合管理、系统管理、全员管理和制度管理的原则。会展场馆的设施设备较多，故障点也较多。如何进行有效的管理，避免设施设备故障给场馆使用者留下不良印象，甚至导致活动中断，这是管理者特别需要注意的事情。"帕累托法则"又名"80/20定律""关键少数法则"等，认为少数因素（占比为20%左右）对结果的影响较大（占比为80%左右）。因此，管理者应当把更多的资源用在这些关键因素上面，提前做好准备，尽量减少事故的发生。如有人将帕累托法则运用于视频会议系统的故障风险管控，将80%的系统维护资源用在20%的高风险节点上，视频会议系统运行质量得到了有效提高（曹彦和李莉，2020）。可以说，帕累托法则是会展场馆设备故障风险管控的一种简单有效的方法。

比如，某会展场馆，经事前统计，A型视频会议系统38个节点中有17个节点曾出现了故障，故障数最多的前20%个节点为a1、d2、i3节点，这些节点的故障数分别为5次、4次、5次（表3-1），按帕累托法则，a1、d2、i3节点为关键节点，然后把更多的人员和时间投入到这些节点的管理上（表3-2），从而大大降低了系统故障率（表3-1）。

表 3-1 调整前后 A 型视频会议系统故障数对照表

节点编号	2017~2018 年实施干预前会中故障数（次）	2019~2020 年实施干预后会中故障数（次）	节点编号	2017~2018 年实施干预前会中故障数（次）	2019~2020 年实施干预后会中故障数（次）	节点编号	2017~2018 年实施干预前会中故障数（次）	2019~2020 年实施干预后会中故障数（次）
a1	5	0	d2	4	0	g5	0	0
a2	0	0	d3	0	0	g6	0	1
a3	2	1	d4	0	1	h1	3	2
a4	0	0	e1	0	0	h2	2	1
a5	0	0	e2	2	1	h3	0	0
a6	0	0	e3	0	0	h4	0	0
a7	0	0	e4	0	0	h5	0	0
b1	3	1	e5	0	1	i1	0	0
b2	1	1	f1	1	2	i2	1	1
b3	0	0	f2	2	1	i3	5	0
c1	2	1	f3	0	0	i4	1	0
c2	0	0	g1	2	1	i5	0	0
c3	0	0	g2	1	0			
c4	0	0	g3	0	0	合计	38	18
d1	1	1	g4	0	1			

表 3-2 调整前后 A 型视频会议系统运维工时对照表

位置	编号	先前巡检运维人·时/月	调整后巡检运维人·时/月	位置	编号	先前巡检运维人·时/月	调整后巡检运维人·时/月
屏幕	a1	0.5	2×3+1＝7	调音台	e5	0.6	0.1
	a2	0.5	0.1	话筒	f1	1	0.2
	a3	0.4	0.1		f2	1	0.2
	a4	0.4	0.1		f3	1	0.1
	a5	0.4	0.1	会议终端	g1	0.5	0.1
	a6	0.4	0.1		g2	0.5	0.1
	a7	0.4	0.1		g3	0.5	0.1
摄像头	b1	1	0.2		g4	0.5	0.1
	b2	1	0.2		g5	0.5	0.1
	b3	1	0.2		g6	0.5	0.1

续表

位置	编号	先前巡检运维 人·时/月	调整后巡检运维 人·时/月	位置	编号	先前巡检运维 人·时/月	调整后巡检运维 人·时/月
音响	c1	0.7	0.2	网络	h1	0.4	0.1
	c2	0.7	0.1		h2	0.4	0.1
	c3	0.7	0.1		h3	0.4	0.1
	c4	0.9	0.1		h4	0.4	0.1
矩阵	d1	0.7	2×3=6		h5	0.4	0.1
	d2	0.7	0.2	转换设备	i1	0.4	2×3+1=7
	d3	0.7	0.2		i2	0.4	0.2
	d4	0.9	0.2		i3	0.4	0.2
调音台	e1	0.6	0.1		i4	0.4	0.1
	e2	0.6	0.1		i5	0.4	0.1
	e3	0.6	0.1	总人时数		25	25
	e4	0.6	0.1				

第三节 会展场馆的智能化

由于人们对工作环境、生活环境的舒适性、安全性要求越来越高，借助控制技术、网络技术和信息技术的最新发展，当前智能化建筑方兴未艾。然而，智能会展场馆不是单纯的智能建筑，而是应当借助大数据、人工智能、互联网技术和最新的活动管理方法为场馆使用者提供更具个性化的服务。

一、会展场馆智能化的功能

智能化是会展场馆的未来发展方向之一。会展场馆的智能化是场馆经营管理方提高现场服务水平、降低运营成本的需要，也是活动举办方为参展者、参会者提供更多价值的需要。会展活动的智能化管理离不开先进设施设备的应用。智能化设施设备的使用需要资金、专业人才和一定的使用频率。会展活动举办方往往因没有财力、专业人才或使用频率较低而不会购买智能化设施设备。场馆方可以为所有使用场地的活动方提供智能化服务，从而大大节约成本和提高设施设备的利用率。从这一点上，会展业的智能化应该首先表现在会展场馆的智能化上面，或者建立在会展场馆的智能化基础上。

会展场馆的智能化不仅体现在设施设备的自动化运转上，还体现在能够为会展活动方提供管理数据和方案，增强参展、参会人员现场互动和体验，最大限度提升其参展、参会的效果。从现有研究和实践来看，会展场馆（尤其是展览场馆）的智能化（或智慧化）主要表现在以下两个方面：

1. 实现人流和物流的大数据采集和自动分析

在会展场馆现场收集的人流和物流数据基础上，结合前期数据库，由计算机分析获得有价值的信息，以指导人员的现场活动，提高人员工作效率。现场数据采集技术有人员身份识别技术（包括人脸识别技术）及行为跟踪记录系统、车辆识别技术和行驶轨迹记录系统。其功能有人员在室内有目的的导航，供需人员之间的自动搜寻，人员满意度分析，展商现场绩效分析，展位人气分析，人群管理和控制，为活动举办方、行业管理方和场馆自身提供准确的活动统计数据等，以提高各方管理绩效。

重庆国际博览中心位于重庆悦来会展城，是一座集展览、会议、餐饮、住宿、演艺、赛事等功能于一体的现代化智能场馆，是西部较大的会展综合体之一，曾获得中国建设工程鲁班奖（国家优质工程奖）。重庆国际博览中心的智能化功能表现在：通过16个通信基站为现场人员提供短信服务；车辆停放位置导引和告知；进出具体场馆的人流量监控、导引和预警；车牌号抓取与人员信息分析；观众现场停留行为分析（刘晓广、郝静、巩隽等，2017）。

2. 会展场馆设施设备的智能化运转

基于智能建筑的会展场馆目前的功能包括：自动空调、光控设备、自动排水、智能门禁、电子巡更、停车场管理、自动泊车导引、信息网络、协同管理、客服呼叫中心、不间断电源、自动驾驶汽车等。例如，综合性的智能监控系统，采用分布式或集散式结构，对场馆内的各类机电设备运行状况、安全状况、能源使用状况等实行自动的监测、控制与综合管理，调节场馆内影响环境舒适性的温度、湿度、风速等指标，监控破坏环境安全性的恐怖、骚乱、火灾等因素，以保证活动的正常进行。又如，为场馆的经济运行和日常管理提供技术手段，达到场馆运营服务要求的智能管理系统，包括建筑设备监控系统、火灾自动报警及消防联动控制系统、安全防范系统、建筑设备集成管理系统等。当前，会展场馆设施设备的智能化运转是场馆智能化的主要表现。

尽管现代信息、网络和计算机技术是智能场馆的技术基础，但运用这些技术的会展场馆未必是真正意义上的智能场馆。廖希林和谢端云（2005）曾列举了国外场馆和展览信息化的经验。日本东京国际展览中心信息化基础设施比较完善。该馆配置有一个250英寸高清晰度的录像放映机，以及音响灯光设施、高清视听系统和同声翻译器。计算机系统可提供展览信息、会场信息、地方交通及天气、新闻等信息。其他信息化基础设施包括：安装在入口广场的大型屏幕，可播出大量与展览有关的图像资料；引导观众的大型电子信息牌；向观众指引馆内设施及地方交通的小型电子信息牌，展览组织者也可将此用作消息发布栏；控制整个视听信息的演播室。法国巴黎国际建筑建材展览会上提供了如下信息化服务：组展方事前把邀请的展商和专业参观者的详细资料如联系方法、主要业务等，逐一制作成精巧的磁卡，送给有关人员。这些磁卡可作为展商和参观者进入展览中心或会议中心的凭证，并且只需要在相关的机器上用磁卡划一下，就能记录所有的信息。会展活动结束后，每位展商只需带一两张磁盘回去，并可随时随地通过电脑查找和调用有关信息，组展方可据此对展商和观众进行统计分析。可见，这样的信息化仍然缺乏"智能"的成分。

二、会展场馆智能化的技术基础

传统会展场馆智能化系统包括智能化集成系统、信息设施系统、信息化应用系统、建筑设备管理系统、公共安全系统、机房工程和建筑环境等设计要素构成，其技术基础是信息技术。智能会展场馆应符合现行国家标准《智能建筑设计标准》（GB/T 50314）的有关规定。展览场馆宜配置展览事务管理系统、物业运营管理系统、公共服务管理系统、智能卡应用管理系统、办证与票务管理系统、信息网络安全管理系统和展览建筑需要的其他应用管理系统。典型的场馆管理信息系统层次和功能如图 3-12 所示（何文才，2008）。

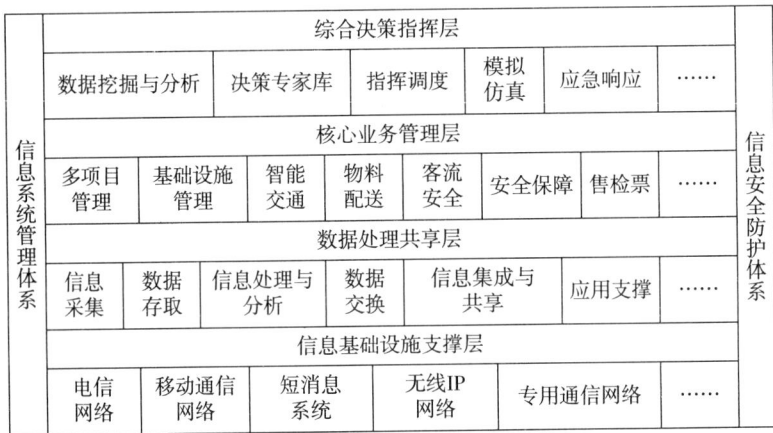

信息系统管理体系	综合决策指挥层						信息安全防护体系
	数据挖掘与分析	决策专家库	指挥调度	模拟仿真	应急响应	……	
	核心业务管理层						
	多项目管理	基础设施管理	智能交通	物料配送	客流安全	安全保障 / 售检票 / ……	
	数据处理共享层						
	信息采集	数据存取	信息处理与分析	数据交换	信息集成与共享	应用支撑 / ……	
	信息基础设施支撑层						
	电信网络	移动通信网络	短消息系统	无线IP网络	专用通信网络	……	

图 3-12　大型会展场馆管理信息系统的层次化框架

鲍尔（2005）列出了信息技术在会展活动中可以发挥作用的领域，具体包括：论文摘要和教育内容管理，协会和会员情况追踪记录，参会者对接和人际联络，竞拍和筹款，观众投票，制作参会者胸卡，安排宴会座次，联系人管理，客户关系管理，会议网站和门户平台管理，展览销售和场地平面图管理，激励追踪，潜在商机检索，营销、沟通和发展参会代表，会议详细信息管理，会议统筹、采购和投标书（邀标书）管理，会议现场技术（现场注册、上网区、产品名录、会场网络），注册，绘制会议室示意图，日程安排，场地选择，演讲者管理问卷调查，旅行和当地交通管理。

智能会展场馆是一种全新的会展服务平台，依托于互联网和物联网、云计算、大数据、人工智能等新一代信息技术手段，以线上与线下相互融合的方式，将各种商流、物流、人流、资金流和信息流进行整合，实现新技术高度集成、智能会展高端发展、智能服务高效智能，有整体营销、综合运营、整合产品与商务服务接入的一整套智能场馆综合服务体系[①]，并通过各个软件系统体系的建设，进行数据采集与分析。

以地理信息系统（GIS）、5G 移动通信技术、互联网技术、人脸识别技术、智能 IC 卡技术、电子标签技术、室内外导航/定位系统为基础，形成智能场馆第一层面的专业技术手段，本质上是物联网和人联网，以实现大数据采集。2010 年的上海世博会就用到了地理信息系统（GIS）、网络技术、无线通信技术、智能 IC 卡技术、电子标签技术和导航定位技术。目前，室内定位技术仍然是智能场馆发展的瓶颈。据中国国际贸易促进委员会 2019 年报告，国内已有场馆的室内人员定位精度达到厘米级，可为观众大数据服务提供技术保障[②]。此外，作为智能场馆第二层面专业技术手段的算法模型（实现大数据分析）也有研究报告。算法模型是为了求解给定的问题而经过充分设计的计算过程和数学模型，是人工智能的"灵魂"，同样可以帮助场馆加速信息处理、提升学习能力和实现智能决策。智能场馆的算法模型应当结合场馆管理技术和活动管理技术开发。智能展览场馆的技术发展如表 3-3 所示。

表 3-3　智能展览场馆的技术发展

研究者	年份	技术要点
Yang 等	2019	基于移动终端的 WiFi 室内定位技术的应用
Chien 等	2019	人脸识别系统可以准确、及时地提供有关展览地点人数、年龄、性别和停留时间的分布数据
Singh 等	2017	在企业展销的三个阶段中，网站设计和 IT 在展前接触潜在客户、展中人员之间的网络互动和沟通、展后绩效评估等方面的应用
Guo 等	2016	提出一种新的推荐方法，引导观众找到适合自己的展位
Kim 等	2016	通过基于物联网信标的全智能 MICE 平台的大数据收集
Chongwatpol	2015	提出了一个支持 RFID 的跟踪和可追踪性架构，以提高展览现场的信息可视性
Kim 和 Hong	2015	RFID 的信息服务、模型和算法
Jemaa 和 Pariente	2015	为 WiFi 网络和服务的接入提供更多的个性化和透明性，增强客户期望的体验
Wu 等	2007	提出了一个用于构建环境感知的智能展览环境的框架，以提供定制的服务，使观众的参观更加方便和有趣
Roberts	1994	提出了一种产品定位器，为观众提供快速访问展位的机会，提供个性化打印输出以供将来使用，提供产品和服务的类别列表

未来拥有数据的场馆是最有竞争力的场馆。会展场馆的智能化离不开对场馆使用者的数据采集，但数据采集需要保护个人隐私和征得个人同意。特别是保障参展者、参会人员安全的必备设施设备（如门禁系统、安检设备）作为现场数据采集手段使用，尤其需要征得个人同意。墨尔本会展中心的管理方为墨尔本会展信托公司（MCET），MCET 公开声明：现场（或通过网站）收集场馆使用者的个人信息，是为了协助查询和提供营销材料；

---

① 参见慧展官网。
② 参见《中国展览经济发展报告（2019）》。

除非另有法律规定，否则这些信息将在 MCET 中保持私密性；场馆使用者可以向 MCET 申请访问和/或修改信息。

根据我国《消费者权益保护法》第二十九条规定：经营者收集、使用消费者个人信息，应当遵循合法、正当、必要的原则，明示收集与使用信息的目的、方式和范围，并经消费者同意。2020 年 11 月 20 日下午，杭州市富阳区人民法院公开开庭宣判原告郭某与被告某野生动物世界有限公司服务合同纠纷一案，判决野生动物世界有限公司赔偿郭某合同利益损失及交通费共计 1038 元，删除其办理指纹年卡时提交的包括照片在内的面部特征信息，驳回郭某提出的确认野生动物世界店堂告示、短信通知中相关内容无效等其他诉讼请求。野生动物世界有限公司在合同履行期间将原指纹识别入园方式变更为人脸识别方式，属于单方变更合同的违约行为，郭某对此明确表示不同意。店堂告示和短信通知的相关内容不构成双方之间的合同内容，对郭某也不具有法律效力。郭某作为守约方有权要求野生动物世界有限公司承担相应法律责任。双方在办理年卡时，约定采用的是以指纹识别方式入园，野生动物世界有限公司采集郭某及其妻子的照片信息，超出了法律意义上的必要原则要求，故不具有正当性。该案被称为中国人脸识别第一案。

📖 本章小结

会展场馆的设施设备包括通用和专用两大类。会展场馆应当根据举办的会展活动类型配备相应的专用设施设备。会展场馆设施设备管理的重要目标是提高场馆使用者的满意度、降低运营成本、提高设施设备的利用率。会展场馆设施设备管理的内容包括全要素管理、全生命周期管理和全过程管理三个维度。场馆经营管理方应当扩大和加强设施设备的租赁管理。帕累托法则是设备故障风险管控的一种简单有效的管理方法。智能会展场馆不仅仅在于建成智能建筑，更在于对场馆使用者的信息和行为分析，为其提供个性化的服务体验，提高参展、参会绩效。

💡 关键词

通用设施设备，专用设施设备，设施设备管理目标，设施设备管理内容，智能化场馆，会议系统，帕累托法则

📓 本章作业

1. 会议场馆和展览场馆的设施设备有何差异？

2. 会展场馆设施设备管理的目标是什么？

3. 会展场馆设施设备管理的内容有哪些？

4. 试述帕累托法则在场馆设备故障风险管控中的应用步骤。

5. 有人认为会展场馆可以虚拟化，即建立网上展馆。对此，你有何看法？

6. 会展场馆智能化的技术基础是什么？

7. 阅读下列材料，分析场馆需求方对设施设备的要求有哪些，以及是否完善。

2021年某会议活动的场地需求

一、城市要求

（1）所选城市交通便利，需有一线城市当天往返航班；

（2）所选城市气候适宜，档期暂定为6月中旬、11月上旬。

二、会场要求

1. 会场外部环境

（1）环境幽雅，交通便利，能提供充足的停车位，解决停车问题；

（2）可设置丰富的广告位；

（3）会场可协助消防报备及防疫报备。

2. 会场内部设施

（1）需1000平方米以上主会场1间（使用时间周五晚、周六上午）；

（2）需6~7间200平方米以上的平行会议室，且会议室布局相对集中（使用时间周六下午、周日全天）；

（3）会议室布局相对集中，周边有大面积空地，可设展示区，搭建展位；

（4）场馆/酒店可设的广告位丰富；

（5）需10米左右的签到区搭建背板及签到，并提供网线，插线板；

（6）需800人集中用餐地点，提供自助餐；

（7）提供货梯进行各种物料的运输；

（8）提供专门的会议资料接收存放地点，并安排专人配合收货；

（9）现场用电满足特装展位需求；

（10）现场网络满足6~7个会议室同时直播需求；

（11）其他需求视会议而定。

3. 会议室内设施要求

（1）会议室内视听设备、空调、照明等设备及桌椅、舞台、演讲台配备齐全；

（2）视频要求：各会议室必须配有视频线，每个会议室配备2台投影仪，200平方米会议室不少于8000流明，300平方米会议室不少于10000流明，400平方米会议室不少于12000流明，500平方米会议室不少于16000流明；

（3）音频要求：各会议室必须配有固定音响或移动音响音频线，每个会议室至少配备1个固定麦克风和2个手持麦克风；

（4）讲台要求：会场讲台数量充足（7个左右），大小足以放置笔记本电脑，固定麦克风、桌签及饮用水等；

（5）舞台要求：提供充足数量的舞台板和舞台梯；

（6）台型要求：根据每场论坛的具体需要摆放，桌椅数量充足。

三、周边住宿条件

（1）演讲嘉宾住宿酒店要求为五星级酒店，房间数 200 间以上，步行可达会场；

（2）参会嘉宾住宿酒店规格高，条件好，且需囊括三星、四星及五星级；

（3）参会嘉宾住宿酒店位置尽量集中，且数量不宜过多；

（4）参会嘉宾住宿酒店距会场距离不宜超过 5 千米，车程不宜超过 20 分钟。

推荐阅读资料

［1］中华人民共和国住房和城乡建设部. 智能建筑工程施工规范（GB 50606−2010）［S］. 北京：中国计划出版社，2011.

［2］国家技术监督局. 会议系统电及音频的性能要求（GB/T 15381−1994）［S］. 北京：中国标准出版社，1995.

［3］顾克明，彭妙颜，周锡韬. 会场系统工程［M］. 北京：中国电力出版社，2013.

［4］何文才. 大型会展场馆集成化管理建设模式的研究［D］. 上海：同济大学，2008.

［5］Breiter D, Milman A. Attendees' Needs and Service Priorities in a Large Convention Center：Application of the Importance−Performance Theory［J］. Tourism Management, 2006, 27（6）：1364−1370.

［6］Chien K, Wu T, Luor T. Face Recognition and Smart People−Counting System：Cases of Asian Trade Shows［J］. Journal of Internet Technology, 2019, 20（2）：435−446.

［7］Guo D, Zhu Y, Wei X, et al. How to Find Appropriate Automobile Exhibition Halls：Towards a Personalized Recommendation Service for Auto Show［J］. Neurocomputing, 2016（213）：95−101.

［8］Kim G, Hong B. Generation of Business Event Data Sets for Testing RFID Information Services［J］. International Journal of Software Engineering and Knowledge Engineering, 2015, 25（4）：757−780.

［9］Yang Q, Zheng S, Liu M, et al. Research on Wi−Fi Indoor Positioning in a Smart Exhibition Hall Based on Received Signal Strength Indication［J］. EURASIP Journal on Wireless Communications and Networking, 2019（1）：1−13.

第四章
会展场馆的市场业务与人员组织

如果外行人员也能从事会展管理，这对会展专业人士和消费者而言都不是一个好消息。

本章要求

了解会展场馆的业务类型

掌握会展场馆的租赁管理、投标管理和对进场服务企业的管理

熟悉会展场馆的主要部门和常见的组织结构类型

了解会展场馆人力资源管理的内容和专业岗位要求

第一节　会展场馆的经营业务

从对外经营范围来看，会展场馆的市场业务主要有三种：一是对外出租会展场馆，收取场地租赁费；二是提供场地租赁以外的服务，收取服务费；三是利用自有场地举办会展活动，收取活动组织费。其中，场地出租是会展场馆的基本业务，也是多数会展场馆的主营业务。从服务对象来看，会展场馆的业务包括针对活动举办方、活动相关服务企业和参展参会人员的业务。除内部管理外，会展场馆还需要对举办方、进场服务企业和参展、参会人群进行管理。

大型会展场馆往往经营多种业务。如国家会展中心（上海）的主营业务包括：①展馆及配套设施投资，包括投资建设集展览场馆、综合配套设施、后勤保障设施为一体的会展综合体；②展馆运营管理，包括会展综合体日常运营管理、会展场地出租等；③会展活动开发经营，包括主办、合办和承办境内外展览、会议和大型活动等；④会展活动综合配套服务，包括经营管理办公及配套商业服务设施、展台搭建、广告设计、展览咨询、出版资讯、电子商务、仓储物流、餐饮服务等。

一、会展场馆的租赁业务

会展场馆的租赁业务包括场地出租和单独的设备出租。场地出租是会展场馆最基本和

最主要的租赁业务。通常所说的会展场馆出租主要是指场地出租。会展场馆出租是指出租人将会展场馆作为租赁物交付承租人使用的过程。承租人可以通过举办会展活动而获取收益，同时需向出租人支付租金。这里的出租人指会展场馆的所有者（投资方）或其委托的管理者（经营管理方），承租人一般指会展活动的举办方（即主办方或承办方）。场馆出租所依据的法律条款是《中华人民共和国合同法》第十三章。会展场馆的出租一般是短期租赁，租赁期由场地布置时间、活动时间和现场清理时间三部分组成。整个租赁期多数情况下不超过一个月。出租人和承租人应按照要求签订租赁合同，界定各自的权利和义务。

会展场馆经营管理方的基本销售业务不是场地的销售，而是场地的出租，并提供相关服务。场地出租不存在场地所有权的转移。与其他商业办公场所不同，会展场馆场地的承租人一般不能把场地再次转租给其他会展活动的举办方使用，但可以转租给展商，俗称为展位"销售"。

1. 会展场馆出租应考虑的主要因素

（1）会展活动的性质和内容。承接会展活动既要有利于活动举办，又要能维护或提升场馆品牌形象。场馆方不宜承接声誉较差的会展活动。

（2）同期会展活动和场地占用情况。场馆方通常要求举办方提前预定场地，可采取举办方申请时间优先或重点客户优先原则。为避免业务流失，场馆方也可实行弹性日期。预定使参展者、参会者提前做好准备，场馆方和举办方有时间进行现场布置，避免影响其他活动的正常举办或增加交通拥堵，以及同类活动同时举办导致的市场竞争。不同举办方的同类会展活动最好间隔一定时间。有的地方规定的间隔期是一个星期或三个月甚至半年以上。

（3）承租方是否有举办会展活动的资质或政府审批文件。严格把控承租方的资质，防止造成不利的经济社会影响。即使有些部门对会展活动的举办实行了备案制而非审批制，承租方也应当提供相关的备案证明文件。

（4）承租方的多种服务需求。考虑并满足承租方的多种服务需求，以提升服务水平，增加收入和提升场馆竞争力。

（5）承租方的信誉和支付能力。为保障场馆方的财务安全，避免应收账款拖欠，可以要求举办方一次付清账款，也可以分几次付清全部账款。

2. 会展场馆场地出租管理流程的内容

会展场馆场地出租管理流程的内容包括以下几个方面，所有工作通常由营销部人员牵头负责。

（1）接洽阶段。这一阶段是租赁双方互相了解的过程（张以琼，2007）。场馆方首先应对项目进行初步评估以做出是否出租会展场馆的决定。项目评估的主要内容包括三个方面：会展活动评估，包括活动的主题、目的、时间、档期、主要场地和服务要求等；承租方评估，包括信誉、知名度、承租方对项目的预算等；竞争对手评估，包括有可能承接该项目的其他会展场馆的状况。另外还要对会展场馆租赁费用进行核算，确定会展场馆的其他服务收费，确定合理的出租总价格。

（2）签订场地租赁合同。租赁合同的基本内容包括：场地面积、用途与使用时间，租赁价格和服务收费，支付方式，双方的权利和责任（特别是安全责任）。根据我国《大型群众性活动安全管理条例》的规定，活动举办方应当向场馆方提供会展项目通过活动举办地公安（市、区级）、交管（市、区级）、消防（市级）和会展行业主管单位等相关部门的批准或备案文件复印件、原件备查。

（3）活动举办前收预付款（订金）和押金。有的场馆经营管理方要求场地租赁费一次付清。活动举办方按照合同约定向场馆方支付一定的押金。在租赁合同中需要注意定金、订金和押金的区别。定金数额不超过主合同标的额的20%；给付定金一方如果不履行债务，无权要求另一方返还定金；接受定金的一方如果不履行债务，需向另一方双倍返还定金；债务人履行债务后，定金应当抵作价款或者收回。订金的数额由当事人自由约定；收受订金的一方违约，只需返还所收受的订金即可。押金的数额可由当事人自由约定；在债务人不履行合同时，债权人可以债务人所交押金优先受偿；如债务人依约履行了合同，则其所交押金可以抵作价款或者收回。

（4）现场服务和管理。场馆方应积极配合活动举办方，按照合同约定提供现场服务和管理。

（5）收尾工作。场馆方进行场地清查验收、财务结算和客户满意度调查，最后收尾款，并退还押金。

会展场馆方的租赁服务程序如表4-1所示。

表4-1 会展场馆方的租赁服务程序

服务内容	服务部门
会展场馆营销 ↓	营销部
联系和接待活动举办方 ↓	营销部
提供相关文件，签订场地租赁合同 ↓	营销部
收预付款、押金 ↓	财务部
现场服务和管理 ↓	现场服务部
场地验收、财务结算 ↓	财务部、设施设备部、其他服务部门
收尾款、退还押金	营销部、财务部

二、会展场馆的投标管理

会展场馆为了获得租赁业务，有时候需要参与活动举办方的场地招标采购活动。行业协会、党政机关经常通过招标选择会议场馆，流动展览（巡回展览）的举办方也可能通过招标选择展览场馆。活动举办方事前会填写一份冗长的表格（RFP），详述他们对场馆的要求，其中包括空间、实物、视听、后勤、客房和其他细节。活动举办方接着检查他们可能感兴趣的所有场馆，一般不少于 5 个场馆，最多可以是 10 个或更多。每个场馆都会指派一名销售团队成员来审查和响应这些请求，并返回一份提案和报价。活动举办方从中选择合适的场馆。会展场馆方在投标过程中的工作包括：搜寻招标信息、与前期潜在客户联系、邀请潜在客户参观、制定会议竞标策略、准备竞标书、为竞标投票进行游说、投标、陈述演讲、签约、履约、维护好竞标后的客户关系。对会展场馆来说，获得机会带领潜在客户考察场地，以此向他们展示场地的优势和吸引力，是销售和市场营销过程中的关键环节。此外，标书制作也非常关键，场馆方投标文件主要包括以下内容：

1. 正式的邀请函

欢迎信最好由当地有影响力的人员撰写，如地方行政人员、活动相关行业的领袖、会展场馆总经理等。需要留下场馆方的联系方式。

2. 目的地介绍

主要说明目的地与会展活动主题相关产业的发展是否有利于扩大会展活动的效果，以前本地举办的类似活动的效果。国内会展项目要考虑区域层面和城市层面的影响，国际会展项目还要考虑国家层面和洲际层面的影响。

3. 目的地的配套服务

需要重点介绍：城市的可达性和市内交通情况，如航空公司、航空线路、航班、机场数量和位置、火车站、公路和市内公交系统；住宿设施和价位，如星级酒店数量、床位数和房价。

4. 政府相关部门对会展活动的政策和服务

当地会展办或旅游观光局、博览局对会展活动的重视程度、政策法规和财政支持。在竞标过程中，会展活动的政府补贴（Subvention）日益成为一个必要条件而不是决定性因素，可以表现为资金或实物、服务等形式，如免费旅行（或减少本地交通费）、免费场地、免费接待、免费宣传或市场营销等。

5. 会展场馆方的活动服务方案

会展场馆不但要大力宣传具有举办会展活动的成功经验，还要针对投标的会展活动量身订制详细的服务方案，包括场地建议、交通安排、食宿参考方案、安全保障、额外的服务和价格优惠等。目的地和场馆应为参展者、参会者提供更多的价值，从而增加会展活动的吸引力。

6. 当地的旅游资源和注意事项

当地旅游资源包括地区旅游景点、当地生活方式、文化和历史遗产、购物、美食、节日、夜生活和娱乐活动等。此外，国际会展项目还需说明地区时差信息、气候、税收、小费、银行营业时间及货币兑换、驾照信息、电源使用、公众假期、签证、海关要求及入境限制等信息。

国际会议协会（ICCA）对会议场馆如何赢得国际会议提出了建议：①使投标文件内容与活动目标保持一致；②在学术大使的支持下加强投标文件的撰写；③使用与协会（国际会议举办方）相同的术语；④使投标文件的设计脱颖而出。当采用电子招投标（e-RFP）时，场馆方和活动策划方、举办方都应当反应迅速、以诚相待、公开透明、敢于表达和表达正确。

三、会展场馆对进场服务企业的管理

除场地租赁业务外，会展场馆方可以把其他业务外包给其他企业或组织，从而减少经营风险、改善现场设施设备、提高管理和服务水平。会展场馆常见的外包业务包括：主场服务、场地搭建布置、活动现场安保、翻译、鲜花和绿色植物销售布置、礼仪、场地保洁、设备租赁、餐饮服务、零售、交通运输、旅游、娱乐演出、报关服务等会展活动的配套服务。有的场馆甚至将人力资源和财务管理部门的部分工作也进行了外包。场馆方应当根据相关法律法规，以及安全监督相关部门、活动举办方的意见，通过招标、谈判等方式确定合格的配套服务供应商，向活动举办方提供配套服务供应商名单。场馆方对进场服务企业进行监督管理，收取一定的管理费和场地使用费（包括水电气使用费、场地和设备租金）。场馆方应当加强对进场服务企业的资质管理和安全管理，具体管理流程如表4-2所示。

表4-2　会展场馆方对进场服务企业的管理流程

服务内容	服务部门
进场服务企业名单推荐 ↓	营销部
进场企业登记 ↓	安全保卫部/营销部

续表

服务内容	服务部门
缴纳管理费、场地使用费、押金 ↓	财务部
管理监督和服务 ↓	综合管理部或现场管理部
场地验收 ↓	设施设备管理部或现场管理部
退还押金	财务部

1. 会议场馆相对重要的配套服务企业

会议场馆相对重要的配套服务企业包括视听设备提供商（提供专业的视听设备和现场操作服务），电子通信公司（视频会议、电话会议及卫星会议等），交通运输公司（航空公司、大巴公司和铁路公司、汽车租赁公司、出租车公司、轮渡公司），餐饮企业（提供宴会、鸡尾酒会、自助餐），花商（会议讲台、注册区域及展台的鲜花布置），翻译公司（针对国际会议），娱乐活动公司（例如，演出剧团、模特公司、杂技团），旅游企业等。

2. 展览场馆相对重要的配套服务企业

展览场馆相对重要的配套服务企业包括现场布置和展位搭建施工企业，展品物流企业，新闻和广告媒体，设备租赁企业，餐饮企业等。其中，场馆方管理数量最多、管理难度最大的是现场布置和展位搭建施工企业。场馆方在展览活动期间对施工企业的管理工作包括：①对进场施工企业及其人员的资质、展示工程项目的安全性和合规性（如尺寸限制、地面承重限制、水电气要求等）进行审核；②所有施工单位和人员进场，应当得到展馆方的许可，在指定的时间和区域施工；③参与展区的设计与布置；④展品搬运过程中的安全问题，组装时展馆现场条件是否能满足运输的负荷和组装的各项条件；⑤布展和拆展期间设备和人员安全的监督管理；⑥展览期间保障设施设备顺畅运行，疏导人流和车流；⑦展后对出租设施设备的验收检查、维护和保养。

3. 场馆方对进场施工企业的要求管理

场馆方通常对进场施工企业有如下管理要求：①特装展位的总体结构限高，一般为6米；②保证活动现场通道宽度和通畅，展位搭建不得占用通道及遮挡任何消防设施设备；③不得损坏、污染或以其他方式破坏展馆的主体建筑及配套设施设备；④不得在场馆设施上私自吊挂结构性承重物；⑤现场不得使用焊接、气割等明火施工方法；⑥施工搭建须与会议厅（室）墙面保持1.5米以上距离，禁止在墙面上有任何搭靠、牵拉、碰撞和钻孔；⑦尽量减少现场施工量和垃圾，控制噪声、粉尘、辐射和有毒气体污染；⑧布展期间如有加班施工情况，组展方应及时收集相关展位信息并提前向场馆方进行申请备案，在交纳相关场地加班费用后方可实施加班。

4. 场馆方对餐饮公司的管理

鉴于餐饮越来越成为会展场馆不可或缺的服务内容，而场馆方往往将餐饮服务外包给专业公司，展商在现场也可能提供餐饮，场馆方也有责任对这些餐饮公司和提供饮食的展商进行管理。根据英国场馆协会（AEV）的建议，场馆方对餐饮公司或现场展商的管理需要注意以下事项：①餐饮服务内容和过程应当至少在场地占用前28天得到场馆方的书面认可；②饮食安全、当地政府部门注册或备案、酒精饮料的销售和供应需要符合法律规定；③主要由场馆方餐饮合作伙伴负责现场接待宴会，否则需要得到场馆方的认可；④实行食物采样制度；⑤严控酒精饮料在活动前和活动中的供应和消费；⑥进行危害分析和关键控制点管理（HACCP）；⑦餐饮展位（或场地）规划和现场饮食安全卫生管理。

四、会展场馆的其他业务

1. 利用自身优势举办各种会展活动

在德国，拥有展览场馆的公司通常也是展览会的组织者，或者说展览会的组织者往往拥有自己的场馆。除了会议和展览活动外，场馆方还可以组织节庆活动、演出活动、赛事活动、婚庆活动等。关于会展场馆如何举办会展活动可参考其他书籍，本书不再赘述。

2. 从事会展活动的许多配套业务

如展览场馆管理方针对承接会展活动开展礼仪接待、餐饮服务、展位搭建施工、会展物流、广告设计、设备租赁、住宿和交通运输、旅游服务、现场统计与数据分析等业务。会议场馆也经常将会议、餐饮、住宿等业务结合在一起（图4-1）（王楚乔，2018）。当然，多元化经营战略的实施也可能给会展场馆带来风险。

值得一提的是，场馆管理方开展设备租赁服务不仅具有天然的优势，而且设备的重复使用可以提高会展活动的可持续发展水平，是推动绿色会展活动建设的重要抓手。向活动举办方出租昂贵的或较少使用的特殊功能设备也可以降低活动费用支出、提高活动的服务水平。会展活动举办方在现场统计和数据分析方面往往也不具有优势，协助会展活动举办方进行现场统计与数据分析是场馆方未来业务发展的重要方向，是发展智慧会展的重要条件。

新加坡滨海湾金沙会展中心在可持续发展方面具有丰富的经验，荣获活动产业委员会（Events Industry Council）可持续发展活动标准金级认证、能源与环境设计先锋（LEED）白金级绿色建筑认证、ISO 20121可持续发展活动管理系统认证、新加坡建设局绿色建筑标志白金奖、来自绿色会议行业委员会的GMIC认证、地球评测基准评测铜奖和银奖认证

其他
0.3%

餐饮
37.2%

客房
44.6%

物业
4.2%

会议
13.8%

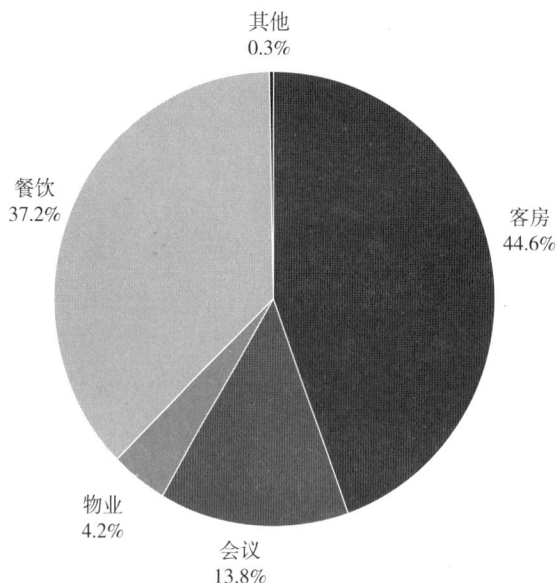

图 4-1　X 酒店分产品收入结构

等多项殊荣。该会展中心也向会议组织者提供可持续活动咨询服务，具体工作包括：提供制定活动可持续发展目标的指导，协助制订行动计划，与内部运营部门联系，经常检查实施进度，直接与公关团队合作，交流活动的可持续发展工作，编写事后影响声明并根据要求报告，提供可持续餐饮体验、企业社会责任、装潢和零废弃布展等服务选项。

3. 通过代管其他会展场馆获得收入

对于场馆代管管理方而言，可以充分利用自身的优势管理资源，获取知名品牌的市场价值，扩大营业收入。对于被代管场馆的投资方而言，委托管理可以提高场馆管理和服务水平，获取更多业务，提高场馆利用率。

第二节　会展场馆的部门和组织结构

会展场馆经营业务的确定是组织结构设计的前提。组织结构是部门和人员的组合方式，影响企业的经营绩效。会展场馆的组织结构设计遵循通用的设计流程，但在部门设置和组织结构类型的选择上应当结合具体场馆的经营目标和策略。

一、会展场馆的部门和职责

会展场馆的职能部门既有大多数组织都有的基本部门，又有实现场地服务的特设部门，还可以设置提供会展业相关服务的备选部门（表 4-3）。

行政办（总经办）根据总经理的指令，协调场馆各部门的相互关系，负责场馆内部会议的安排和记录，管理场馆的文书、档案和资料，做好接待来访和对外联络工作，传递和整理场馆经营管理信息，负责场馆重要文件的草拟和审核。

人力资源部（人事部）拟订人力资源计划，组织制定人事制度，实施人员招聘和考核，对员工的工资、社会保险和福利进行管理，建立和完善员工培训体系，做好劳动合同管理、劳动纠纷处理和劳动保护工作。

财务部门的主要职责有会计核算、资金管理、成本控制和内部控制，包括建立完善场馆的财务核算体系，及时准确对场馆经济业务进行账务处理，编制场馆财务报告，筹措经营资金，拟定成本控制措施，监督成本的开支范围，检查评价内部会计控制情况并提出改进措施。财务管理是场馆管理的一个重要方面。场馆经理负责财务预测、规划、预算和报告。场馆管理涉及的其他财务职责包括合同谈判和票房收入管理。

网络信息部负责会展场馆信息化的规划建设和信息化应用系统的运行维护工作，具体涉及网站建设与维护，办公系统软件的运行维护，专业会展软件或网络平台的运行维护，与工程部一起共同规划建设和运营智能化场馆。

安全保卫部制订并组织实施场馆安全保卫工作计划，负责治安、交通、消防安全管理工作，落实安全责任制，组织安全检查与整改，会同有关部门制订和实施突发事件的应急处置方案，处理突发事件处置的调度、协调和指挥工作。

内务部（环境部、后勤部）负责场馆清洁卫生，垃圾处理，环境绿化，控制各类污染；负责场馆各部门所需的办公用品采购；负责场馆内部员工的餐饮服务。

会展业务部（营销部）负责场馆目标市场客户的开发，场馆销售渠道的建立，客户信息的收集、建立、补充、更新及应用，场馆及相关业务销售合同的洽谈、签订，客户关系管理和满意度调查工作的实施，应收账款的催收等工作。

会场管理部（场地管理部）负责场地的分配和规划，现场布置和维护，客户现场服务。会场管理部的工作有时由（客户）综合服务部承担。综合服务部协调各部门、企业对场馆使用者的各项服务。

工程部（设施设备管理部）负责场馆设施设备的规划管理、运行管理、维护管理、环境管理、安全管理和成本管理。该部门是会展场馆的重要部门，其工作质量将直接影响会展场馆的服务质量和客户满意度。也有会展场馆将内务部（环境部、后勤部）、会场管理部（场地管理部）、工程部（设施设备管理部）合并为物业管理部。

表4-3　会展场馆的职能部门

分类	内容
基本部门	行政办（总经办）、人力资源部（人事部）、财务部、网络信息部、安全保卫部、内务部（环境部、后勤部）、党群部（公关部）
特设部门	会展业务部（营销部）、会场管理部（场地管理部）、（客户）综合服务部、工程部（设施设备管理部）
备选部门	广告部、自办会议/展览策划（项目）部、展位设计搭建工程部、物流部、餐饮部、旅游部等

二、会展场馆的组织结构

组织结构设计步骤包括：确定场馆经营目标，部门分工，确定管理层次，工作设计和配备人员。组织的结构类型分为职能制、直线制、直线职能制、矩阵制、事业部制等。小型会展场馆的组织结构一般为直线制，而大型会展场馆的组织结构则可以采用事业部制。在直线制组织结构中，下级职能部门只接受一个上级职能部门的领导（图4-2）。事业部制组织结构就是某些备选的业务部门成为独立的经济核算单位（事业部），场馆的基本部门和特设部门将为这些事业部提供职能服务。事业部制组织结构体现了会展场馆的多元化战略，有利于提高会展场馆的经营绩效。事业部制组织结构又可进一步发展形成分公司或子公司（图4-3）。分公司不具有法人资格，其民事责任由总公司承担；子公司具有法人资格，依法独立承担民事责任[①]。

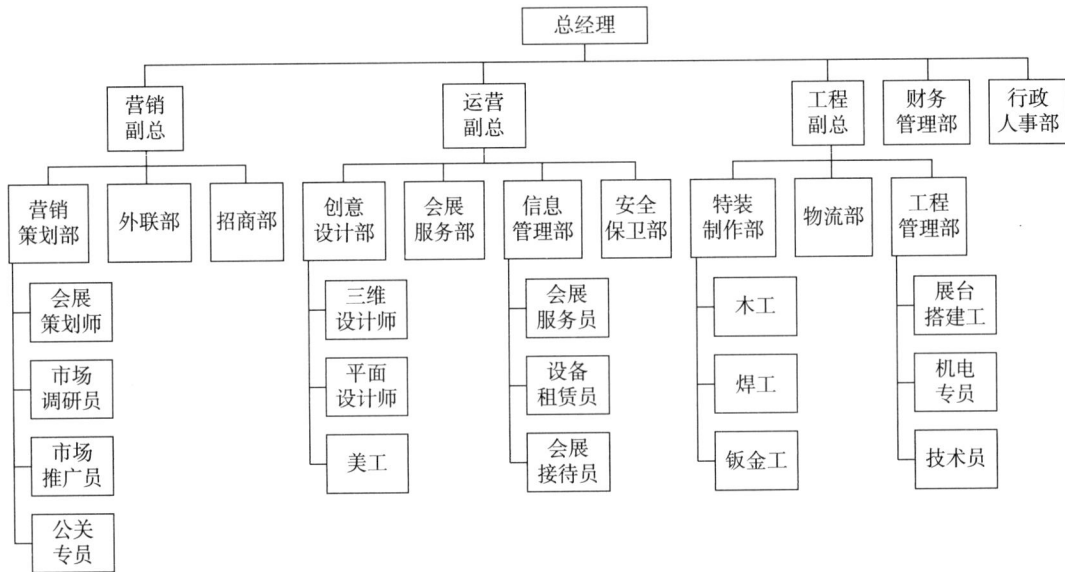

图4-2　直线制组织结构

不同规模的会展场馆在承接会展活动时都可以临时实施矩阵制组织结构。为协调各职能部门的工作，搞好具体会展活动的服务工作，会展场馆总经理可以任命场地营销人员为项目经理，将来自会场管理部（场地管理部）、（客户）综合服务部、工程部（设施设备管理部）、财务部、网络信息部、安全保卫部、内务部（环境部、后勤部）等部门的人员临时组成一个服务团队（图4-4）。会展活动结束后，服务团队即解散。这实际上就是矩阵制组织结构在场馆管理中的应用，又可称为项目制组织结构。

---

① 参见《中华人民共和国公司法》（2018修正）第十四条。

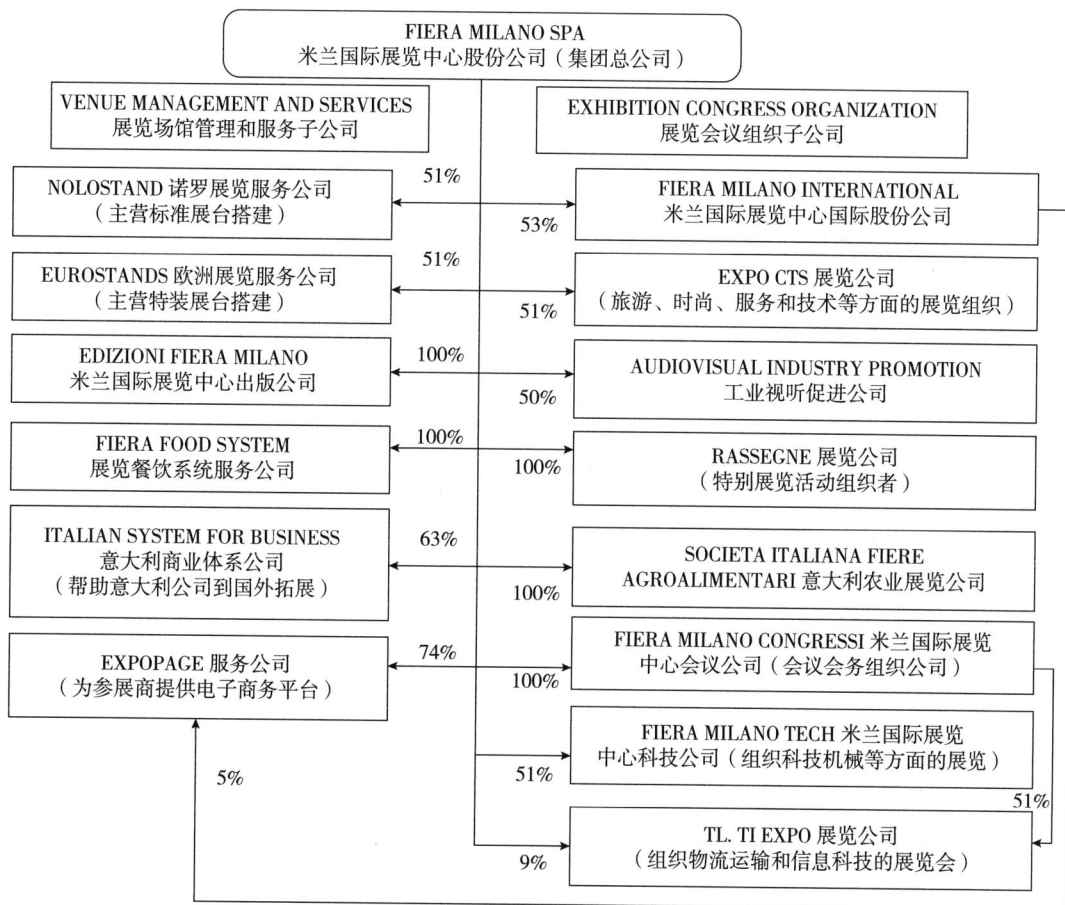

图 4-3 米兰国际展览中心下属机构

注："%"指集团公司持有各下属公司的股份比例。

资料来源：21 商评网。

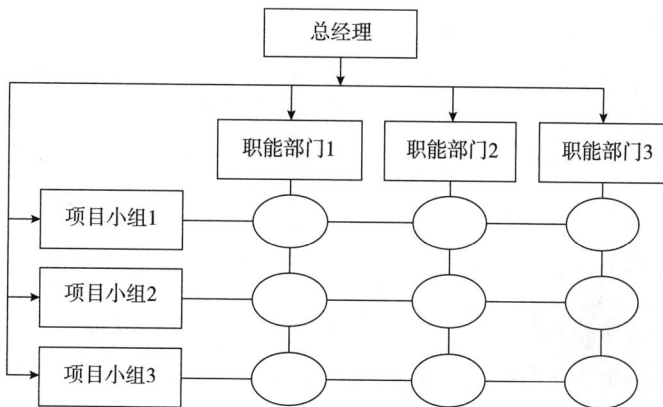

图 4-4 会展场馆的矩阵式组织结构

第三节　会展场馆的人员管理

会展场馆的人员管理直接影响对场馆使用者的服务水平。在会展场馆行业，如果招聘管理人员的失败率为50%，则更换一名高管的成本可能高达数十万美元，并可能对员工士气、组织效率以及场馆和社区的声誉造成破坏性影响（Bradshaw，2017）。会展场馆总经理和人力资源管理部门经理应当重视本馆人力资源管理的内容和特点，以及主要专业岗位的设置和人员要求；根据具体活动配置项目小组成员，确定全日制用工、非全日制用工和志愿者的数量和管理。澳大利亚墨尔本会展中心（MCEC）管理人员认为，卓越的个人和团队创造卓越的体验。该中心的许多做法值得国内场馆学习：①应当赋予员工尝试新事物的能力，扩展他们的能力极限，使其成为业内最优秀的员工之一；②主张多元化、包容性和协作性，崇尚个性，将所有员工视为会展中心大家庭的一部分；③提倡好奇心、创造力、协作和勇气，激励员工每天为客户提供卓越的服务；④中心为团队的每一位成员提供令人兴奋的职业生涯规划；⑤通过了职业健康安全管理体系（AS/NZS 4801：2001）认证，真正为员工负责。

一、会展场馆人力资源管理的内容和特点

与其他组织一样，会展场馆的人力资源管理的步骤包括：工作分析、岗位设置、人员要求、人员计划、招聘、培训、考核、奖惩等。所有这些步骤及其要求需要围绕会展场馆的经营业务和管理目标进行。以下对重点步骤和会展场馆人力资源管理的特点做一简单介绍。

1. 人力资源计划

会展场馆人力资源计划的内容包括：人力资源计划的影响因素、制定程序、供给预测和需求预测。当前会展场馆人力资源计划特点：人才需求变动不大；人才需求变动主要受场馆方的业务变动影响；国内对会展专业人才需求并不突出；对志愿者的需求主要与场馆方是否有自办会议和展览有关。

2. 人力资源招聘

会展场馆人力资源招聘的内容包括：制订招聘计划、制订招聘策略、测试甄选、录用和招聘评估。当前国内会展场馆人力资源招聘特点有：采用线上和线下招聘方式；年招聘次数总体较少，但人员流动大的岗位招聘次数多；熟人引荐可能更容易招聘或应聘成功。

3. 人力资源培训

会展场馆人力资源培训管理的内容包括：培训需求评价、培训的过程、培训的方法及实施。常见的培训方法有：培训班、研讨会、师傅带徒弟、工作轮换、设立"助理"职位、到国外知名的会展场馆进行短期工作等。除了活动管理、办公室商务管理、工业工程电子技术员方面的专业培训外，德国汉诺威会展中心还提供"贸易和服务"、"展览、会议和活动管理"两个在职学士学位培训。当前国内会展场馆人力资源培训呈现以下特点：现场培训为主；内部岗位培训为主；高层次的理论培训较少；大多数员工外出培训机会较少。

4. 人力资源绩效考核

会展场馆人力资源绩效考核管理的内容包括：制定考核标准、考核信息来源的选择、考核方法的选择和实施考核。常用的绩效考核方法有以下几种：人员 ABC 分类法、目标绩效考评法、多角度考评法、关键绩效指标法和关键事件法。目前国内会展场馆人力资源绩效考核具有以下特点：不同岗位的考核标准不同；不同会展场馆的同岗位考核标准差异较大；考核主观性较大，关系分所占比例较大。美国 116 名场馆管理人员的 BFI 测试（用于测量个性类型）和工作效能问卷（用于测量职业资格和工作效率）调查显示：外向型人格特质、场馆管理经验水平与工作效能之间显著相关（Bradshaw，2017）。某会展中心部门业绩 KPI 指标及权重如表 4-4 所示。

表 4-4　某会展中心部门业绩 KPI 指标及权重

部门/子公司	业绩 KPI	权重（%）	部门/子公司	业绩 KPI	权重（%）
会展管理公司	经营收入	30	会展工程公司	经营收入	30
	场馆利用率	15		广告平均折扣率	15
	场馆总毛利率	15		服务工程毛利率	15
	净利润	40		净利润	40
金鹰 X 翔公司	经营收入	30	金鹰传媒公司	经营收入	30
	自办展展位规模	15		项目毛利率	20
	自办展项目毛利率	15		净利润	50
	净利润	40	会展旅游公司	经营收入	30
物业管理部	物业维护费	70		旅游业务毛利率	20
	费用增长率	30		净利润	50
安全保卫部	经营收入	50	行政人事部	经营收入	50
	安保维护费用	30		物业开发利用率	20
	办公费用	20		日常办公费用	30
资产财务部	投资理财收益	50	投融资部	补贴收入	70
	成本费用预算控制	30		日常办公费用	30
	日常办公费用	20	快乐演绎公司	投资收益	100

5. 人力资源激励

会展场馆人力资源激励的管理内容包括：物质激励、目标激励、员工参与激励、培训和发展机会激励、荣誉和提升激励、负激励，进一步可以分为物质激励、精神激励和混合激励三种类型。当前国内会展场馆人力资源激励具有以下特点：物质激励为主；员工参与、培训和发展机会激励用得较少；荣誉激励比提升激励多；营销人员多以目标激励；管理者喜欢使用负激励。Nho 等（2018）比较了场馆环境对韩国和中国员工的服务导向、工作满意度和组织承诺的影响，建议韩国应该将重点放在设施便利和交通功能上，确保设施安全舒适；中国应该将重点放在空调环境上，如温度、通风、噪声和湿度。

二、会展场馆主要专业岗位及其要求

会展场馆的人员可归为管理类和工程类。会展管理专业的人员所占比例通常比较小，如表 4-5 所示（邢程，2011）。会展管理专业人员所属岗位主要有会展场馆总经理、销售部经理、营销人员、活动项目经理，且各自的岗位职责和人员任职要求不同。Cetin 等（2016）的研究提供了场馆经理面临的挑战类型，确定了所需的各种知识和能力（KSA）。某会展场馆的人员类型如表 4-5 所示。

表 4-5　某会展场馆的人员类型

专业	展览专业	管理类	工程类	外语类	其他
人数（人）	13	150	105	26	56
比例（%）	3.71	42.90	30.00	7.43	16.00

1. 会展场馆总经理

会展场馆总经理的主要职责包括：制订场馆发展规划和运营计划；组织建立、完善场馆现场运营制度以及客户服务管理体系和管理标准，指导并监督执行；负责引进会展活动以及对上下游增收项目的开发管理，持续提升场馆服务品质，增加场馆运营收入；负责监管、调控场馆运营成本；沟通、对接政府主管部门，与政府相关部门保持良好的关系，及时了解政府相关政策；负责监管场馆相关服务商、供应商的筛选；决策制定人事管理制度。

会展场馆总经理须具备以下基本任职条件：相关专业本科及以上学历；具备大型活动管理经验；熟悉会展业和场馆物业管理；具备优秀的团队领导能力和良好的沟通能力；熟练掌握日常办公软件的使用与操作；具备外语能力者优先。

2. 会展场馆销售部经理

会展场馆销售部经理的主要职责包括：开展市场调研与场馆定位分析；针对目标市场，开展一系列宣传推广工作；制订客户拜访计划，并进行拜访，与客户建立关系；做好会展活动的排期和服务安排，优化承接业务结构；根据场馆品牌形象，制定总体公关策略和实施公共关系推广。

会展场馆销售部经理的基本任职条件包括：熟悉本地会展市场，有相关营销经验；具有良好开拓能力和与客户建立良好关系的社交能力；熟悉会展行业宣传推广流程，具有一定的媒体公共关系合作资源；具有较强的文字功底及宣传文案设计能力；具有良好的团队合作精神；具备外语能力者和本科以上学历者优先。

国外小型会展场馆总经理、销售部经理和活动项目经理的岗位职责通常由一人承担。这些场馆管理专业人员需要负责会展活动的日程安排、场地预订、客户关系、财务管理、市场营销、促销、活动协调、行政工作、场馆安保、维护服务和人力资源管理。保持灵活性、合作、可信赖、平易近人和井然有序是对场馆管理人员的基本要求。

北美会展场馆经理的年薪约为46267美元。在2018~2028年，该职业预计将增长6%，并在全美创造150600个就业机会。北美会展场馆经理必须具备谈判、分析和领导方面的能力，以及场馆方面的知识和经验，2/3的人员拥有本科学历、1/10的人员拥有硕士学历。

三、会展场馆的临时工作人员管理

由于会展活动的举办具有季节性，会展场馆的业务也有淡旺季之分。会展活动的举办涉及大量人员的管理，对现场工作人员的数量也有一定要求。但不同规模的会展活动对工作人员的数量要求不同。这两个方面的原因都会使会展场馆的全日制用工保持在较低水平。会展场馆可以在活动举办期间聘用非全日制用工，弥补全日制用工的不足。非全日制用工又称为"临时工"。按照我国《劳动合同法》的规定：非全日制用工是指以小时计酬为主，劳动者在同一用人单位一般平均每日工作时间不超过四小时，每周工作时间累计不超过二十四小时的用工形式；非全日制用工双方当事人可以订立口头协议或订立劳动合同，按小时计酬标准不得低于用人单位所在地人民政府规定的最低小时工资标准。

为了进一步减少人力成本支出，减少人员管理工作，场馆方还可以请求活动志愿者（Volunteer）的帮助。我国《志愿服务条例》规定，开展志愿服务应当遵循自愿、无偿、平等、诚信、合法的原则。志愿者的服务工作是一项没有太多薪酬，主要是为了获得工作经验、社会关系和内心快乐的工作。志愿者参加商业活动可能有以下四个动机：参与展览、学习、实践锻炼和功利主义目标（如为了人际关系、简历和奖学金申请）（Qi et al., 2019）。爱国主义和内在动机（兴趣和好奇心）会显著影响志愿者的满意度，进而对志愿者的态度和会展场馆产生重大影响（Lee et al., 2014）。活动举办方通常会使用大量的志愿者。场馆方可以建立志愿者资源库，为活动举办方提供志愿者。志愿者主要来自在校学生。场馆方需要加强对志愿者的选择、培训、工作安排和激励。

本章小结

　　会展场馆的业务主要包括场馆出租、对进场服务企业的管理、提供配套服务和利用自有场地举办会展活动。会展场馆可以参与活动举办方的场地招标采购活动以获得租赁业务。会展场馆的职能部门可分为基本部门、特设部门和备选部门。会展场馆常见的组织结构有：直线制、矩阵制和事业部制。会展场馆人力资源管理的流程与大多数组织相同，但又具有自身特点。会展管理专业毕业生在会展场馆的专业岗位主要有场馆总经理、销售部经理、营销人员和活动项目经理。会展场馆也应当重视对临时工和志愿者的管理。

关键词

　　场馆租赁，投标管理，配套服务，进场服务企业，基本部门，特设部门，备选部门，项目制组织结构，非全日制用工，场馆志愿者

本章作业

　　1. 会展场馆的业务有哪些类型？

　　2. 会展场馆投标文件包含哪些内容？

　　3. 会展场馆常见的组织结构有哪些类型？

　　4. 试述会展场馆出租管理的流程。

　　5. 调查会展场馆专业岗位的职责和要求。

推荐阅读资料

　　[1] 邢程. M国际会展中心经营战略研究 [D]. 哈尔滨：黑龙江大学，2011.

　　[2] 张建军. 湖南国际会展中心绩效考核体系研究 [D]. 长沙：中南大学，2011.

　　[3] Cetin G, Demirciftci T, Bilgihan A. Meeting Revenue Management Challenges：Knowledge, Skills and Abilities [J]. International Journal of Hospitality Management, 2016 (57)：

132-142.

［4］Bradshaw J. Relationship of Five Factor Theory of Personality and Professional Qualifications to Convention Center Executives' Career Effectiveness ［D］. Taiyuan: Northcentral University, 2017.

［5］Nho H K, Vongphachanh S, Cho S H. The Effect of Servicescape of Exhibition and Convention Facilities in Korea and China on Service Orientation, Job Satisfaction, and Organizational Commitment ［J］. Journal of Global Scholars of Marketing Science, 2018, 28 (2): 182-196.

第五章
会展场馆的营销管理

没有一个行业和组织不需要营销管理。

<table>
<tr><td rowspan="6">本章要求</td><td>理解会展场馆产品的概念和层次</td></tr>
<tr><td>掌握会展场馆品牌的概念和构成要素</td></tr>
<tr><td>熟悉会展场馆营销渠道的类型，特别是会议大使的概念</td></tr>
<tr><td>熟悉会展场馆定价的方法，掌握综合服务的捆绑定价法</td></tr>
<tr><td>熟悉会展场馆促销策略，特别是场地考察的程序</td></tr>
<tr><td>熟悉会展场馆竞争策略，特别是SWOT分析法和"五力模型"的应用</td></tr>
</table>

第 一 节 会 展 场 馆 的 产 品 管 理

　　现代市场营销理论的核心是 STP 营销，包括市场细分（Market Segmentation）、选择目标市场（Market Targeting）和市场定位（Market Positioning）。当前营销学界相对重要的理论有 4P 理论、4C 理论、4S 理论、4R 理论、4V 理论和 4I 理论，以及这些理论的延伸。4P 理论是研究有关产品（Product）、渠道（Place）、促销（Promotion）和价格（Price）方面的理论；4C 理论关注方便（Convenience）、沟通或传播（Communication）、成本（Cost）和消费者需求（Consumer Needs）；4S 理论关注满足（Satisfaction）、速度（Speed）、真诚（Sincerity）、服务（Service）；4R 理论则强调回报（Reciprocation 或 Reward）或节省（Retrenchment）、关联（Relation 或 Relevancy）、反应（Reaction）及关系（Relationship）四个方面；4V 理论强调差异化（Variation）、功能化（Versatility）、附加价值（Value）、共鸣（Vibration）；4I 理论坚持趣味原则（Interesting）、利益原则（Interests）、互动原则（Interaction）、个性原则（Individuality）。但 4P 理论较为经典和盛行，本书重点从 4P 角度阐述会展场馆的营销问题。

一、会展场馆的产品

根据营销学理论，产品存在五个层次：①核心产品（Core Benefit），即使用价值；②一般产品（Generic Product），即使用价值的实物形态，即形式产品；③期望产品（Expected Product），即产品属性和功能的认知和心理预期；④扩大产品（Augmented Product），超出期望的附加价值，又称为附加产品；⑤潜在产品（Potential Product），指未曾实现的使用价值。会展场馆经营管理方销售的产品也存在这五个层次（图 5-1）。会展场馆的核心产品是会议或展示场地的服务而不是场地，其潜在产品是智能场馆、虚拟场馆服务。会展场馆产品本质上是服务，具有服务产品的共同特点：无形性，服务和消费的不可分割性（同步性），不可存储性（易逝性），所有权的不可转让性和不同消费者的服务差异性（异质性）。

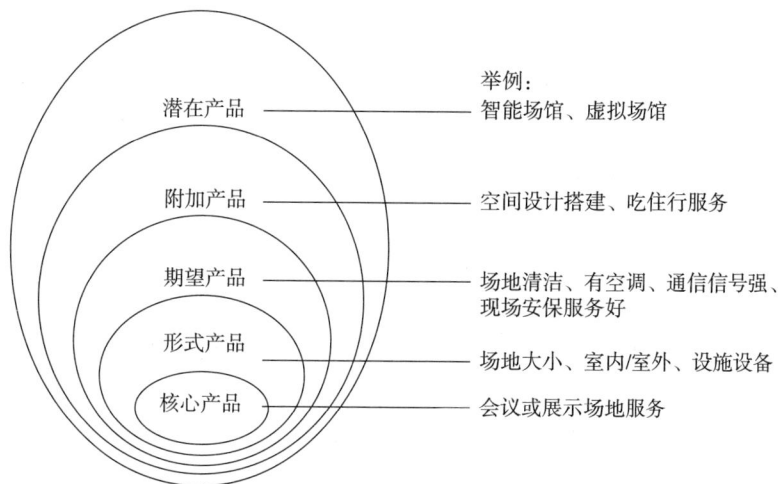

举例：
潜在产品 —— 智能场馆、虚拟场馆
附加产品 —— 空间设计搭建、吃住行服务
期望产品 —— 场地清洁、有空调、通信信号强、现场安保服务好
形式产品 —— 场地大小、室内/室外、设施设备
核心产品 —— 会议或展示场地服务

图 5-1　会展场馆产品的层次

会展场馆产品的描述或宣传应当尽可能提供场馆决策者需要的信息。会议场馆需要提供的场馆信息：地址，交通，会议厅的数量、面积、可容纳人数、会议设备、租赁价格，以及配套服务（如停车场、餐饮、住宿、购物、娱乐等）。展览场馆需要提供的场馆信息：地址和交通情况，展厅的数量、尺寸、形状、分布、基础设施、租赁价格，以及配套设施（如停车场、餐饮、住宿、办公、购物等）。除了硬件外，会展场馆产品更多地体现在服务上。如法兰克福会展中心为展商提供的可定制服务：物流服务与交通管理，展位搭建，家具租赁，市场营销，出版，客房服务和餐饮服务。

会展场馆市场由场馆需求者（企业、协会、公共部门、商业会议主办方、展览公司、活动承办方）、供应商（场地、目的地、其他供应商）、活动代理公司及中介机构以及其他重要的组织（行业协会、行业媒体、国家旅游机构、教育机构、咨询机构）构成。会展场馆产品的消费者较为复杂。一些人认为会展场馆的消费者是会展活动的组织者（主办方或承办方)。事实上,会展场馆的消费者还包括会展活动的参与人员,即展商、观众或参会者(表5-1)。会展活动的举办方是会展场馆产品的购买者,会展活动的参与人员是会展场馆产品的主要使用者。举办方对场馆产品的选择要服从场地使用人的需求,并受会展活动其他利益相关者的影响。

表5-1 会展场馆产品的消费者角色

角色类型	具体角色
消费影响者	会展活动的外围利益相关者:政府、协会、场馆营销联盟等
消费决策者	会展活动的主办方、承办方
产品购买者	会展活动的主办方或承办方,以承办方为主
二次购买者	展商
产品使用者	展商、观众、参会者

如 Clark 等(1996)向目的地营销人员建议:协会选择场馆的人员有购买者、决策者、信息把关者、影响者和使用者;购买者是会议策划者,决策者有协会主席、场地选择委员会或大会,信息把关者有会议策划者或执行者,影响者有执行者、主席、副主席、协会成员,使用者有协会成员和工作人员;场馆选择模式有"执行委员会选择模式""会议策划者和执行者选择模式""场馆选择或项目委员会选择模式"三种。

会展场馆的服务对象主要是会展活动的主办方、承办方、展商、观众、参会者。Matzler 和 Sauerwein(2002)把客户服务分为基本服务、绩效服务和令人兴奋的服务三大类。基本服务被定义为最低要求的服务,如会议设施的维护、友善的和乐于助人的员工。如果不满足则导致客户不满意,但如果达到或超过此要求,则不会显著提高客户满意度。绩效服务直接与客户的需求和期望联系在一起,从而导致客户满意,如场馆的残疾人通道、停车便利、餐饮店、路标、指定吸烟区、交通费用。当他们认为服务绩效高时,客户对所提供的服务感到满意;如果服务绩效低,则客户对这些服务不满意。令人兴奋的服务是提供这些服务时客户满意度提高;当缺少这些服务时,则不会引起不满意。场馆提供的这些服务:夜生活、独特的建筑设计、提供有机和素食等特殊食物、提供旅游信息、附近有轻轨。研究发现:会议中心提供的基本的和令人兴奋的服务对个人的体验具有积极的影响,个人体验价值的提高对提高会议中心的总体满意度有积极影响(Sung and Lee,2015),会展场馆针对不同对象的主要服务内容见表5-2。

表5-2 会展场馆针对不同对象的主要服务内容

服务内容	活动组织者	展商	观众	参会者	媒体记者
交通服务	√	√	√	√	√
停车	√	√	√	√	√
售票	—	—	√	—	—

服务内容	活动组织者	展商	观众	参会者	媒体记者
接待、安检	√	√	√	√	√
现场布置、展位搭建	√	√	—	—	√
物流运输	√	√	—	—	√
仓储、寄存	√	√	√	√	√
广告、拍摄、数据服务	√	√	—	—	—
设备和场地租赁	√	√	√	√	√
餐饮	√	√	√	√	√
住宿、休息	√	√	√	√	√
娱乐、购物、银行	√	√	√	√	√

在展览活动中，专业观众和社会观众的服务要求也可能不同。非参数检验表明（表5-3）：在"照明、温度和通风""卫生间、休息区和餐饮设施""参观指示和禁止标识""现场通信、无线上网设施"方面，专业观众比社会观众更重视这些服务；在"现场安检、清洁和医疗服务"方面，两者重视程度差异不大。这也表明，设施先进、管理水平高的展览场馆对专业观众更有吸引力。

表5-3　专业观众和社会观众对服务事项重要性评价的比较

服务编号	专业观众均值（样本量154）	社会观众均值（样本量210）	Mann-Whitney U	渐进显著性（双侧概率）
1. 对展厅内照明、温度、通风的控制	4.14	3.89	13891.5	0.014*
2. 厅内卫生间、休息区和餐饮设施	4.27	3.94	13162.0	0.001*
3. 展厅内各种参观指示和禁止标识	4.11	3.78	12578.0	0.000*
4. 现场通信、无线上网设施	4.08	3.76	12649.5	0.000*
5. 现场安检、清洁和医疗服务	4.03	4.04	16122.0	0.959

注：*表示双侧 $p < 0.05$。1表示很不重要，5表示非常重要。

不同举办方对会议场馆的要求不同（表5-4）。"明确的展览定位与展示内容""目标顾客与整合营销沟通"对于展览场馆来说都是关键的营销因素（徐村和、周雅英、唐嘉伟等，2011）。这就决定了场馆产品的差异性。它意味着能够满足举办会议和展览要求的目的地和场地，涵盖了服务、质量、品牌以及其区别于竞争对手的独特卖点等方面。

表5-4　影响目的地和会议场馆选择的因素（按优先度排序）

排序	协会的选择标准	公司的选择标准
1	地点	地点
2	价格	场馆经验

续表

排序	协会的选择标准	公司的选择标准
3	交通：公路、铁路、航班	价格
4	会议设施容量	方便程度
5	方便程度	服务质量
6	服务质量	交通：公路、铁路、航班
7	员工意识客户需求的能力	会议设施质量
8	饭菜质量	会议设施容量
9	会议设施质量	提供的休闲设施
10	场馆整洁度	员工意识客户需求的能力

资料来源：2004 年英国会议市场调查。

不同时代，场馆使用者的需求也会发生变化。根据 2020 年 IACC 的调查，场馆经营者为活动方提供"难忘经历"的角色认可度从 2019 年的 57% 提高到了 94%，会议场馆最重要的三个属性为：经营者具有社会责任感和道德、会议空间的灵活性（可移动家具）、餐饮服务（服务类型、展示和质量）。因此，会展场馆产品需要不断创新。会展场馆产品的创新包括设施、管理、服务和形象方面的创新（张兵，2018）。

二、会展场馆的品牌

品牌是商品价值和服务价值的综合体现，以特定的形象符号作为标记。会展场馆品牌是场馆使用者对会展场馆产品的认知、看法和联想，具有个性化、体验化和承诺化特征，其实质是差异化（刘晓广、郝静、巩隽等，2017）。会展场馆品牌可以从场馆在使用者中的知名度、美誉度和忠诚度三个方面来衡量。品牌化发展是会展场馆立足市场、行业的必然选择。会展场馆品牌的形成有利于场馆经营收入增加。较高的品牌知名度和美誉度可以较好地满足展商和观众的心理需要，迎合其品牌偏好，给场馆带来丰厚的收益，从而实现场馆的快速发展。品牌会展场馆是指具有一定规模和知名度，能反映场馆先进技术、产品和市场的发展动态及趋势，在同类场馆中起指导作用并具有较大影响力的场馆（傅婕芳，2009）。品牌联想的作用如图 5-2 所示。

会展场馆品牌的建设以品牌的外在体现和内在理念为主（王巍溪、韩月月、王健等，2013）。品牌的外部表现要素：品牌名称、品牌标志、品牌口号；内在价值要素：品牌利益、品牌个性、品牌文化。外在体现包括视觉识别体系，内在理念包括会展场馆的文化、管理制度和个性等。相对而言，品牌内在理念的形成要比品牌外部表现的建立难得多。品牌识别系统（CI 系统）是品牌建设体系中十分重要的要素。CI 系统包括了理念识别（MI）、行为识别（BI）、视觉识别（VI）三个方面。国外许多会展场馆特别是大型会展场馆实施 CI 系统已有一定的历史。但对于我国会展场馆而言，CI 系统还是一个较新的概念。也有研究者认为，会展中心品牌资产的构成因子由硬件、服务和企业三个维度构成（图 5-3）（岳耀倩，2010）。

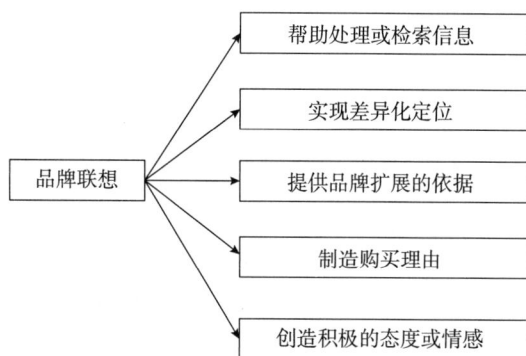

图 5-2　品牌联想的作用

资料来源：戴维·阿克. 管理品牌资产 [M]. 吴进操，常小虹，译. 北京：机械工业出版社，2012.

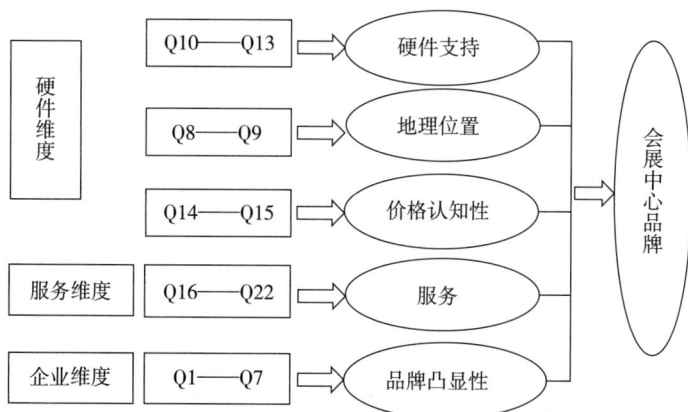

图 5-3　会展中心品牌资产的构成因子（Q 表示题项）

　　会展场馆品牌的树立是场馆管理方管理和服务理念提炼和彰显的结果。自 2005 年建成以来，该馆共赢得超过 50 个国际权威性奖项。作为一个多用途的展览及活动场地，亚博馆坚持实践 "AWESome" 的价值和精神。亚博馆的理念是 "巩固亚洲国际博览馆成为国际大型活动的领先场馆"，使命是 "缔造卓越服务体验"，价值观是 "勇于承担、尽展关怀、力臻完美、持续发展、力求创新、群策互信和提升效率"。多次被业内人士推选为 "亚洲最佳会议及展览中心" 的香港会议展览中心，其管理公司的抱负是 "我们致力令香港会议展览中心成为全球较佳展览及会议场地之一，并以提供卓越服务及举办环球盛事而驰名国际，进一步提升香港的国际形象"，其经营宗旨为 "我们承诺以专业团队凭借高度的诚信、傲视同侪的优越感、无限的工作热忱和丰富的行业知识，迅速和热切地为客户提供世界级的设施和服务，做到时刻关顾和满足客户的最高标准"，并坚持 "领袖、诚信、安全、技术提升、持续发展、沟通、改进和创意" 八项原则。中国香港亚洲国际博览馆品牌标识如图 5-4 所示。

　　发达国家的会展场馆非常重视对社区和城市的社会责任，以树立良好的品牌形象。如德国汉堡会展中心致力于以负责任和可持续的方式开展业务，认为企业有责任在各个方面

图 5-4　中国香港亚洲国际博览馆品牌标识

遵循联合国的 17 个可持续发展目标，并将这些目标融入企业文化的基本要素中，以实现商业利益与生态、社会事业之间的协调。联合国 17 个可持续发展目标具体包括：消除贫困；消除饥饿；良好健康与福祉；优质教育；性别平等；清洁饮水与卫生设施；廉价和清洁能源；体面的工作和经济增长；工业、创新和基础设施；缩小差距；可持续发展的城市和社区；负责任的消费和生产；气候行动；水下生物；陆地生物；和平、正义与强大机构；促进目标实现的伙伴关系。该会展中心向社会公布了自己在这些方面的贡献。贾维兹会议中心（Javits Center）是美国最繁忙的会议中心。可持续发展已成为该中心的关键议题，致力于提高员工、观众、周边社区和生态系统的生活质量。尤其令人惊讶的是，面积有 27316.28 平方米的绿色屋顶已成为 29 种鸟类的栖息地。英国伯明翰会展中心声称"可持续性是我们所做一切事情的核心"。

从影响范围来看，会展场馆品牌可以分为城市品牌、区域品牌、国家品牌和国际品牌。会展场馆的品牌与国家、城市和社区品牌，以及举办会展活动的品牌是密切联系的。业内人士普遍认为，得到权威协会的认可有助于场馆品牌的形成，如通过国际会议中心协会（IACC）和世界展览业协会（UFI）的场馆认证。IACC 认为：通过场馆认证可以向会议策划人和参会者证明场馆在会议方面的卓越表现；同时作为协会会员，场馆也可以得到更广泛的宣传。IACC 认证场馆 LOGO 如图 5-5 所示。

图 5-5　IACC 认证场馆 LOGO

世界展览业协会（UFI）通过场馆认证，将会展场馆发展成为该协会的会员。截至 2020 年 10 月，UFI 已有包括展览中心、展览组织者和行业合作伙伴在内的 714 个会员。其中，来自中国的会员最多。成为 UFI 场馆会员的要求主要有以下几点：①获得会展场馆所在国家有关部门对国际会展场馆的认可。②会展场馆是永久性设施，必须提供专业的软硬件服务。③会展中心申请成为 UFI 会员的前提是必须拥有至少一个经过 UFI 认证的展览。如果暂时还没有认证的展览，可以申请成为 UFI 的场馆准会员或者预备会员。认证的展览至少定期举办过三届，展期不超过两周；展商必须是生产商、独家代理商或者批发商；直接或间接参展的国外展商数量不少于展商总数的 20%，其展出净面积不少于总展出净面积的 20%；外国观众数量不少于观众总数的 4%；展览举办期间不允许进行任何非商业性活动；禁止现场销售展品或者现场买卖。需要注意的是，场馆通过各种认证或成为协会会员并不完全等同于场馆品牌的建立。会展场馆获得利益相关者的认同和各方嘉奖才是会展场馆品牌成为名牌的重要标志。世界国际展览业协会会标如图 5-6 所示。

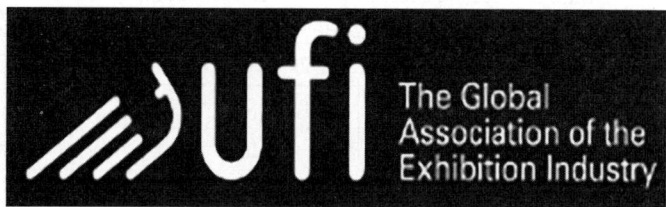

图 5-6 世界国际展览业协会会标

总体来看，会议场馆品牌的忠诚度较低（胡平，2013）。由于产品难以申请专利保护，会议场地的产品雷同现象比较严重。对于一般会议活动策划人而言，只认定某个场所举办会议是不可能的。参会者具有"喜新厌旧"的心理，新的场所和环境可能给参会者带来愉快的体验。这便决定了会议场馆的品牌忠诚度相对较低。相反，展览场馆品牌的忠诚度相对较高。对于展览活动而言，能够举办相对会议面积较大的展览活动的场馆数量相对较少，特别是能够举办大型和超大型展览的场地更少。因此，会展场馆（尤其是会议场馆）需要不断进行服务创新以提高品牌的忠诚度。

第二节 会展场馆的营销渠道

与其他产品的营销渠道不同，会展场馆产品的营销渠道主要有网络营销、活动营销、城市（或目的地）营销、中介组织营销和外部人员营销。2014 年，中国国际商务及会奖旅游展览会（CIBTM）调查发现：会展场馆寻找新客户的渠道按频率由大到小依次为：互联网搜索、通过数据库购买潜在客户的信息、代理（中介）、展览会和社交媒体。

一、借助网络营销

场馆经营管理方可以通过会展场馆自有网站、第三方网络营销平台（如会小二、第一展会网、Eventseye、Meettaiwan）、自媒体（如 Twitter、Facebook、Instagram、微信群、博客等）进行在线营销。场馆网站建立涉及网站结构设计、网站导航架构、网站内容、文章、内容权重、域名选择、搜索引擎优化、社交媒体和多种语言检索的问题。针对场馆营销的网站内容至少需要包括：①场地的功能、面积、数量和设计参数；②场馆的交通、餐饮、住宿、特殊设备等配套服务；③场馆管理部门的联系方式和现有活动安排。未来需要提供场馆的网上虚拟体验，以帮助活动举办方决策。Kim 和 Njite（2009）认为，会展场馆网站是否成功可以从技术、营销、后台管理和消费者四个角度进行评估（表5-5）。

表5-5　网站绩效评价的四个角度与关键成功因素

角度	关键成功因素		
技术	浏览器兼容性	加载时间	坏链接
	HTML 设计	准备就绪	—
营销	产品有形化	关系营销	伙伴关系
	市场细分与目标营销	定位方法	—
	市场调研与数据库营销	市场评价	—
后台管理	站点易于维护	网站维护技巧	站点维护和更新
消费者	联系信息	停车和运输	互动性
	关于会议中心的可搜索数据库	链接到娱乐和行程	用户友好
	订票服务系统	—	简易网址
	链接到住宿设施	餐饮服务	链接到会议观光局
	地图服务	会议日历	对网络访问者的吸引力
	私隐声明	—	—

相对于Web1.0而言，Web2.0是指由用户主导而不是由网站工作人员主导生成内容的网络平台。Web2.0的栏目：博客，社交网络服务，文件共享社区，论坛或公告板系统。场馆方使用Web2.0特定应用程序的目标：进行公共关系、品牌知名度提高和强化、客户获取、客户保留、监控场地信息、监控竞争对手的场地、为负面评论提供反馈和反驳论据、获得产品开发的想法等（Davidson，2011）。可见，使用社交媒体界面——如微信、博客、Facebook、Twitter、Instagram、Pinterest、YouTube，不仅可以宣传会展场馆，而且允许场馆方与客户以及客户与客户之间的双向沟通。

Davidson（2011）的调查发现，在英国场馆营销中不使用 Web 2.0 工具的原因：①员工对 Web 2.0 工具缺乏认识；②员工对 Web 2.0 工具缺乏专业知识；③员工对 Web 2.0 工具缺乏兴趣；④担心失去对品牌信息的控制；⑤担心潜在的公众通过 Web 2.0 工具对场馆进行批评；⑥难以证明 Web 2.0 工具有真正的投资回报率；⑦缺乏财务资源；⑧工作人员缺乏时间；⑨使用 Web 2.0 与场馆品牌不兼容；⑩场馆曾经尝试使用 Web 2.0 工具但没有成功。

香港会议展览中心的网站内容非常丰富（图5-7）。德国汉堡会展中心的网站向展商和观众提供互动性的区域地图和虚拟导览图。西班牙巴塞罗那会展中心（Fira Barcelona）、上海新国际博览中心（SNIEC）提供了信息更为全面的立体互动地图（图5-8），以方便外部人员对场馆设施设备和服务的认知。我国大多数会展场馆也不擅长网络营销，主要表现在：网站内容很少及时更新；网站内容不全面，并且缺乏针对性；即使是国际会展中心也缺乏英语或其他语言的内容；网站界面互动性差；极少使用社交媒体营销。

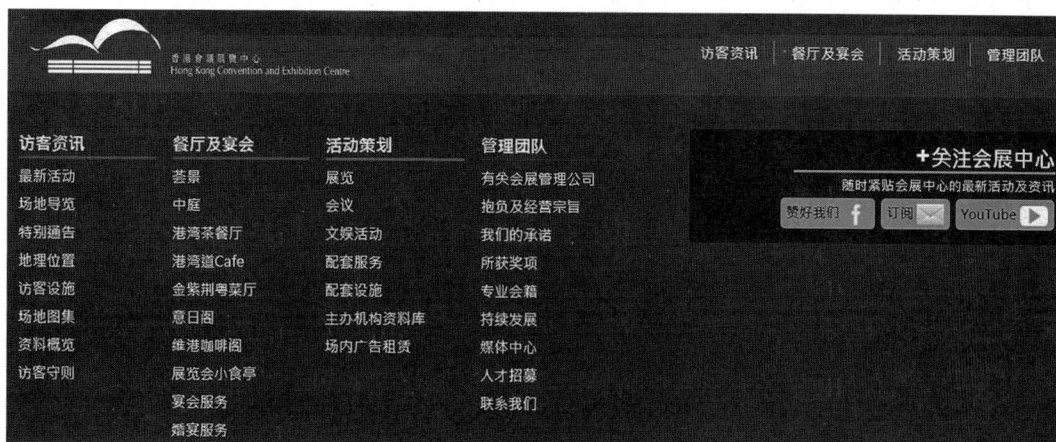

图5-7　香港会议展览中心的网站界面

资料来源：截图来自该中心官网。

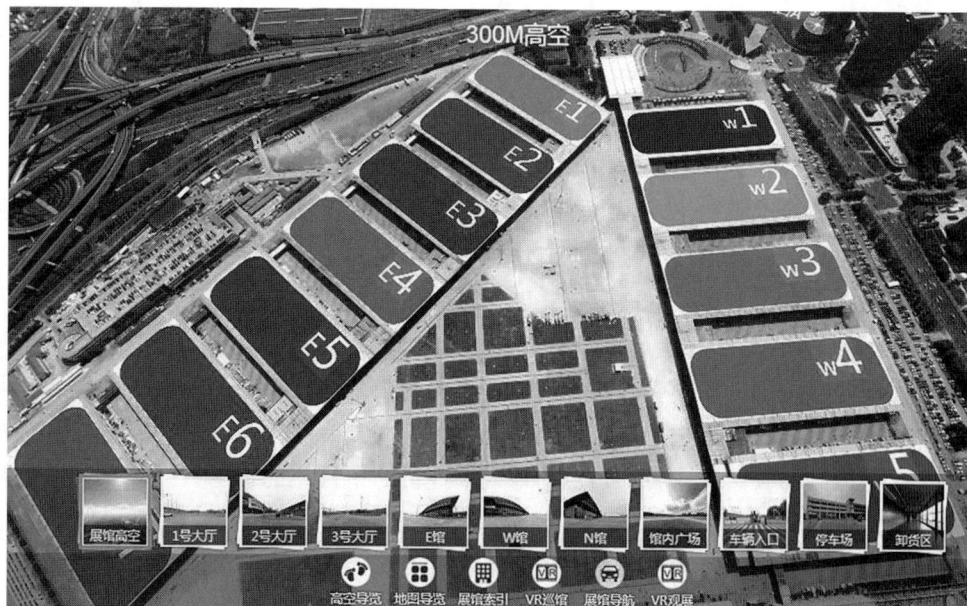

图5-8　上海新国际博览中心的互动地图（局部）

资料来源：截图来自该中心官网。

二、借助中介组织或外部人员营销

会展场馆可以借助活动代理企业或行业机构间接营销。这些组织是场馆方和会展活动举办方之外的第三方组织，包括场地搜索中介、目的地管理公司、旅行管理公司、商务旅行代理、城市场馆联盟、会展业协会、政府部门、教育机构等。SingEx 公司管理着屡获殊荣的新加坡博览中心和会议中心（EXPO&MAX Atria），后者是新加坡最大的专业会展场馆。该公司的业务有场馆管理、咨询以及活动开发管理、社团活动。为保持行业联系，其加入的国内外行业组织：巴黎国际会议协会（AIPC）、协会领导中心（ASAE）、国际展览和活动协会（IAEE）、国际会议协会（ICCA）、新加坡会议展览组织者与供应商协会（SACEOS）、独立展览组织者协会（SISO）、世界展览业协会（UFI）和国际协会联合会（UIA）。

欧洲活动中心协会（EVVC）的成员来自德国和欧洲其他国家的 650 个不同规模的活动中心。欧洲主要展览中心协会（EMECA）的成员仅包括 23 个欧洲主要场馆（大部分也是展览和活动组织者）。该协会为会员提供以下好处：一个独特的交流和学习平台；建立最高的业务标准和客户服务水平；扩大全球影响力，提升场馆在全球的形象和知名度；研究、调查、收集年度统计数据，以确定趋势变化、成功和挑战；代表场馆对接欧盟机构，与其他组织（如 EEIA 和 JMIC）一起参与推广和宣传。

会展场馆也可以借助外部关键人员进行市场营销。国外尤其重视寻找和招募会议大使。我国大多数会展场馆不太了解或重视使用会议大使。国际大会与会议协会（ICCA）发布的《会议大使计划》报告（2010）指出，会议大使需要具有的关键品质是与场馆所在目的地的情感纽带和对目的地的抱负，应具备的品质或技能包括：天生的沟通人才、国际主义者、对目的地充满热情、强大的存在感、有领导才能或影响力、被认可的专业能力、开创性的研究者、冉冉升起之星、良好的声誉、道德高尚。寻找和招募会议大使的渠道：大学网站，大学教职员工的通讯录，校友录，医院、企业、本地出版物和媒体，人员推荐和口碑，搜索引擎等。

会议大使与目的地的关系基础来源于：在目的地出生，在目的地生活，曾经或目前在目的地学习，在目的地创造过一些东西（如艺术品、建筑），在目的地有长期的家庭关系，是目的地历史人物的狂热支持者，是目的地或某些目的地标志的追随者。会议大使的身份主要是：工商业界领袖、资深的医务工作者、资深的医疗管理人员、各个领域的学术领袖、政治和社会领袖或意见领袖、作家或评论员、社会名人。

成为一个会议大使并帮助把相应的会议带到目的地，大使们也能够获得如下好处：在国内和国际上提升其所在领域的声望和认可度；活动的成功举办能给大使带来个人层面和专业层面的好处；把相应领域内世界级的专家带到本地；在 2~3 天会期内取得拓展人际网络的效果在平时可能需要几个月才能实现；享受到由于大会在本地举办所带来的荣耀和自豪感，以及大会给该地区带来经济贡献；有可能带来资金赞助、研究和投资方面的机会；享受活动中 VIP 级别的款待和在当地的娱乐活动；与其他会议大使以及该领域内商业界和学术界的代表一起参加专属的大使联谊活动。

三、借助会展活动营销

会展场馆既是会展活动的举办场所，又是会展活动品牌的构成要素。反之，举办的会展活动影响越大，场馆的市场宣传效果越好。会展活动本身就是场馆最好的市场宣传媒介。场馆产品是服务产品，在使用之前是难以确定服务质量的。场馆方可以在正式会展活动举办之前邀请场馆使用者参加场地体验活动，如设立场馆公众开放日、举办公益活动和音乐会等。场馆使用者在活动过程中深入体验场馆的设施设备和服务，以判断前期场馆决策的正确性。如果他们的满意度高，再次使用场馆的可能性将增加。因此，会展活动的现场服务也是场馆的营销工作。

会展场馆管理人员参加在其他场馆举办的相关会展活动也可以进行场馆营销，如目的地推介会、会展活动组织者（组展商、活动策划人）大会、场馆联盟大会（或协会）以及行业展览等（各种旅游展览、目的地展览或专业的会展场馆展览）。在这些会展活动现场，场馆方不但可以了解场馆使用者的需求，也可以调查竞争者的相关信息，进一步做好营销工作。如属于 IBTM World 的中国国际商务及会奖旅游展览会（CIBTM）每年吸引国内外 300 余家目的地和会奖旅游企业参与展出，涵盖各大国际会议场馆、航空公司、邮轮、酒店、酒店集团、度假村、目的地管理公司、金融和旅游保险公司、旅游科技公司、商旅及会议活动服务供应商等全产业链。

国际目的地年会（Destinations International's Annual Convention）是针对目的地营销专业人士最著名的社交和教育活动，每年有 1500 多名与会者参加。参加该年会的好处：与行业内外的同行和思想领袖接触的独家机会；集成的学习方法，而无论参会者的预算大小或专业领域如何；奖励取得一定成就的行业领导者；与行业供应商、目的地组织和会议观光局之间建立关系；通过聚集具有本地洞察力和全球专业知识的优秀人士，实现思想的多样性。

四、借助城市（目的地）营销

会展场馆营销与城市营销有机结合，构建统一的信息共享和宣传平台，实现双赢目标。国外会展场馆担负着宣传城市形象，带动相关产业发展的重要使命。意大利米兰不但是会展城市，同时又是著名的旅游城市。米兰展览中心（Fiera Milano）拥有 34.5 万平方米的室内展览场地，是意大利最大的会展场馆。展商和观众不仅能从展览上获取信息、联系业务，还能在业余时间浏览市容、参观古胜、享受多彩的文娱生活。这也是这些城市作为会展城市成功的另一个重要条件。对于展览目的地的选择，城市的经济和功能是会展活动组织者选择场馆的一个重要标准。发达的城市经济、交通和住宿设施反过来成为会展活动发展的巨大推动力。因此，在会展场馆营销和城市营销相互结合的层面上设立信息共享的平台，集聚各种活动信息、城市景点、酒店及餐饮娱乐、商务等信息是国际大型会展中心必不可少的内容。

目的地和场馆两者之间存在互相依存的关系。一方面，目的地是场馆的依托。如果目的地有良好的环境和基础设施等条件，场馆自然会因此得利。Whitfield 等（2014）认为，目的地的基本特征在影响展览出席方面至关重要。最重要的特征是在目的地环境、安全、声誉和基础设施方面；其次是与设施的安全、声誉和气氛有关的属性，以及交通成本和住宿安全；会展活动属性似乎没有太大的影响。可见，会展场馆的营销效果要受目的地影响。另一方面，场馆是目的地的一部分。因为顾客得到的是具体场馆的服务，所以如果场馆非常出色，也会给目的地增光添彩。因此，有必要将目的地和场馆的营销放在一起（戴维森和罗杰斯，2008）。

会展场馆是城市的宣传对象，城市职能部门也是会展场馆的营销人员。各个城市的旅游局、博览局、会议观光局（CVB）可以说是综合性的目的地营销商，在营销目的地及其会展设施方面起着重要作用，吸引更多外部活动前往目的地举办。这些机构可以通过目的地及场地推介会、指南、宣传册、网站、视频和 DVD 等帮助会展场馆营销。韩国会展局网站如图 5-9 所示。

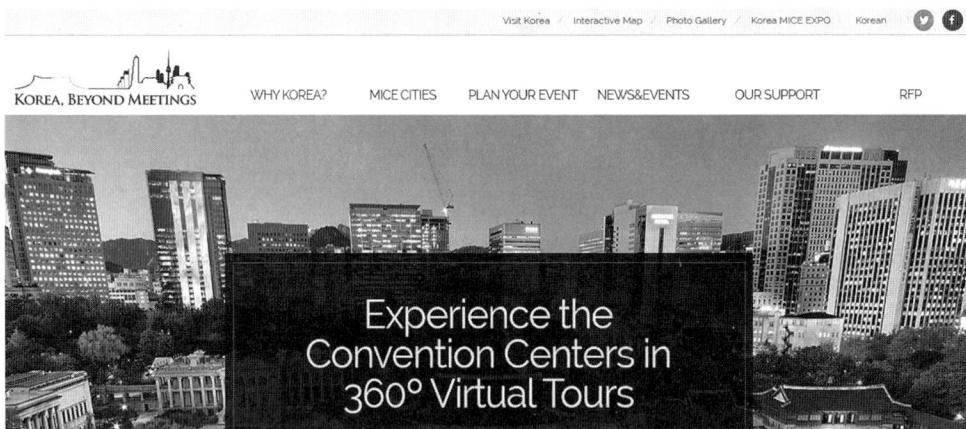

图 5-9　韩国会展局网站（The Korea MICE Bureau）
资料来源：截图来自该会展局官网。

第三节　会展场馆的定价管理

会议场馆的场地租赁价格通常按照会议活动类型、会议室的面积大小或人员容量向客户报价（表 5-6）（王楚乔，2018）。展览场馆的场地租赁价格以展览占用场地的总时间和场地面积,以"×元/平方米·日"的形式向客户报价,俗称"光地价格"。目前,西部地区展览场馆大约为 10 元/平方米·日,东部地区展览场馆大约为 20 元/平方米·日。展览场馆报价与展览举办方向展商收取的光地价格或标准展位价格不同,前者比后者低很多。理论上,会展场馆应当按照活动举办方实际占用场地的总时间来收费,包括活动举办期间、场地准备时间和场地恢复时间。实际上,有的场馆按活动举办期间的两倍来收费。

表 5-6 某会议室价格表

会议类型	需要的会议场地	报价(万元/半天)
商务型会议	30 人会议室	0.35
	80 人会议室	0.56
培训会议	80 人会议室	0.56
	140 人会议室	0.70
年会	140 人会议室	0.90
大型宴会	140 人会议室	0.90
商品展会	140 人会议室	0.90

与其他产品定价法一样,会展场馆场地出租的定价方法有成本加成法、竞争定价法、心理价值定价法等。在场馆提供多种服务的情况下,也需要考虑综合服务的定价。

一、会展场馆场地出租的定价方法

1. 会展场馆场地出租定价需考虑的因素

会展场馆场地出租价格的制定必须考虑许多因素:①未来场馆需求及其季节性的变动;②如何实现场馆总收益最大化;③场馆服务产品不易保存的特性,如会议室在某一天没被使用,没有产生收入就意味着这个潜在的收入永远无法再获得;④涨价或降价对客户造成的心理影响;⑤竞争对手的价格反应;⑥宏观经济环境的影响。

2. 会展场馆场地租赁价格确定采用的方法

一般来说,会展场馆场地租赁价格确定可以采用以下四种方法:

其一,投资收益率定价法。单位面积场地租赁价格=(会展场地投资额×投资收益率)/(会展场地总出租面积×投资回收年数×每年的平均出租天数)+年总成本/(会展场地总出租面积×每年的平均出租天数)。年总成本中包含场馆折旧。

其二,成本加成定价法。单位面积场地租赁价格=(变动成本+变动成本×边际贡献率)/(会展场地总出租面积×每年的平均出租天数)。总成本加成定价法为:单位面积场地租赁价格=总成本(1+成本利润率)/(会展场地总出租面积×每年的平均出租天数)。总成本包括固定成本和变动成本。

其三，行业价格定价法。行业价格定价法是参照本地其他会展场馆的定价，并考虑自身场馆规模、地理位置、品牌价值和服务内容确定价格。行业价格定价法又可以称为随行就市定价法，场馆定价按照行业平均价格上下浮动。

其四，理解价值定价法。理解定价是指场馆方根据活动举办方对场地出租价格的接受程度来制定场馆租金的定价方法，本质上是一种以活动举办方的需求为导向的定价方法。场馆理解定价法最为普遍的是对不同的展览活动以及不同举办时间采取不同的定价。例如，对于规模较大的展览，场地价格可以高一些。

上述定价方法按照场馆方的关注重点又可分为需求导向定价法、竞争导向定价法和成本导向定价法（夏晗，2007）。需求导向定价是以消费者的认知价值、需求强度及对价格的承受能力为依据，以市场占有率、品牌形象和最终利润为目标，真正按照有效需求来确定产品价格。在实际运用中，主要有认知价值定价和差异需求定价两种不同的形式。前者是指在买方市场条件下，根据购买者对产品的认知价值定价；后者是指以不同目标市场的需求弹性、细分市场特征等为参考对象，辨识不同细分市场的需求差异，就相同的产品对不同的细分市场确定不同价格，以最大程度地获取各个细分市场的消费者剩余。成本导向定价法是企业根据开发成本、经营成本和预期利润率来确定产品价格的一种方法。依据不同的财务模型，具体可分为固定成本加成法、变动成本法、盈亏平衡法和目标利润率法。竞争导向定价模式的具体做法有三种：一是领导定价法，二是挑战定价法，三是随行就市定价法。

二、会展场馆综合服务的定价方法

会展场馆出租的价格可能包括了以下费用：场地租赁费用、安检费用、场地布置费用、其他设备设施使用费用、场地清洁费用等，甚至客房费、交通费、茶点费用、餐饮费等。即总价=场地租赁价格+服务费+利税。当消费在一定范围内变化而总价不变的情况下，总价又被称为"包价"或"包干价"，可分为全包价和部分包价。参会者通常希望就近解决会议、餐饮、住宿等服务。研究发现，会议功能空间使用的数量与酒店房间的住宿需求之间存在正相关关系（Boo and Kim，2010）。因此，包价在会议场馆定价中使用较为普遍。有的场馆按如下公式计算会议总价，即会议总价=人数×天数×人均每天会议费用。其中，人均每天会议费用包括会场租赁费、餐费、住宿费和其他费用，并不考虑每个人的实际消费。包价的优缺点：总价容易使顾客接受，价格谈判较为简单；各项服务的具体价格模糊，顾客难以将各项服务价格与其他竞争者的相应价格区分；运行中成本难以控制。

总价在某些条件下也被称为"捆绑定价"。产品捆绑定价的策略是：以一个价格销售两种及以上产品，该价格低于单种产品价格之和，但高于其中任何一种产品价格。该定价策略用于一部分顾客偏好捆绑产品中的某种产品，而另一类顾客喜好捆绑产品中的其他产品，有利于兼顾两者对捆绑产品的需求，同时刺激了捆绑产品的需求。也就是说，捆绑定价的产品之间需要有互补性，目标顾客的需求之间存在重叠性。捆绑定价降低了消费者的搜寻成本，有效排挤了竞争对手，可以取得范围经济和规模经济的好处，但限制了顾客的选择自由和增加其支出。由于会展场馆经营管理方可能向会展活动方提供多种服务，可以考虑捆绑定价法来扩大收入。捆绑定价在场馆营销中的好处：可以促销闲置的场馆服务能力；把一种服务的促销费用（如广告和销售人员费用）以及捆绑服务项目带来的范围经济和规模经济的部分好处用于价格优惠而不会降低场馆收入；增加服务市场吸引力，排斥竞争对手。其应用条件是场馆使用者对捆绑服务有需求，场馆方能够提高配套服务。

调查表明，场地费用与住宿费用、餐饮费用相比，所占比例较小（图5-10）。场馆方可以考虑场地费优惠，以此扩大住宿和餐饮销售。会议和展览场馆的捆绑定价组合可参见表5-7和表5-8。在实践中，包价的优惠可在总价的基础上打折，而捆绑定价的优惠可在单项服务价格的基础上打折。

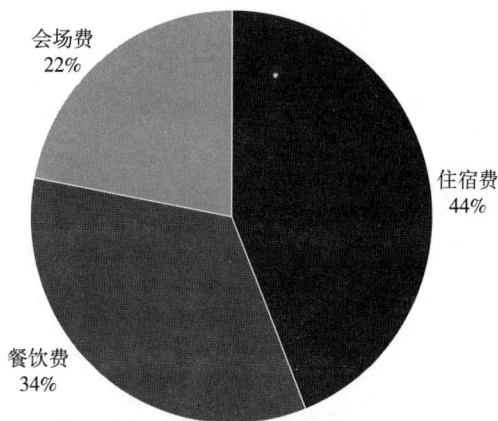

图5-10　2017年全国三项会均消费的比例

资料来源：中国会展经济研究会官网。

表5-7　会议场馆捆绑定价组合

捆绑服务组合	会议场地价格及优惠	餐饮价格及优惠	住宿房间价格及优惠	其他服务价格及优惠	服务总报价
会议室+餐饮					
会议室+住宿					
会议室+餐饮+住宿					
会议室+其他服务（如免费停车）					

表5-8　展览场馆捆绑定价组合

捆绑服务组合	会议场地价格及优惠	主场服务价格及优惠	其他服务价格及优惠	服务总报价
展览场地+会议场地				
展览场地+主场服务				
展览场地+其他服务（如免费停车）				

第四节　会展场馆的促销与竞争策略

同行会展场馆的数量增加、虚拟会展场馆对实体场馆的冲击以及参展者、参会者对场馆服务的更高要求迫使场馆管理者需要采取一定的促销策略和竞争策略。

一、会展场馆的促销策略

会展场馆促销的目的：①让代理公司、目的地组织能够将会展场馆产品的信息与目标客户进行沟通；②让潜在的客户前来体验会展场馆服务；③让现有的客户更加了解产品，争取他们再次使用场馆；④与可能在某些方面会对场馆业务造成影响的媒体和一些关键人物保持联系。

与其他企业一样，会展场馆常用的促销策略：季节性促销、竞争性促销、人员推销、广告、营业推广、公共关系、场地考察和洽谈等。人员上门推销是会展场馆争取重要活动时常用的推销方式。广告促销应当首先推广城市，然后才是场馆。为了以较小的投入获得最大的经济回报，会议场馆管理者需要对各种不同的促销活动进行有机组合来构成促销计划，即促销组合策略。

季节性促销、竞争性促销更多的是考虑价格优惠。会展场馆可以根据品牌定位策略，制定灵活的价格促销策略。如按照淡旺季、国际展和国内展、专业展和消费展、原有展览和新展览、单次总价优惠和年度总价优惠等方式，分别给予不同的优惠。会议场地的折扣或让价策略主要包括数量折扣、现金折扣、季节折扣、同业折扣和佣金。营业推广是各种短期的、鼓励性的、非连续性的、灵活的促销活动，方法有价格优惠、退款和折让、优先照顾、鼓励重复购买和赠送礼品。可见，营业推广与价格促销策略有重叠之处。在会议场地营销中，仅仅依靠营业推广活动来促进销售尚不足以奏效，营业推广与广告配合常常会收到更好的效果。

会展场馆开展公关关系的活动：①赞助和支持社会公益活动；②制造和传达新闻；③听取或处理场馆使用者的意见；④与有关机构（如代理机构、协会和政府部门）建立良好的联系；⑤建立企业内部良好的员工关系。公共关系活动的重点在于通过新闻报道、接受媒体采访、网站宣传、举办活动、发送宣传材料等手段树立良好形象、消除不利影响。公共关系和关系营销、客户关系管理不同。关系营销和客户关系管理都是要建立信任关系和理解，专注于潜在客户的挖掘和建立关系。关系营销的步骤为：客户识别、数据采集和维护、渠道整合和统一、客户排序和区分、双向的个性化交流。客户关系管理侧重于对客户关系的进一步培养和加强方面。在发达国家，会展场馆普遍重视与社区、城市乃至国家和全世界的社会责任。

　　获得机会带领潜在客户考察场地并以此向他们展示场地的优势和吸引力是销售和市场营销过程中的关键环节（罗杰斯，2015）。场地考察有以下好处：识别客户在活动举行之前没有提出的服务需求，向客户展示对其需求的正确理解，建立客户对场地管理团队的信心，与客户建立友好的关系。然而会展场馆往往忽视或不清楚如何做好场馆考察工作。如带领客户考察的员工没有经验、未接受过培训或不了解客户情况。因而他们不能做到有效地推销场地，并让客人相信活动在这里举办会获得成功。罗杰斯（2015）认为场地考察需要做好三个阶段的工作。

　　对考察进行仔细的事前准备和安排很重要。场馆方需要向客户发去一份书面确认信，内容包括对客户提出的特殊要求的安排，同时附上场地的详细地址。在考察的时间确定以后，需要做好以下工作：确定要采用哪一个级别的接待规格，是否需要包含住宿；查询在考察当天需要出面接待的员工是否有空，意向性的场地设施是否空闲或方便参观；确保掌握了正确的客户联系方式，包括用于紧急联络的手机号码，确定考察人数，了解清楚客户的旅行安排，如到达时间、可以在场馆停留的时间、使用何种交通方式。

　　在正式考察进行之前，场地需要进行内部的沟通并确定合适的人选（人数、职责、专业知识）来与客户见面；需要把客户的详细信息与到访的目的在相关人员中传阅；商量并决定好合适的会议室布置；负责整个考察活动的工作人员需要核实自己是否有权利和专业知识来与客户进行可能发生的任何领域的洽谈、是否已储备了必需的场地和目的地产品知识、是否已经准备好了场地的图片册。

　　在考察的当天，场馆方的前台工作人员需要迎接客户，为客人进行人员介绍，准备好茶点，并再次确认考察的议程。场馆方代表需要做到：用一种富有逻辑的顺序（如时间顺序）来回答客户的询问；阐明客户的活动需求、目标和优先要解决的问题；对客户的组织、产品（或服务）和未来发展表现出兴趣；使用一些开放性的问题，仔细听取客户的回答，必要的时候与客户再次确认是否理解正确；给客户一份场地平面图，说明场地的总体分布和考察路线，向客户展示的场地和设施需要与客户的需求相关；根据客户的需求突出说明场地的优势；融入一些相关的工作人员并把他们介绍给客户；在整个考察过程中，恳请客户提出问题，核实理解是否正确；记住客户提出的其他场地或服务要求，随时关注客户的购买意向。

　　在考察的最后阶段，场馆方与客户总结一下考察的成果，了解并消除存在的疑虑，阐明下一阶段的工作以及约定下次联系的时间。在考察结束后，场馆方需要与客户进行书面跟进，并在销售跟进系统中进行状态更新。在恰当的时候，向客户了解其对场地考察的反馈意见。

　　在场地业务洽谈之前，场馆方需要明晰哪些条件对客户是重要的（如决定活动成功的重要因素是什么），客户有没有其他选择（如是否也在考虑其他场地、是否有其他可替代的会议日期和形式）；确定什么是最理想的结果、什么是比较现实的结果以及什么是最差的结果。

二、会展场馆的竞争策略

较大城市的展览场馆数量较多（表 5-9），会议场馆的数量比展览场馆更多。尽管在小城镇，展览场馆的数量较少，但也面临周围城市同类场馆和非专业场馆的竞争。因此，会展场馆管理者必须考虑市场竞争问题。

表 5-9　上海主要展馆的展览面积与投入使用年份　　单位：万平方米

名称	室内面积	室外面积	总面积	投入使用年份
国家会展中心（上海）	40.00	10.00	50.00	2014
上海世博展览馆	8.00	2.00	10.00	2011
上海跨国采购会展中心	1.60	—	1.60	2008
上海浦东展览馆	1.50	—	1.50	2006
上海国际汽车会展中心	3.30	—	3.30	2006
上海新国际博览中心	20.00	10.00	30.00	2002
上海世贸展馆	2.38	—	2.38	1999
上海光大会展中心	3.30	—	3.30	1998
上海国际展览中心	1.20	—	1.20	1992
上海展览中心	2.20	1.00	3.20	1955
上海农业展览馆	1.20	—	1.20	1950

2017 年全球展览场馆数量和室内展览面积如图 5-11 所示。

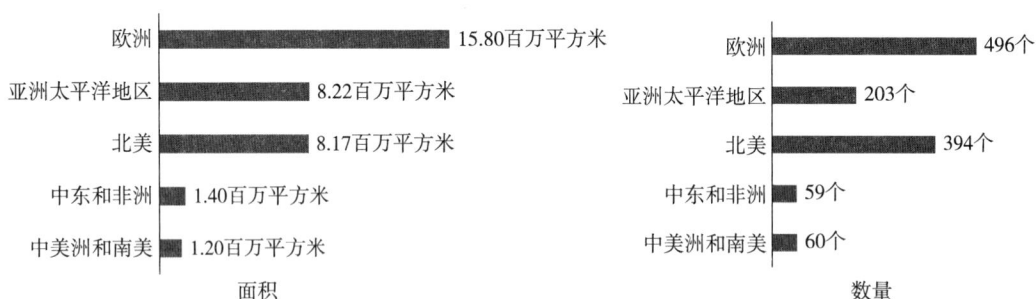

图 5-11　2017 年全球展览场馆数量和室内展览面积
资料来源：UFI。

会展场馆在制定竞争策略之前，首先要进行市场分析。常用的分析方法有美国旧金山大学的管理学教授韦里克于 20 世纪 80 年代提出的 SWOT 分析法。该法需要找出企业自身所面临的机会（Opportunity）和威胁（Threat），存在的优势（Strength）和劣势（Weak）。由此，制定相应的竞争策略。G 会议中心内外部环境 SWOT 分析矩阵表如表 5-10 所示。

表 5-10　G 会议中心内外部环境 SWOT 分析矩阵表

内部因素　　　　外部因素	内部优势（S） 1. 知名度高，品牌形象良好； 2. 拥有先进的场馆； 3. 餐饮、住宿等配套设施完备； 4. 管理团队经营理念好	内部劣势（W） 1. 现有场馆总面积较小； 2. 目前出租率高，少有档期供给自办展； 3. 公司内部缺少展览行业人才
外部机遇（O） 1. 整体经济发展趋势良好，渴望新技术、新产品； 2. 整个中国的市场化程度进一步提高，对专业展览的需求增加； 3. 二三线城市发展迅速，需求增加	优势+机遇（SO） 1. 在 G 会议中心提供增值服务，提高营收和利润率（S1, S3, S4, O2）； 2. 经验复制，扩展到其他城市办展（S1, S4, O3）	劣势+机遇（WO） 异地办展（W1, W2, O2, O3）
外部威胁（T） 1. 政府有意愿支持，但尚无规范政策制度； 2. 面对国际竞争者涌入中国市场，国内主办增多，展览主办行业竞争加剧； 3. 专业人才短缺，不能满足需求	优势+威胁（ST） 1. 与国内外同业进行合作（S1, S2, S4, T2）； 2. 专业人才培养，场馆自办展览（S2, S4, T3）	劣势+威胁（WT） 1. 注重专业人才培养（W3, T3）； 2. 与国内外同业合作（W1, W2, T1, T2）

资料来源：吴徐瑛. G 会议中心展览业务部门发展战略研究［D］. 上海：上海交通大学，2012.

　　另一个常用的方法是 20 世纪 80 年代初，美国哈佛商学院的波特教授提出的"五力模型"，又称为"波特竞争力模型"。该模型从购买者、供应商、竞争者、替代者、潜在进入者五个方面分析会展场馆的竞争策略（Tay, 2006）。如酒店和大学是会议中心强有力的竞争对手，会议中心应该在更为专业的会议设施上下功夫。波特教授同期提出了企业在特定产业中的竞争通用战略，即总成本领先战略、差异化战略和目标集聚战略。

　　会议场馆在制定竞争策略时首先要考虑面对的细分市场类型。从举办主体来看，会议有企业会议、政府会议和社团会议三种类型；从参与会议主体的地域来源看，会议可分为国际会议、全国性会议、区域会议和本地会议。会议场馆通常以本地客户为主。会议场馆的竞争策略需要考虑针对不同细分市场的"卖点"（优势）。如英国皇家医学院会议场馆的卖点：极好的会议和宴会设施，难忘的总体设计和布局，专门建造的阶梯式讲堂，最新视听设备和技术，灵活的展览空间，供招待会使用的花园，被誉为"皇冠上的宝石"的多尔切斯特图书馆，有独立的发电机（防止停电导致活动中断）。

　　展览场馆的竞争策略重点在于：加强客户关系管理，建立场馆之间的战略联盟，重视场馆与上下游配套服务企业的合作。2003 年，上海新国际博览中心、新达新加坡国际会议与博览中心和日本会展中心宣告正式成立亚太会展场馆战略联盟（简称"APVA"）。联盟成立的目的在于实施联合的市场营销与研究活动，定期交流三方各自市场营销、运营管理及当地会展市场方面的动态等。2008 年，中国会议酒店联盟成立，其宗旨在于提升会员社会影响力、提高管理服务水平、加强与会议组织者的联系、实现信息和业务共享。2017

年，全国中小会展场馆联盟成立。

在展览场馆之间的竞争中，除了设施设备外，竞争制胜的决定性因素之一是室内展览场地的总面积。会展场馆的规模影响其市场竞争力（Sanders，2002），但规模并非会展场馆竞争力的唯一决定性因素，不同规模的展览场馆的竞争策略也应该有所差异（贾岷江、万春林、岳培宇，2017）：

（1）大型展览场馆虽然可以承接各种规模的展览，但应当抓"大"放"小"，充分利用自身优势展开对大型国际展和国内展的市场营销活动。大型展览场馆对大型展览、国际展和其他城市的国内展具有较大的吸引力。

（2）中型展览场馆应积极改造场馆设施，提高服务水平留住成熟的大型展览，也可以与当地其他中小型展览场馆联合承接大型展览。如2001年第十一届中国华东进出口商品交易会原来就在上海世贸展馆和上海国际展览中心同时举办。

（3）小型展览场馆应重视本地展、消费品展、自办展、企业展和其他会展活动，积极培育新的展览。如多年来展览数量比同类展览场馆较多的上海国际展览中心，2015年已经和将要举办的上海家装咨询会、高端牛羊肉展、服装服饰品牌展等与生活有关的展览所占比例高达75%左右，自办展览达到12个。

本章小结

会展场馆营销人员应当在调查会展活动举办方的场馆选择渠道和标准，以及参展者、参会者对现场服务需求的基础上制定营销方案。会展场馆的核心产品是会议或展示场地的服务而不是场地设施设备。品牌会展场馆可以增强场馆的市场竞争力和增加营业收入，其建设以品牌的外在体现和内在理念为主。场馆认证是建立品牌的途径之一。会展场馆可以借助网络、会展活动、城市营销活动、中介组织或外部人员进行营销。会展场馆尤其应当重视会议大使的选择和招募。会展场馆需要对租赁服务和综合服务进行定价，在定价方法上存在差异。包价或捆绑定价是综合服务定价的常用方法。会展场馆常见的促销策略有季节性促销、竞争性促销、人员推销、营业推广、公共关系和场地考察等。场馆管理人员应当重视客户场地考察的价值。管理方可应用SWOT分析法和五力模型制定会展场馆的竞争策略。不同类型的会展场馆其竞争策略可能不同。

关键词

场馆产品层次，场馆消费者，场馆服务对象，场馆品牌，品牌联想，网络营销，活动营销，目的地营销，会议大使，租赁定价方法，捆绑定价，包价，SWOT分析法，五力模型，场馆战略联盟，季节性促销，场地考察

本章作业

1. 试述会展场馆产品的层次。

2. 如何树立会展场馆的品牌？

3. 会展场馆营销的渠道有哪些？

4. 假设一个单人间（住宿）的变动成本是30元，固定成本70元，住宿费150元/天，一个50人（全部单人间住宿1天）的会议场地最多可以优惠多少钱？

5. 会展场馆捆绑定价的应用条件是什么？

6. 会展场馆促销的方法有哪些？

7. 举例说明SWOT和波特"五力模型"在会展场馆竞争策略制定中的应用。

推荐阅读资料

[1] 贾岷江，万春林，岳培宇. 大型会展场馆建设的市场影响与管理对策研究——以上海两大会展中心为例 [J]. 城市观察，2017 (4)：60-70.

[2] 夏晗. 会议酒店定价系统研究 [D]. 上海：华东师范大学，2007.

[3] 徐村和，周雅英，唐嘉伟，等. 展览馆行销关键成功因素分析 [J]. 行销评论，2011，8 (3)：367-384.

[4] 王巍溪，韩月月，王健. 会展场馆的品牌营销策略 [J]. 农机质量与监督，2013 (6)：20-21.

[5] 吴徐瑛. G 会议中心展览业务部门发展战略研究 [D]. 上海：上海交通大学，2012.

[6] 戴维森，罗杰斯. 节事目的地与场馆营销 [M]. 宋哲敏，关旭，译. 上海：格致出版社，2008.

[7] 岳耀倩. 基于 PCO 感知的会展中心品牌资产结构研究 [D]. 大连：东北财经大学，2010.

[8] Sung H, Lee W. The Effect of Basic, Performance and Excitement Service Factors of a Convention Center on Attendees' Experiential Value and Satisfaction：A Case Study of the Phoenix Convention Center [J]. Journal of Convention & Event Tourism, 2015, 16 (3)：175-199.

[9] Kim L H, Njite D. Evaluation of Web Site Performance：Korean Convention Centers [J]. International Journal of Hospitality & Tourism Administration, 2009 (10)：232-252.

[10] Davidson R. Web 2.0 as a Marketing Tool for Conference Centres [J]. International Journal of Event and Festival Management, 2011, 2 (2)：117-138.

［11］　Whitfield J，Dioko L A N，Webber D，et al. Attracting Convention and Exhibition Attendance to Complex MICE Venues：Emerging Data from Macao ［J］. International Journal of Tourism Research，2014，16（2）：169-179.

［12］　Tay L. Strategic Facilities Management of Suntec Singapore International Convention and Exhibition Centre：A Case Study ［J］. Facilities，2006，24（3/4）：120-131.

第六章
会展场馆的现场和环境管理

现场管理是会展场馆服务管理的重点。

<table>
<tr><td rowspan="6">本章要求</td><td>熟悉会议和展览场馆现场布置的要点</td></tr>
<tr><td>掌握会展场馆交通管理方案的内容</td></tr>
<tr><td>了解会展场馆人流和物流流线的设置意义和原则</td></tr>
<tr><td>理解会展场馆人流服务水平的概念和影响因素</td></tr>
<tr><td>掌握会展场馆密集人群形成的原因、拱效应、密集人群管理的原则和重要措施</td></tr>
<tr><td>了解会展场馆环境管理的内容和管理体系认证</td></tr>
</table>

第一节　会展场馆的场地布置

会展场馆场地布置的意义：①提供设施设备条件，保证活动的顺利进行；②维持活动秩序，保证人员安全；③营造良好的活动氛围，包括人与人之间相互影响的主观氛围和环境对人员影响的客观氛围；④合理利用场地面积、降低成本。有研究表明，展览空间布局与功能要素对展商满意度有显著的积极影响（张辉和陈雅清，2020）；在有音乐的情况下，参观者在博物馆展览中停留的时间更长，但音乐对参观者的舒适度或情绪似乎并没有太大的影响（Brenner，2016）。

场馆布置的原则：以人为中心、安全合理、气氛适度、美观和谐、节约高效（张以琼，2007）。活动现场的设备、物品和管理事项较多，管理人员可以采用清单法进行事前、事中、事后检查，避免漏项。由于活动类型不同，会议场地的布置和展览场地的布置存在不同的要求。

一、会议场地的布置要点

举办会议活动需要考虑的服务功能区：停车场、人流通道、现场服务中心（报到处、储物区、办证处、临时医疗救助区、咨询台等）、安检处、会议现场、新闻信息中心、视听设备控制室、同声传译室、会议举办方临时办公场所、茶歇区、商务区、贵宾室和临时休息区等。其中，会议现场为会议活动的主要功能区。会议服务体系工作流程如图 6-1 所示（周继华，2018），会议现场布置（包括场地安排、多媒体设施准备、会议资料或文具准备）是其中的关键环节。会议现场包括主会场（Main Venue）和分会场（Breakout Room，Sub-Venue）。主会场是用于召开全体大会的会场，分会场是用于召开分组讨论或小型会议的会场。主会场和分会场的现场布置往往也不同。

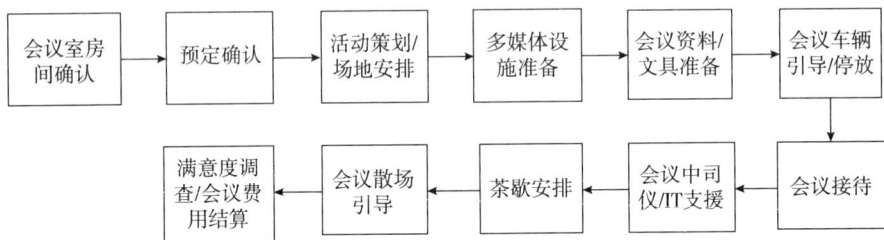

图 6-1　会议服务体系工作流程

1. 会议现场布置形式

根据主席台和座位的位置，会议现场的布置形式：上下相对式、全围住或半围住式、分散式和并列式。在我国《会议分类和术语》（GB/T 30520-2014）标准中，会议现场的布置形式有以下几种：

剧院式：会场布置与剧场相似，听众席座椅面向主席台，且不设课桌的摆台形式；

课桌式：将会议室的桌椅按排整齐摆放，布置形式与课堂教学相似的摆台形式；

中空型：将会议桌连接在一起，形成中空的正方形、长方形或多边形，椅子摆放在会议桌外围的摆台形式；

U 形：将会议桌连接摆放成长方形，但空出一个短边，椅子摆在桌子外围，形似英文字母"U"的摆台形式；

董事会式：会议桌放在会议室中间，椅子摆在会议桌外侧的一种摆台形式；

鱼骨型：面对主席台方向，将会议桌按鱼骨形状摆放的摆台形式；

阶梯型：为减少坐席间的视线遮挡而设立的存在一定落差的摆台形式；

宴会型：将椅子摆放在圆桌外侧形似宴会的摆台形式；

酒会型：只摆放酒会用的高脚桌子，不摆设椅子，以自由交流为主的摆台形式；

异型：按照需要将会场布置成马蹄形、T 形、E 形等特殊形状的摆台形式。

英国伯明翰会议中心（NEC）允许活动组织者自行创建会议室布局图。灵活的座位布置系统软件使活动组织者可以快速选择最满意的会议现场布置形式。

2. 会议场地布局尺寸

会展场馆场地布局的基本依据是人机工程学或人体工程学。会议室人均占用面积为1.1~1.5平方米，宴会厅会议室人均占用面积2~3平方米。剧院式的座位布置紧凑，每座平均面积为0.8平方米以上。教室式的座位布置每座平均面积约为1.6平方米，每排座位之间需摆放桌子，通常是0.6米高、1.5米长，适合两人使用。宴会式的座位布置每座平均面积为1~1.5平方米，与会者需8~12人围桌而坐。通常按每桌10人安排是最合适的。一般圆桌直径为：1.20米（6~7人）、1.5米（8~9人）、1.8米（10人）、2.3米（12人），服务通道至少2米宽。讲台的高度不应低于0.3米，否则对视线改善不明显；也不应高于1.1米，否则前排观众很难看到舞台全部。会议室布局最小尺寸示意图如图6-2所示。

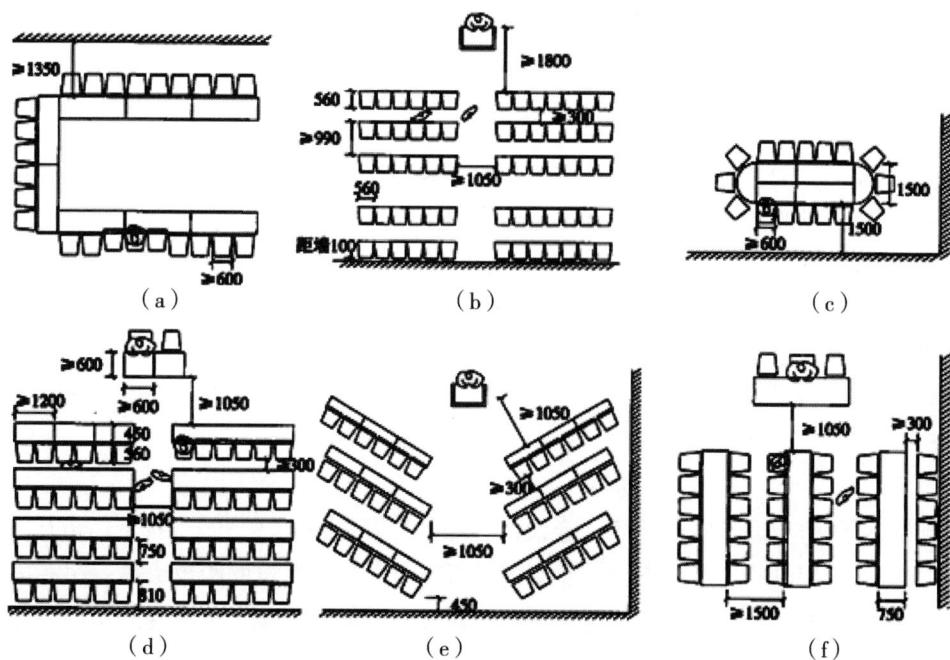

图6-2　不同类型会议室布局的最小尺寸

资料来源：中国建筑学会. 建筑设计资料集4［M］. 北京：中国建筑工业出版社，2017.

有时候同一个会议室在一天内有好几个会议，而且间隔很短。这就要求在会议室布置时要考虑到下一个会议的布置形式，明确布局是否一致，以及是否有足够的时间来调整（表6-1）。最好把布置形式类似的会议排在一个会议室，使所需要的人力和设备调整时间减到最少。

表 6-1　剧场式会议厅座席设计

名称	设置要求	设计要点
座席	剧场式会议厅观众座席应设置带有靠背的固定座椅。利用活动主席台布置座席，可设活动座椅	考虑到参会人员的活动可能性较大，为减少会议中人员活动带来的影响，座椅排列需注意以下几点： 不宜采用长排法布局； 最后一排座席不宜靠墙设置； 座席排距宜适当增加，短排法、硬椅排距不宜小于 0.85 米，软椅不宜小于 0.95 米。台阶式地面排距应适当加大，椅背到后面一排最突出部分水平距离不应小于 0.35 米
贵宾席/带桌座席	一般设置在观众厅前排，采用软席或"软席+条形会议桌"。国内有政务功能的剧场式会议厅常有全部池座设置带桌座席，此种方式对观众厅面积要求较大，不适用于商业会议	带桌座席椅距、排距要求： 椅距即座椅宽度，尺寸以扶手中距为准，软椅不应小于 0.55 米，建议尺寸为 0.6~0.65 米； 贵宾席排距，建议尺寸 1.05 米； 带桌座席排距，建议尺寸 1.2 米

资料来源：中国建筑学会．建筑设计资料集 4 ［M］．北京：中国建筑工业出版社，2017.

3. 会场装饰

会场装饰物：①会标，揭示会议主要信息，体现会议庄重性，激发与会者的参与感；②会徽，形成会场的视觉中心，具有感染和激励作用；③标语口号，号召力要强；④人物画像，一般是有影响力的人物；⑤旗帜和模型标志，具有象征意义；⑥花饰，装饰和调节气味；⑦装饰照明，保证亮度、色彩和光影变化；⑧主席台背景墙，一般使用彩绘布；⑨会场指示标志，放在会议室门口廊道，起着指示方位和提醒注意作用。会议室整体色彩和色调一定要与会议主题相一致，这样可以对参与会议的人员在心理上产生积极的影响。

4. 音响和隔音

会议室要能防止声音向外传播（会议内容保密）和防止外界声音干扰室内声音。会议室内一方面可使用电子扩声系统保证声音的可听距离，注意声量的距离衰减；另一方面要注意防止产生混响，避免声音的反射加强。场馆方可根据《剧场、电影院和多用途厅堂建筑声学设计规范》（GB/T 50356-2005）（表 6-2）和《厅堂、体育场馆扩声系统设计规范》（GB/T 28049-2011）中的技术指标进行室内声音设计。

表 6-2　会议室围护结构空气声隔声量的要求值

适用场所	计权隔声量+粉红噪声频谱修正量 Rw+C（dB）
中小会议室之间	50
大会议室之间	60
楼板构造	55

适用场所	计权隔声量+粉红噪声频谱修正量 Rw+C（dB）
同声传译室之间	40
会议室和走道之间	40~50

资料来源：《剧场、电影院和多用途厅堂建筑声学设计规范》（GB/T 50356-2005）。

5. 会议室照明

照明可分为正常照明、应急照明、舞台照明、景观照明和障碍照明。灯光照度是会议室的基本条件之一。装饰性的会议室一般采用冷光源，避免自然光。其门窗需用深色窗帘遮挡，最好是电动隔声遮光厚窗帘，免受外界噪声和室外光线的污染。会场灯光照明的平均照度可按《会议电视会场系统工程设计规范》（GB 50635-2010）的要求（表6-3），同时要求光源的色温为3200K、4500K、5600K，并应使所有光源的色温一致，显色指数不低于85或符合《建筑照明设计标准》（GB 50034-2019）的相关规定（表6-4和表6-5）。

表 6-3　会场照明平均照度

照明区域	垂直照度（lx）	垂直参考平面	水平照度（lx）	水平参考平面
主席台座席区	≥400	1.40米垂直面	≥600	0.75米水平面
听众摄像区	≥300	1.40米垂直面	≥500	0.75米垂直面

表 6-4　会议建筑室内照明场所的色温

光源颜色分类	相关色温（K）	颜色特征	适用场所
Ⅰ	<3300	暖	宴会厅、大型多功能会议厅、剧场式会议厅、公共大厅
Ⅱ	3300~5300	中间	多功能厅、会议室、贵宾用房、登录厅
Ⅲ	>5300	冷	电子信息系统机房等

注：对于需要进行彩色新闻摄影和电视转播的场所，室内光源的色温宜为2800~3500K，可天然采光的室内的光源色温宜为4500~6500K。

表 6-5　会议建筑照明标准值

房间或场所	参考平面及其高度	照度标准值（lx）	统一眩光值（UGR）≤	显色指数（Ra）≥	照明功率密度（瓦/平方米）
公共大厅、会议厅前厅（序厅）	地面	200	22	80	9/7（现行值/目标值）
会议室、贵宾室	0.75米水平面	300	19	80	—
视频会议室*	0.75米水平面	500	19	80	—
大/中小会议室	0.75米水平面	300	19	80	—
大型多功能会议厅、宴会厅	0.75米水平面	300	22	80	—

房间或场所	参考平面及其高度	照度标准值（lx）	统一眩光值（UGR）≤	显色指数（Ra）≥	照明功率密度（瓦/平方米）
剧场式会议厅	地面	100~200	19	80	—

注：＊视频会议室一般区域照度标准值为500lx，主席区照度标准值为750lx。

6. 观众距显示屏及主席台距离

《剧场建筑设计规范》（JGJ57-2016）规定了观众席对视点的最远视距：在距离控制上应考虑主席台演讲者的面部表情能够在20米内可以辨认出来；距离15米可以看清楚的最小尺寸为4毫米，距离30米可以看清楚的最小尺寸为9毫米；宜使位于最偏座席的观众能看到80%的主席台区域。对走道长度的设置可参考表6-6规定设计。与会人数与屏幕大小及其房间长度的关系可参考表6-7（张兵，2018）。

表6-6　屏幕观赏距离

观赏的距离	影像宽度的倍数
最远距离	6.0
绝对最近距离	1.4
更适宜的最近距离	2.0
最佳座席	3.0~5.0

表6-7　与会人数与屏幕大小、房间长度的关系

与会人数	屏幕大小（英尺）	房间长度（英尺）
50	6.0	30
100	7.5	45
200	11.5	60
400	16.5	85
700	24.0	120
1000	30.0	150

7. 地毯布置

会议室需要相对安静的环境。为了达到更好的降噪效果，会议室地面会铺设地毯或安装隔音毯。会议室地毯属于商用办公地毯，一般选用尼龙和丙纶材质的。选用的地面材料一方面要具备隔绝声源和吸声的效果，另一方面要求质地紧密，耐磨耐刮，防污性好，表面平整，方便桌椅的挪动。如果设计的地毯能衬托或者装饰一下会议室的气氛，效果会更好。普通会议室可以用办公类地毯，常用小圈绒系列，颜色可以用蓝色或是带有线条的地毯；可以选方块地毯，铺装方便、易于更换。高档会议室和贵宾室可以选取高档圈绒或割绒地毯（图6-3），绒高1.5厘米左右；也可以定做手工地毯，图案、颜色和尺寸均可按客户的需求定做，但圈绒或割绒地毯的清洁难度较大，成本高。

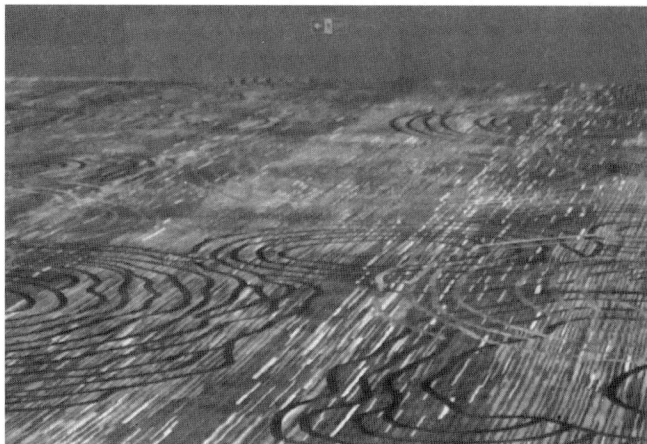

图 6-3　场馆地毯

资料来源：笔者拍摄。

8. 空气调节

会议室应当保持人体舒适的温度和湿度，减少空气污染，提供足够多的氧气，可参考《室内空气质量标准》（GB/T 18883-2002）（表6-8）。人体舒适度指数是从气象角度评价不同气候条件下人的舒适感受，主要取决于气温、湿度与风速。一般建议会议室室温夏季为24℃~26℃，冬季为16℃~22℃；室内相对湿度夏季不高于60%，冬季不低于35%；室内空气流速保持在0.1~0.5米/秒，冬季不大于0.3米/秒（胡平，2013）。

表 6-8　不同类型房间常见的空调系统形式和送风方式

房间类型		空调系统形式				送风方式		
		全空气定风量	全空气整体变风量	全空气末端变风量	风机盘管加新风	顶部送风	上部侧送风	座椅下送风
大型多功能厅		√	√			√		
宴会厅		√	√			√		
公共大厅、登录厅		√	√				√	
剧场式会议厅	观众席	√	√			√		√
	舞台	√					√	
中小会议室				√	√	√	√	
贵宾用房				√	√	√	√	

《展览建筑设计规范》（JGJ218-2010）有更详细的规定（表6-9）。

表6-9　各功能用房空气调节室内设计参数

房间名称	夏季			冬季			最小新风量 [立方米/(小时·人)]
	温度（℃）	相对湿度（%）	气流速度（米/秒）	温度（℃）	相对湿度（%）	气流速度（米/秒）	
展厅	25~27	≤65	≤0.5	16~18	—	≤0.3	15
门厅	25~27	≤65	≤0.5	16~18	—	≤0.3	10
办公室	24~26	≤65	≤0.3	18~20	≥30	≤0.2	30
会议室	24~26	≤65	≤0.3	18~20	≥30	≤0.2	30
餐厅	24~26	≤65	≤0.3	16~20	≥30	≤0.2	20

二、展览场地的布置要点

1. 展览现场分区

对于一项展览活动，场馆一般应具备停车场、人流通道、现场服务中心（报到处、储物区、办证处、临时医疗救助区、咨询台）、安检处、开闭幕式现场、展览现场、新闻信息中心、展览举办方临时办公场所、餐饮区、商务区、洽谈室和临时休息区等。其中，展览现场为展商和观众活动的主要区域。

展览现场一般按观众入场先后次序分为入口处、特装展位区、标准展位区、临时餐饮（或休息）区、卫生间等。入口处装饰物：彩门、彩旗、欢迎牌、吉祥物、会标、会徽、花饰、导视系统。每个活动应有导视系统，包括进入和退出道路。根据导视系统的不同作用，可将其归纳为导览型、指向型和识别型三个类别（张蔓，2019）。展位布置图（带展位编号）应放在入口处。展览现场通常布置植物。绿化在场地设计中的作用：调节温度和湿度、净化空气（吸收二氧化碳和有害气体，滤尘杀菌），降低环境噪声，美化环境，引导现场人员行为。某展览现场的盆景如图6-4所示。

图6-4　某展览现场的盆景

资料来源：笔者拍摄。

展览场地总面积一般为所有展位（展台）净面积的两倍。特装展位区和标准展位区分开布置。展位类型有道边型（单边开口）、墙角型（双边开口）、半岛型（三边开口）和孤岛型（四边开口）。展位搭建要求遵循具体场馆的规定和《展台等临建设施搭建安全标准》。展览场地可按展品、展位类型、展商地理来源、创新产品、企业规模分区。展位现场布局形式一般采用矩阵式：展位位于主通道两边，次通道与主通道平行或垂直，且两端为进出口。图6-5为某展览的现场布局。

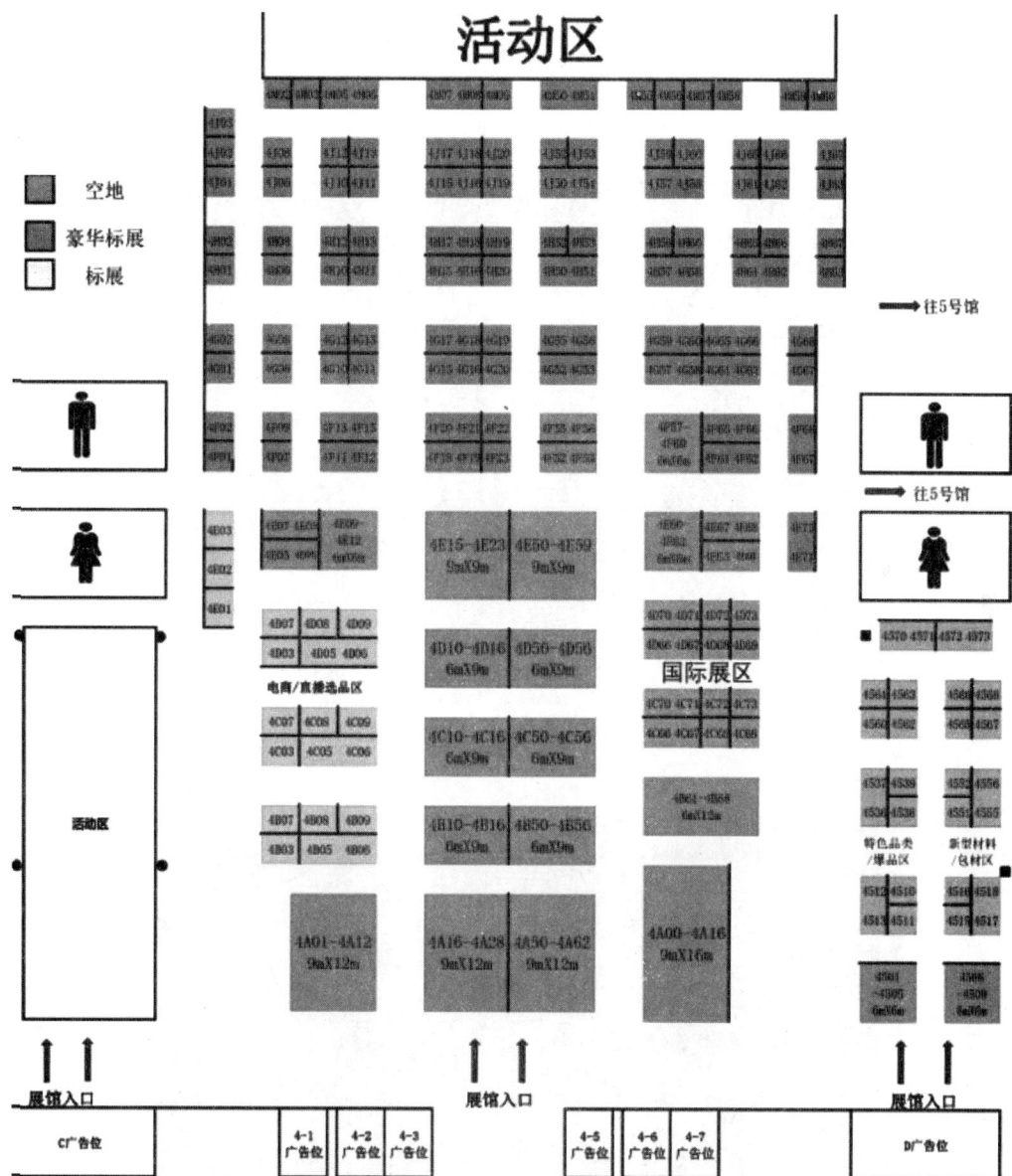

图6-5 某展览的现场布局

资料来源：笔者拍摄。

2. 展览现场布置程序

场馆方在展览现场的工作涉及展位划线、展位（展台）搭建服务商的进出场管理、标准展位搭建、展品进出场管理、地毯布置、现场监控、空调和照明安装等。展位（展台）搭建服务商的现场施工程序包括以下几个方面：检查位置；测量面积；核对图纸；明确电源、水源、电话等设施的接点；划出关键点、线，以便施工有方位基准；将施工材料有计划地堆放在场地；铺电线电缆和管道，铺地毯，并在地毯上覆盖塑料膜；悬挂招牌、文图，放置展具；布置展品，布置问讯台、办公室、接待室，布置花草，揭掉塑料膜，清扫展台。展览现场在展前布置过程中和展览结束时都比较混乱（图 6-6 和图 6-7），尤其需要注意安全和清洁管理。

图 6-6 某展览场馆内混乱的安装现场

资料来源：笔者拍摄。

图 6-7 某展览结束后的现场场景

资料来源：笔者拍摄。

3. 展览现场的地面材料

为防止人员跌倒、减轻人员行走疲劳，减少现场噪声、设计地面导视系统、增加地面美观度和营造现场氛围，各通道地面可以铺设地毯。展览地毯分为三种：普通展览地毯（针刺无纺地毯）、拉绒地毯和圈绒地毯。普通展览地毯一般宽度为1~4米，长度为30~50米，优点是价格便宜，缺点是材料较薄，适合一次性使用。拉绒地毯要比普通展览地毯厚，优点是质量较好，缺点是一次性使用。圈绒地毯的优点是行走舒适度高，缺点是费用较高和不容易清理。展览场地也可以选择使用氟硅弹性地坪。该材料具有以下特性：吸震性能好，缓冲性能良好、吸音性能佳、弹性效果佳、抗冲击力强、色泽鲜艳、防水防渗、耐磨耐刮、耐污抗蚀、经久耐用、健康环保，图案造型美观、工程施工简单、清洁保养容易，经济实用，品质优越。某展览现场的地毯如图6-8所示。

图6-8　某展览现场的地毯

资料来源：笔者拍摄。

第二节　会展场馆的交通管理

良好的交通管理有利于保障活动顺利举行、人员安全和减少碳排放。除了会展活动举办前和活动结束后的后勤交通管理（如涉及现场布置、施工、清场的工作人员和运输车辆的交通管理）外，场馆经营管理方尤其需要重视会展活动举办期间的交通管理。会展活动涉及大量人员在短时间内的聚集和分散。场馆方有必要协助活动举办方做好现场交通方案。会展场馆交通管理方案的主要内容包括：交通需求分析、专用交通和公共交通规划、交通信息发布、应急交通组织等内容（杜营营，2013）。场馆方不能忽略贵宾车辆、媒体采访车辆、消防车辆和急救车辆的交通方案，并且每一场活动的交通方案都可能不同，需要重新制定。

一、会展场馆的交通量分布

会展活动场所是大量人员聚集的场所。在会展活动正式开始和结束时，会展场馆周边道路的交通量都会出现高峰（图6-9至图6-12）（纪英，2007；刘振东，2017）。大型活动交通流的特征：①时空分布不均，具有独特的时空波动特征；②出行目标讫点单一，"多源单汇"交通流特征明显，交通流量方向不均匀系数极大（田苗和谭月，2017）。为减小交通拥堵压力、保障人员安全、缩短通勤时间、确保活动按时举行，会展场馆经营管理方应当主动配合交通管理部门、活动举办方在分析交通需求的基础上制定合理的交通管理方案（杨忠振和陈刚，2007）。

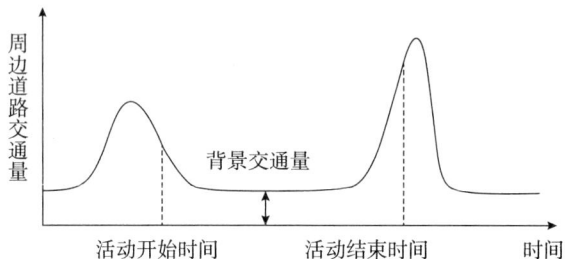

图 6-9   活动参与者分散来、集中走的诱增交通量分布

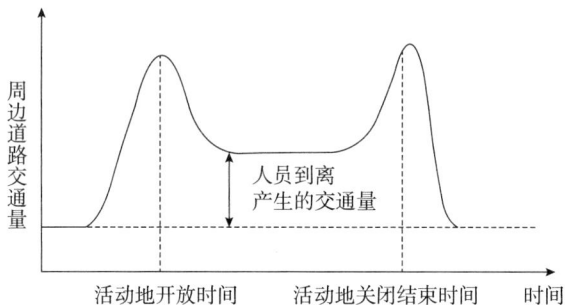

图 6-10   活动参与者分散来、分散走的诱增交通量分布

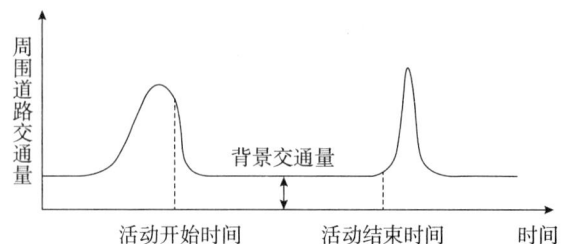

图 6-11   提供一次性服务的大型活动对周围交通的影响

注：提供一次性服务的大型活动是指活动场地有固定座位，能够容纳的最大人数确定，活动期间的参加人数基本不变的活动，如大型会议。与图6-9相同。

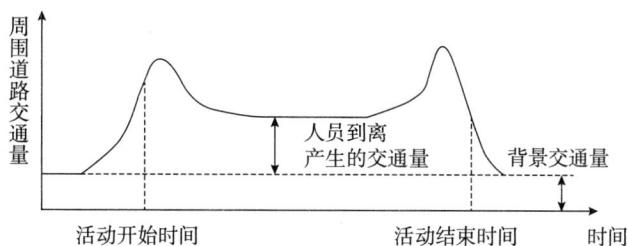

图 6-12 提供长效性服务的大型活动对周围交通的影响

注：提供长效性服务的大型活动是指活动场地没有固定座位，能够容纳的最大人数不确定，活动期间的参加人数随时间变化的活动，如展览活动。与图 6-10 相似。

二、会展场馆的交通管理措施

大型活动人流交通管理面临的关键问题：①人员高密度聚集容易带来安全隐患；②排队等候时间太长容易产生人群骚乱；③特殊需求人群（如残障人士、贵宾）需要差异化服务管理；④如果信息缺失则可能导致人流活动的盲目性（俞梦骁、叶建红、吴娇蓉，2014）。

会展场馆方、活动举办方和交通管理部门应当在活动举行之前调查主要交通枢纽到会展场馆的交通工具、载客量、距离、时间和费用，制定合理的临时交通方案，具体步骤和内容如图 6-13 至图 6-15 所示（刘振东，2017）。特别需要说明会展场馆在举办活动期间的交通需求总量及其时间分布和空间分布，以及主干道和出入口通道的设置。活动举办方应在布展前 30 日通过活动举办地交通管理部门（市、区级）的交通报批手续，并告知场馆方。如活动有布撤展货车、外地货车进入会展场馆，有些城市规定还需要货车通行证。

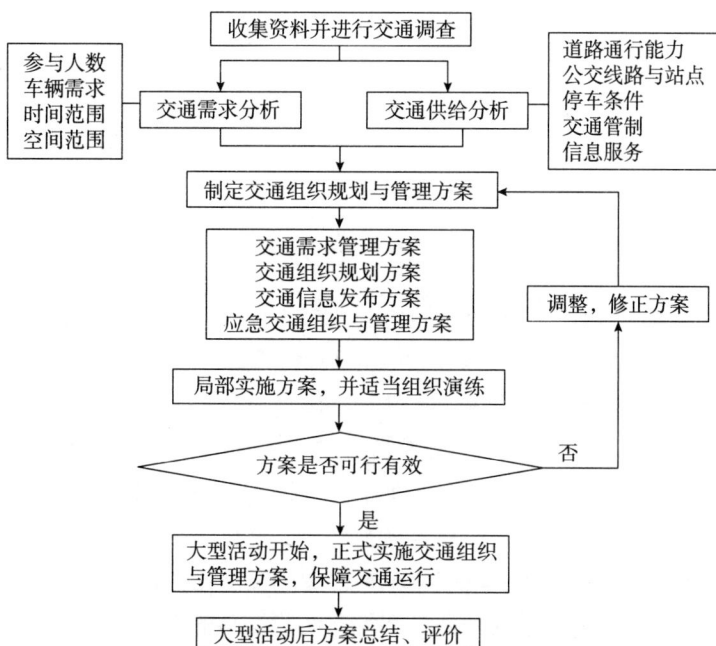

图 6-13 城市大型活动交通应急疏导的组织步骤

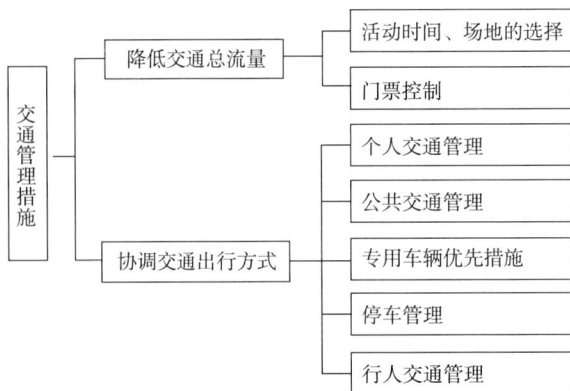

图 6-14　会展活动的交通管理措施

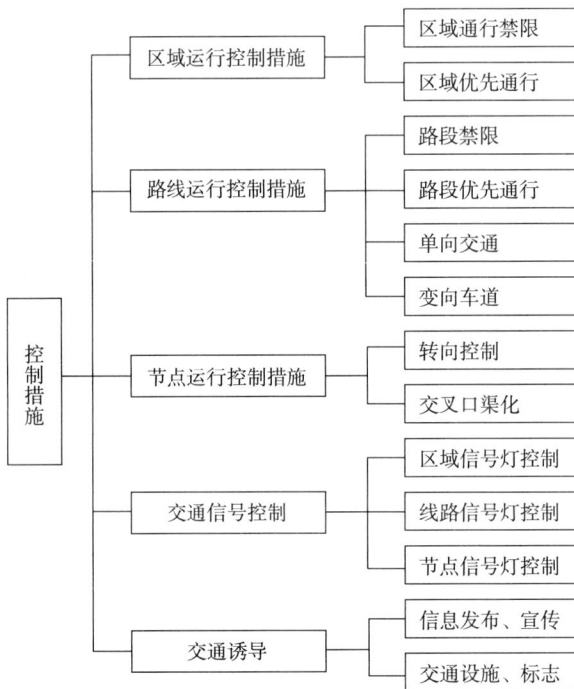

图 6-15　会展活动的交通控制措施

为避免车辆拥堵，德国法兰克福会展中心要求入场企业和人员提前在网上登记车辆及其驾驶员和关联企业的信息，以确保快速、顺利地办理入场手续。Moore（2015）对世界各地的场馆提出了以下交通管理建议：①鼓励远离会场的车辆停放；②使用基于距离而非单纯时间的停车收费；③鼓励拼车；④鼓励使用公共交通工具和自行车到达场馆，如提供打折乘车票，提供免费、安全的自行车停车场；⑤提供方便获取的交通工具信息，如在场馆网站上提供清晰的资料，使这些信息容易被检索，并提供交通工具选项。

此外，会展场馆应安排工作人员维持车辆停放和交通站点的秩序：①在机动车、自行车停放场地，机动车、自行车停放有序；②无非法营运车辆和争抢客源现象；③车辆停靠安全规范；④乘客排队候车，依次上下车。

三、会展场馆的停车场设计

　　会议活动的人员规模比展览活动小得多。因此，会议场馆的停车难问题不是很严重。展览场馆的地面或地下停车位数量与展览场地总面积之比并没有统一的标准。如德国汉诺威会展中心为 10.5 个/100 平方米，中国国际展览中心为 0.6 个/100 平方米。在广东省标准化协会和广东省会议展览业协会 2010 年发布的《展览场馆服务质量规范》（DB44/T 699-2009）中，停车位配比是指展览场馆自有停车位个数与室内展览场地面积之比，建议停车位配比≥0.5%。会展场馆在设计停车位配比时需要考虑场馆固定停车位、临时停车位以及周边可利用停车位的情况。停车场的设计要求包括安放引导标识牌，配备现场指挥人员，设置一定数量的充电桩和专门的行人通道等。具体设计参数见表 6-10。

表 6-10　机动车停车场设计参数

项目 \ 停车方式		平行式	斜列式				垂直式	
			30°	45°	60°	60°		
		前进停车	前进停车	前进停车	前进停车	后退停车	前进停车	后退停车
垂直通道方向停车带宽（米）	1	2.6	3.2	3.9	4.3	4.3	4.2	4.2
	2	2.8	4.2	5.2	5.9	5.9	6.0	6.0
	3	3.5	6.4	8.1	9.3	9.3	9.7	9.7
	4	3.5	8.0	10.4	12.1	12.1	13.0	13.0
	5	3.5	11.0	14.7	17.3	17.3	19.0	19.0
平行通道方向停车带长（米）	1	5.2	5.2	3.7	3.0	3.0	2.6	2.6
	2	7.0	5.6	4.0	3.2	3.2	2.8	2.8
	3	12.7	7.0	4.9	4.0	4.0	3.5	9.0
	4	16.0	7.0	4.9	4.0	4.0	3.5	3.5
	5	22.0	7.0	4.9	4.0	4.0	3.5	3.5
通道宽（米）	1	3.0	3.0	3.0	4.0	3.5	6.0	4.2
	2	4.0	4.0	4.0	5.0	4.5	9.5	6.0
	3	4.5	5.0	6.0	8.0	6.5	10.0	9.7
	4	4.5	5.8	6.8	9.5	7.3	13.0	13.0
	5	5.0	6.0	7.0	10.0	8.0	19.0	19.0
单位停车面积（平方米）	1	21.3	24.4	20.0	18.9	18.2	18.7	16.4
	2	33.6	34.7	28.8	26.9	26.1	30.1	25.2
	3	73.0	62.3	54.4	53.2	60.2	51.5	50.48
	4	92.0	76.1	67.5	67.1	62.9	68.3	68.3
	5	132.0	78.0	89.2	89.2	85.2	99.8	99.8

　　注：1 代表微型汽车，2 代表小型汽车，3 代表中型汽车，4 代表大型汽车，5 代表铰接汽车。

第三节　会展场馆的人流和物流管理

会展场馆的人员和物品移动涉及人流、物流和车流，相互之间密切相关，尤其是物流和车流之间。会展场馆方应当与活动举办方一起考虑人流、物流和车流管理方案，包括流线设计和流线上各服务点的管理方案，特别是密集人群聚集区域的管理方案（史建港，2007；金利和马泽，2009）。人群管理是安全和活动规划的一项关键职能，研究场馆内和场馆周边的人员流动模式，制定可行的管理方法来防止任何地点的过度拥挤（States，2019）。过度拥挤可能降低人员满意度和再次光临的意愿（图6-16）（Mehta et al.，2013）。对人群流动的监控和反应将减少拥挤，提高与会者的体验价值；通过活动组织、疏散和就地避难能更好地实现有效的人员流动，从而减少安全责任。

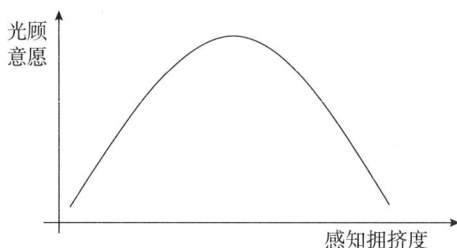

图6-16　人员感知现场拥挤度与再次光临意愿之间的关系

一、会展场馆的人员和货物流线

人员和货物流线是指人员和货物进出场馆以及在场馆内部移动的轨迹。会展场馆的人员和货运流线：参展参会公众人员流线、贵宾流线、工作人员流线和货运流线（图6-17）（中国建筑学会，2017）。流线分析可以帮助场馆管理者掌握人流和货运是否存在移动障碍和安全问题，在沿线设置服务点。通过人员的流线分析，场馆工作人员可以找出人员的服务偏好，提供个性化的服务，从而提高服务水平。场馆管理人员应当对每一次会展活动绘制人员和货物流线，并公开展示。

公众人员流线、贵宾流线、货运流线设置的原则有以下几点：

其一，公众人员流线、贵宾流线、货运流线应尽量做到互不干扰，互不交叉；

其二，公众人员流线应考虑场馆周边公共交通设施到达的便利性，如公交、地铁和出租车停靠站点；

其三，贵宾流线应尽量避开车辆集中区，单独设置流线，宜就近设置停车场；

其四，场馆工作人员流线一般靠近办公场所；

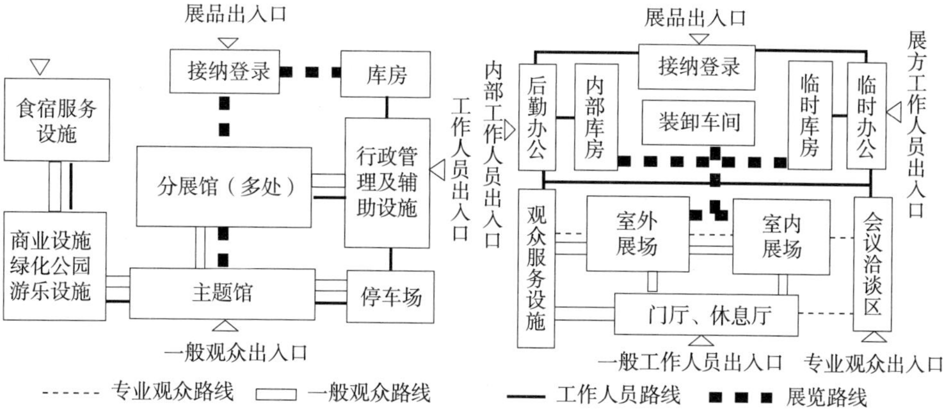

图 6-17 展览场馆的人员和货物流线

其五，为避免受到逆行行人的影响，人群密度增加导致人员或车辆冲撞，应当使进出口分开设置，以及设置右行标志；

其六，公众人员流线上不应出现瓶颈现象、路障和急转弯，避免迂回和交叉。

二、会展场馆人流的服务水平

场馆管理人员应当关注以下事项：与会者到达时间、如何到达以及他们的随身物品；当人们到达时，询问他们乘坐何种车辆（班车还是公共交通工具）、停车位置以及排队时间；人群行为影响因素和人群移动的阶段（States，2019）。人群行为有三类影响因素：①设计因素，如现场区域、不同的空间使用、静止或移动的人群、场地容量、进出流量、正常和紧急情况；②信息因素，如标牌、地图、社交媒体、新闻报道、现场通信系统、正常和紧急情况信息；③管理因素，如过程、步骤、通信系统、指挥系统、正常和紧急状态以及向公共安全负责人传递信息。人群移动行为涉及三个阶段：入口阶段，涉及进入、排队、审查、屏障设计、信息、管理、流速、到达情况、及早发现问题等事项；流动阶段，涉及四处走动、排队、计划、信息（或标牌）、管理、应急计划、危险信号等事项；出口阶段，涉及离开、移动速度、出站时间、集合、正常和紧急情况、危险信号等事项。

会展活动（尤其是展览活动）涉及大量人员在短时间内的聚集和疏散。在主干道和出入口通道，工作人员需要特别关注人流情况，避免人员过度拥挤而出现相互推搡甚至踩踏的现象。通道宽度设计考虑行人肩宽（0.5~0.7米）。通常需要对人员排队和行走的物理、心理和社会层面进行分析。可依据活动总人数、通道长度和总通行时间计算行人流量。通过限流或放流措施来控制行人流量，确定排队等候和正常行走状态下的服务水平（表6-11和表6-12）（吴娇蓉等，2007）。行人流量的计算公式为：

$$q=k×u \quad 或 \quad k=q/u \tag{6-1}$$

其中，q为行人流量［人/（米·分钟）］，k为行人密度（人/平方米）；u为行人速度（米/分钟）。各变量参数选取可参考表6-13（陈杰明，2012）。

表6-11 排队等候状态下行人服务水平

服务水平等级	人均空间（平方米/人）	人均纵向间隔（米）	状态描述
A	>1.21	>1.2	可以站立或自由穿过排队区，不会干扰队内其他人
B	0.93~1.21	1.1~1.2	可以站立或不干扰队内其他人，有限制地移动
C	0.56~0.93	0.8~1.1	可以站立或进行穿过排队区的有限制的活动，但要干扰队内其他人。该密度仍在使人舒适的范围内
D	0.28~0.56	0.6~0.8	站立时，不同他人接触是可能的；队内活动受到很大限制，只能随着人群一起向前走。在这一密度下，长时间等待使人很不舒服
E	0.19~0.28	0.5~0.6	站立时不可避免同他人接触，在队内活动不可能。在这种密度下，排队只能持续很短时间，否则会感到非常不舒服
F	≤0.19	≤0.5	所有排队的人，站立时与周围的人都有直接的接触。在这一密度下极为不舒服；队内不可能有任何活动，拥挤人群中存在潜在的恐慌

表6-12 正常行走状态下行人服务水平

服务水平等级	人均空间（平方米/人）	人均纵向间隔（米）	状态描述
A	>5.58	≥2.7	行人基本在所希望的路线上行走，不受其他行人的干扰而改变自己的行动。步行速度可以自由选择，行人之间不会产生冲突
B	3.72~5.58	2.2~2.7	有足够的面积可供行人自由选择步行速度、绕越其他行人和避免与其他行人的穿行冲突。开始感觉到其他行人的影响，在选择行走路线时也感到其他行人的存在
C	2.23~3.72	1.7~2.2	有足够的面积可供行人选择正常的步行速度和在原方向上绕越其他行人。当有反方向或横穿行人时，产生轻微冲突，速度和流率有所降低
D	1.40~2.23	1.4~1.7	选择步行速度和绕越其他行人的自由受到限制。当存在横向或反向人流时，冲突的概率较高。为避免碰撞，需要经常改变速度和位置。该状态下仍能形成比较流畅的行人流动，但是行人之间还可能出现一定的接触和相互影响
E	0.74~1.40	1.0~1.4	所有行人的正常步行速度受到限制，需要经常调整步子，用于超越行走较慢的行人。横穿或反向行走十分困难，会产生人流堵塞和流动中断
F	≤0.74	≤1.0	所有行人的步行速度受到严重限制，向前走只能拖着脚，与其他行人经常发生不可避免的接触。不可能横向或反向行走，人流极不稳定，空间的排队行人特性多于运动的行人特性

表6-13 行人个体差异特性表

因素	行人速度	个人空间	行人注意力
年龄	成年人正常的步行速度是1.0~1.3米/秒，儿童步行的速度随机性较大，老年人较慢	成年人步行时个人空间要求为0.9~2.5平方米/人，儿童要求较小，老人要求比较大	成年人比较重视交通安全，注意根据环境调整步伐和视线，儿童喜欢任意穿梭

因素	行人速度	个人空间	行人注意力
性别	男性比女性快	男性要求大，女性较小	大致相当
出行性质	工作事务性出行步行速度较快，生活出行较慢	—	工作事务性出行注意力比较集中，生活出行注意力较分散
文化素养	—	受教育程度高的人一般要求高，为自己也为别人；反之则要求低，也不顾及他人	受教育程度高的人比较注意文明走路和交通安全
心境	心情闲暇时速度正常，心情紧张、焦虑时速度较快	心情闲暇时个人空间要求正常，心情紧张时要求较小，焦虑时要求较大	心情闲暇时注意力容易分散，紧张时比较集中
街景	街景丰富时速度放慢，单调时速度加快	街景丰富时要求个人空间小，单调时个人空间大	街景丰富时注意力容易分散，单调时比较集中
交通状况	拥挤时速度放慢	拥挤时个人空间小	拥挤时注意力集中

三、会展场馆密集人群的管理

在某些情况下，人员会出现过度密集和急于通行的情况。原因有两种：其一，人员出于逃生或争抢资源的本能，在缺乏足够安全信息的情况下，往往表现出从众行为，导致大量人员聚集在一个地方；其二，密集人员具有不同的体质、心理特征和文明素质，每个人都会按自己设定的最短路线并以期望的速度前进（表6-14）（王达盈，2016）。在后面走得快的人总想超越、绕到走得慢的人前面去；同时也存在追上挤靠对方，对方就会给自己让路的心理。当行人恐慌时会触发人群产生逆流。这会引起拥挤人群消散的延误时间增加，引起人群产生不耐烦和拥挤推搡，进一步引发人群提高期望速度（图6-18）。最终的结果是疏散效率进一步降低，形成一个恶性循环（陈杰明，2012）。因此，大量密集人群的疏散需要有足够宽的出口来避免人群逆流。

表6-14 不同类型人员的逃生行走速度

人员类型	步行速度（米/秒）		
	看台垂直通道、坡道和楼梯		休息厅、水平通道及出入口
	上行	下行	
成年男人	0.63	0.79	1.32
成年女人	0.52	0.63	1.15
儿童	0.46	0.52	0.92
老人	0.40	0.47	0.81

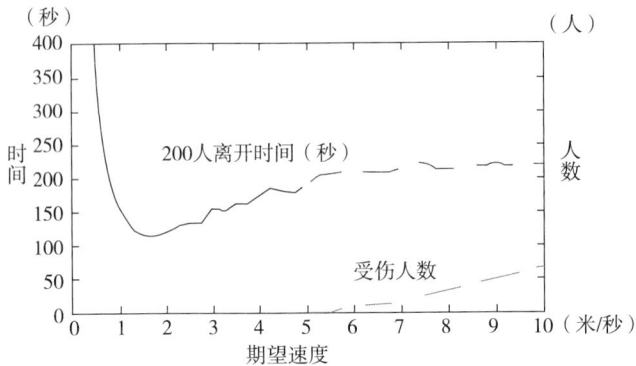

图 6-18　行人流量与期望速度的关系

注：左右纵轴分别表示受伤人数和 200 人离开长宽各 15 米、门宽为 1 米的房间的时间；人群离开房间的时间与期望速度呈"V"形变化；当期望速度大于 1.5 米/秒时，走出房间的人群容易形成"拱形"。

当每平方米的人数超过 6 人时，人群就呈密集状态；一旦人群超过每平方米 7 人时，人们就会出现恐慌性的拥挤。然而从人员开始疏散到人群过度拥挤发生踩踏事件仅仅只有 8 分钟的时间。大量人员涌入狭窄的安全出口，容易形成"拱效应"：当人口密集时，除了许多人从正面有序地进入安全出口外，还会有小部分不遵守秩序的人从两侧插入拥挤的人群，阻碍正面人员的正常流动，使现场更加拥堵。当人群的密度达到一定程度时，越来越多的人会用力向前推挤，可能会使最前面的人突然进入到安全出口并通过，很容易使人群失去平衡乃至跌倒。恐慌人群的从众行为使"拱效应"更容易形成（图 6-19）（陈杰明，2012）。同时，聚集人员将受到自身驱动力、行人之间的相互作用力和行人与外界（如墙壁）之间的相互作用力而被挤伤或推倒踩伤，甚至死亡（Helbing and Molnar，1995）。特别地，出口处人员受到三个方向力量的作用最大（图 6-20），极易受伤。若出口处有台阶或者楼梯，后果将不堪设想。会展场馆管理人员要特别注意检票口、安检点、走廊、通道、坡道、楼梯、自动扶梯或者自动人行道处密集人群的管理。

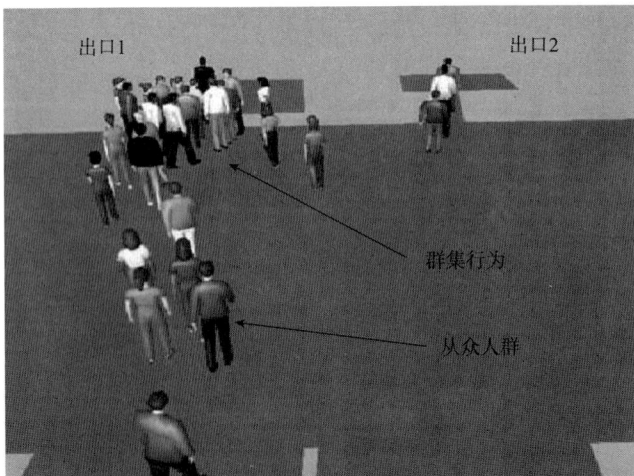

图 6-19　火灾情况下的从众现象

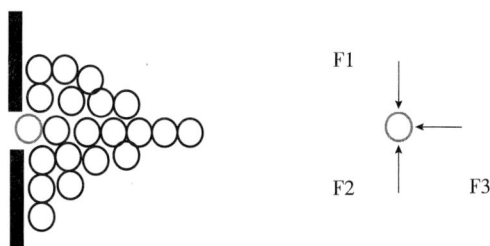

图 6-20　出口处人员堆积及受力示意图

场馆方需要预测人群管理将要面临的挑战、事先培训好员工、准备好工作流程以快速传播具体指示、避免或缓解潜在问题可能带来的危害。密集人群的管理需要遵循领域性原则、趋避原则、从众心理和趋光性原则。领域性原则是指在室内环境中，人际接触根据不同的对象和场合需要保持一定的社交距离。趋避原则是指人们在视野开阔的室内空间中需要寻找"依托物"（如立柱、扶梯、墙壁等）以获得安全感。从众心理是指个体在知觉、判断、认识上表现出符合于公众舆论或多数人的行为方式。趋光性原则是指人们倾向于从暗处向亮处移动，危急时刻尤其明显。

为解决人员过度密集的问题，会展场馆管理人员应当关注以下措施：

第一，在入口处布置蛇形通道、直行通道、拱形通道和远端安检点。在大量人群聚集的情况下，应当优先采用蛇形通道、拱形通道和远端安检点。与直行通道相比，蛇形通道有以下优点：将入口对行人的吸引力分散开来，多数行人视线不直接指向入口，有效降低并统一人群中不同个体的期望速度；通过通道栅栏消除了行人间的横向干扰和拥挤，有效避免来自不同方向的人群聚集；充分利用空间，强行扩大了行人活动的范围，降低且均衡了人群密度，有效避免人群恐慌和成拱现象，但蛇形通道可能减少入口数量。拱形通道通过外围多个入口的安检和验票工作，减弱了内部入口处的成拱压力、提高了人员通行速度。管理人员可以根据内部入口处的人员聚集情况调节外部入口处的人员通行能力。此外，各种类型通道的入口处均可设置单人通行匝道，以方便人数统计和（或）人员验票通行，但可能降低通行速度。入口通道的类型如图 6-21 所示。

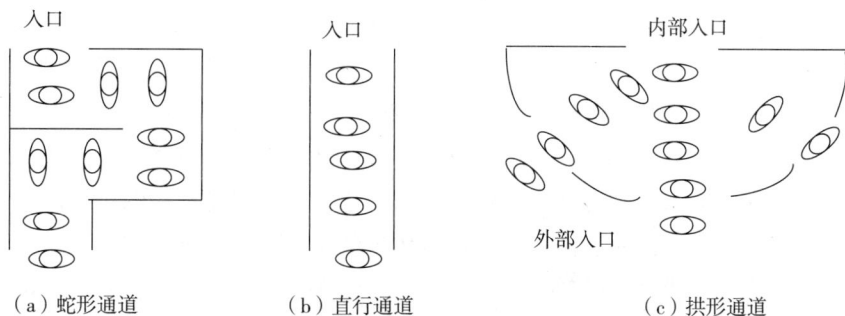

（a）蛇形通道　　　　（b）直行通道　　　　（c）拱形通道

图 6-21　入口通道的类型

为了控制好大型活动的临界人员密度，深圳大运会采取"外围定点集结、集中远端安检、分时分段抵达、多点多路疏散、减少流线交叉"的运行组织模式，能在安全和效率两方面对参加活动的人群进行科学有效的组织（图6-22）（陈杰明，2012）。

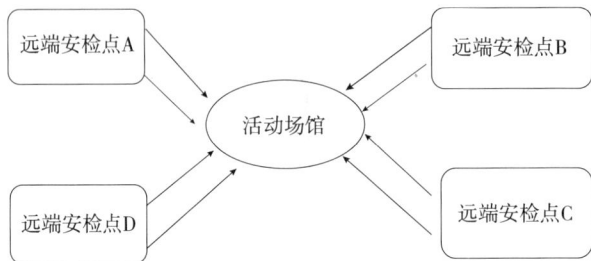

图6-22 活动场馆与安检点分布示意图

第二，遵循密集人群交通组织的原则。①保障外界物体对密集人群的作用力处于一个适当可控的水平。准确预测场馆的最大容纳能力，考虑密集人群的进场、退场方案，预先进行模拟测算进退场的总人数及其时间。封闭空间应尽量避免过于压抑，通道应保持合理宽度，以免使人产生恐慌和急迫心理。大型场馆周边应留足空旷地域（如广场、草坪等），将人群密度在人群等候进、退场期间控制在一定范围内。②合理、均衡地布局对于行人有吸引力的目标点。③有效降低行人的期望速度。可以采取在多处设置引导员、安放交通标志、广播引流、在醒目位置设置人流状况显示屏等措施。④合理布置人员路线和通道宽度。⑤对不同方向的行人实施交通分离。可以使不同方向的行人使用不同的道路，在不同的时间段使用同一道路，通过隔离栅栏对同一道路上、不同方向的行人进行分离。

第四节 会展场馆的环境管理体系及认证

由于人类社会面临的环境问题日益严重，迫于履行环境义务的费用不断升级，北美和欧洲发达国家的公司不得不在20世纪70年代通过环境审计来发现环境管理问题，保证公司遵守环境法规。会议业同样会对环境产生负面影响。会议场馆管理人员、会议组织者和参会者对绿色会议的认知，与绿色会议相关的行为意向预示着绿色会议的重要性。这些会议业的利益相关者计划采取环保措施，遵守会议业务所要求的环境行为准则，为保护环境做出贡献（Mykletun et al.，2014）。2014年，Whitfield等在被调查的191个英国会议场馆中发现：达到最高环境标准的占7%，渴望对环境问题采取积极行动的占36%。中国台北会展中心在场馆环境管理方面也做了大量值得借鉴的工作（如图6-23）。

2012年，《活动可持续性管理体系——要求及使用指南》（ISO 20121-2012）发布。该标准采用系统管理的方法，确定关键的可持续性发展问题，如场馆选择、操作程序、供应链管理、采购、通信、运输等。2015年，我国发布与此对等标准《大型活动可持续性管理体系：要求及使用指南》（GB/T 31598-2015）。活动举办方可以通过"命令控制模

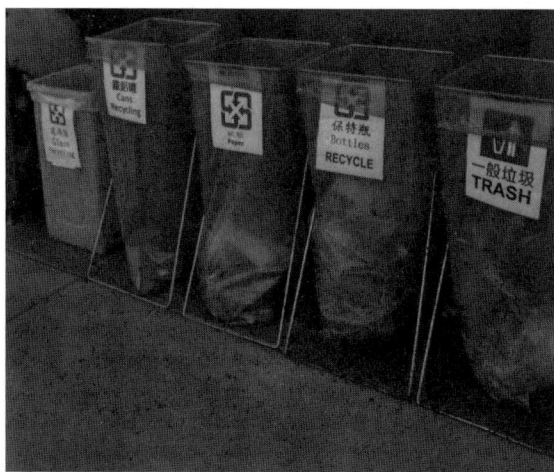

图 6-23　中国台北会展中心的垃圾分装袋

资料来源：笔者 2018 年摄于中国台北会展中心。

式"或"伙伴关系模式"来确定供应商（包括会展场馆）可持续发展的目标。可见，建立绿色（生态）场馆，或者说可持续发展场馆是会展场馆未来的发展方向。会展场馆的现场管理也应当包含环境管理的内容。

一、会展场馆的环境管理

会展场馆的环境是指场馆运行所依赖或影响的外部存在，包括空气、水、土地、自然资源、植物、动物、人，以及它们之间的相互关系。会展场馆的环境管理不应局限于建筑设施设备的维护、公共区域的清洁、人财物的安全，以及活动现场的布置，还应当强调地球生态环境的保护，减少或避免场馆对自然环境的破坏，体现会展场馆对人类社会可持续发展的共同责任和贡献。

会展场馆需要管理环境的理由主要有四个方面：①环境管理有助于提升场馆运营的经济效益，特别是在降低能源消耗方面。有统计数据表明，大型场馆的能源费用支出占场馆总支出的 1/3 左右（李艳丽，2013）。对场馆管理者来说，能源成本和废物处理占据着最大的成本而且最不容易预估。是否节能是绿色场馆的主要评价指标。②人们越来越重视环境问题，客户越来越需要绿色活动。活动举办方对场馆施加更多的压力，要求考虑环境和可持续发展问题。场馆实施的绿色措施以及在这方面取得的经验和成绩成为举办方是否选择该场馆的一个决定因素。③社会将越来越期待场馆做出绿色经营管理的表率。无论在哪里，场馆及其经营活动都能被完全看到，并受到当地社会高度的关注。同时，场馆通常是由政府投资和运营的，所以场馆也承受着要在这个领域担当模范的压力。④随着全球许多地方的政府和团体不断加强对企业经营活动的管理，规范其对环境和社会的影响，与环境和可持续发展有关的所有问题将会逐渐变成法律问题。

绿色（生态）场馆作为一种全新的发展目标和模式，已逐渐得到世界各国会展业从业人员的认同和接受。这将影响到场地管理的许多方面：从场馆运营和环境控制措施到新场馆的设计和建造，甚至如何推广和销售场馆等各方面。场馆营销人员可能需要花更多的时间与客户一起工作，确保他们在场馆所在城市举办活动时，其做法能够符合当地居民对可持续发展的期望。许多领导潮流的会展场馆通过减少能源、水以及产生的废物实现了成本节约；同时在进行营销活动时将自己定位于绿色场馆，赢得了独特的市场竞争优势。除了重视多元文化和对儿童的特殊照顾外，德国汉诺威会展中心将可持续性发展报告作为自己的社会责任，自 2018 年起开始采购经过认证的可再生能源企业生产的电力，尽量减少对环境的负面影响。洛杉矶会展中心的绿色倡议包括：节能与可再生能源，节约用水，回收与废物分类，可持续产品采购，教育与沟通，替代运输六个方面的内容。

会议场地应具有环境政策和行动计划，其范围包含：可持续性采购、节能、餐饮服务、交通运输和废弃物处理。会议场地应该对其工作人员提供增进环保意识的培训课程。同时，尽可能地将会议活动产生的所有废弃物分类（如纸张、塑料、金属、有机物），垃圾桶应摆放在容易看到的地方。目前，欧美发达国家会展场馆环境管理方面的先进做法：对所有垃圾进行称重；鼓励参会者多使用楼梯、少使用电梯来减少能源的消耗；提供尾气排放少的车队，供参会者在场馆、酒店、机场和火车站之间穿梭使用；对车辆运输距离和所使用的汽油量进行统计；使用可回收材料制成的纸张；餐饮公司在设计菜单时，多数食物原料由本地供应；增加会议和展览活动中再利用的印刷品数量。

可持续发展对组织的基本要求是：减少能源使用或需求，促进可再生能源的使用，抵消与能源使用相关的碳排放，确保活动中利益相关者的健康、安全和舒适。由此，会展场馆应当根据本地条件制定更为先进的能源消耗定额。2019 年，山东省机关事务管理局发布《场馆机构能源消耗定额标准》（DB37/T 3780-2019）。该标准规定了场馆机构能源消耗定额的术语和定义、定额指标、能耗统计范围、计算方法、节约能源的管理与技术措施，适用于文化、体育、科技类场馆机构的能源消耗量的计算与考核。2020 年，山西省直属机关事务管理局和山西省标准化研究院起草《场馆机构能耗定额》（DB14/T 2004-2020）。会展场馆可以参照这些标准制定当地的能源消耗定额。

会展场馆管理者应当坚持 3R 原则，即减少使用（Reduce）、再利用（Reuse）和循环使用（Recycle）。3R 原则是循环经济（可持续发展的表现之一）的基本原则。近年来，国外办展中提出的"6R 原则"也与场馆管理有关（姚鲁杰，2004）。①尊重原则（Respect）：就是一种尊重自然的理念和思维的方式。比如每个展馆面积最好控制在 1 万平方米左右，尽量不要设计为透明玻璃建筑物，减少制冷、供热及维护等花费。②使用可再生材料和新材料原则（Renew）：尽可能多地使用可再生性材料，鼓励对新材料、新产品和新技术的使用。③可再利用和可循环利用原则（Reuse and Recycle）：尽量多地使用"可再利用和可循环利用的材料"。德国展览协会（AUMA）建议尽可能采用可以重复使用的方块形拼叠地毯。④减少废弃物和污染物原则（Reduce）：强调减少施工对环境的负面影响，包括减少使用对人的健康有害的物质。⑤加强记忆和教育原则（Remember）：对可持续发展的宣传，包括理念的更新，要有全社会的积极参与和支持，对活动组织者、参展者和各项服务的承包商采用强制或教育方式贯彻可持续发展理念和环保意识。如德国法兰克福展览公司把每平方米 2 欧元的环保费作为参展的一项费用，让所有的参展者和各项服务承包商把节约能源、减少环境污染作为必须考虑的经济问题。可见，6R 原则本质上是包含 3R 原则的。

目前，会展场馆实施环境管理也面临多种障碍。Chan 等（2019）调查了沿海大湾区 11 个经过绿色认证的会展中心，将其环境管理工作分为"能源""空气和水""行政管理"三大类 59 种，发现会展场馆不愿实施环境管理的原因：①实现创新和有效的管理需要大量资金、先进技术和长期投入；②会展中心经理的聘用期根据合同条款仅有几年，他们对环境管理计划不感兴趣；③建议绿色团队处理相关问题。Lee 等（2021）对 136 名亚洲会议场馆高级管理人员的调查表明：改善场馆的公司形象是管理团队开展可持续实践活动的主要驱动因素，而资源匮乏是主要障碍，并且驱动因素和阻碍因素在不同规模会议场地中存在显著差异。

二、会展场馆的建筑和环境管理体系认证

世界各国纷纷制定自己的绿色建筑认证标准，如 LEED（美国）、BREEAM（英国）、CASBEE（日本）等。国际会议中心协会（IACC）倡导"绿星场馆认证"①，制定了严格的可持续发展准则，包括以下领域的 60 条原则：教育、意识和公共宣言；废物管理；回收；再利用；节水；采购；能源管理；空气质量；食品和饮料。

我国也有绿色建筑认证，是依据《绿色建筑评价标准（2014 版）》《绿色建筑评价技术细则（试行）》和《绿色建筑评价标识管理办法（试行）》等文件确认绿色建筑等级并进行信息性标识的一种评价活动。国内绿色建筑评价指标体系由"节地与室外环境""节能与能源利用""节水与水资源利用""节材与材料资源利用""室内环境质量运营管理（住宅建筑）"或"全生命周期综合性能（公共建筑）"六类指标组成，绿色建筑等级分别为一星级、二星级、三星级（最高级别）（图 6-24）。

根据 ISO 14001 的定义，环境管理体系是一个组织内部全面管理体系的组成部分，包括为制定、实施、实现、评审和保持环境方针所需的组织机构、规划活动、机构职责、惯例、程序、过程和资源，以及组织的环境方针、目标和指标等管理方面的内容。《活动可持续性管理体系——要求及使用指南》（ISO 20121-2012）指出：影响环境和经济的活动包括水的消耗、固体废物的生产、能源消耗、对生物多样性的影响、员工和供应商的选择等。组织也应当针对这些方面建立相应的管理内容。环境管理体系实施的过程涉及环境承诺（方针）、方案实施、绩效评价和改进，立足于全员意识、全员承诺、全员参与，系统化和规范化的管理。

ISO 14001 是关于环境管理方面的一个体系标准，融和了世界上许多发达国家在环境

---

① 参见 IACC 官网。

管理方面的经验而形成的一套完整的、科学的、操作性强的体系标准。我国新版《环境管理体系——要求及使用指南》（GB/T 24001-2016）等同于国际标准《环境管理体系——规范及使用指南》（ISO 14001-2015）。环境管理体系标准要求对企业生产全过程进行有效控制，减少污染的产生、排放和对环境的影响，从而节省支出，降低成本，获得显著的经济效益。国际上普遍推行环境管理体系标准认证。

"地球评测"（Earth Check）是一个专为旅游业而设的国际环保管理体系认证，1987年在澳大利亚发起。该认证标准包括以下各方面：可持续发展政策、水资源利用、纸张利用、能源利用、废物管理、杀虫剂使用、清洁和消毒产品使用以及与当地社区的融洽度。墨尔本会展中心（MCEC）通过 Earth Check 进行的年度基准评估和认证，并获得了金牌认证（图6-25）。

图6-24　绿色建筑标识（三星级）
资料来源：文档网。

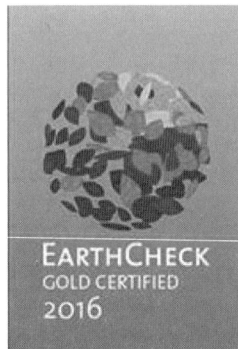

图6-25　Earth Check 认证（金奖）
资料来源：MCEC 会展中心官网。

推行环境管理体系认证和绿色建筑标志认证——尤其是国际环境管理体系认证是实施生态场馆可持续发展战略的重要措施。会展场馆环境管理体系认证的好处：节能降耗，降低成本；提高生态场馆环境管理水平，减少环境责任事故的发生；塑造良好的企业形象和信誉，增强场馆的市场竞争力；走上国际化与规范化的轨道，是进入国际会展活动市场的通行证；有利于企业良性和长期发展。在国内环境意识日益提高的情况下，政府相关的环境管理法律法规日趋严厉，场馆认证也是招标项目中常见的投标要求之一。

此外，《活动可持续性管理体系——要求及使用指南》（ISO 20121-2012）通常用在会展活动的可持续性管理体系认证上，但也有场馆（特别是举办会展活动的场馆）取得该管理体系认证。如法国会展公司巴黎展览馆集团（Viparis）在2013年把 ISO 20121 认证加入到企业社会责任政策中，成为第一个所有场馆及业务活动都取得认证的企业。2014年，由中国台湾贸易中心主办的国际绿色产品展，其执行单位南港展览馆也已导入 ISO 20121 可持续性管理体系标准，并通过第三方认证。

本章小结

　　会展场馆的现场管理可以采取众所周知的5S管理法。然而，会展场馆的现场管理总是和会展活动密不可分的，会展场馆经营管理方需要和会展活动举办方共同制定和实施现场服务方案。重大的或首次举办的会展活动需要通过预演来提前发现现场管理可能存在的问题。会议场地和展览场地的布置影响参与者的服务体验，在许多方面是不同的。在会展活动的开始和结束时间，会展场馆周围的交通量会出现峰值。在紧急情况下，大量的人涌入狭窄的安全出口，容易形成"拱效应"，从而造成人员伤害。会展场馆管理人员应当会同活动举办方制定合理的交通方案。由于活动参与者地域来源以及城市公共交通设施的差异性可能较大，适度规模停车场的设计目前仍然是一个难点。会展场馆也要会同活动举办方制定人流和物流流线，特别是加强人流服务水平和密集人群流动的管理。迫于市场和法律的压力，越来越多的会展场馆开始重视环境管理体系的建设和绿色建筑、环境管理体系的认证。

关键词

　　会议场地布置，展览场地布置，现场分区，交通量分布，交通管理措施，交通控制措施，人员流线，货物流线，停车位配比，拱效应，蛇形通道，拱形通道，过度拥挤，行人流量，人流服务水平，场馆环境管理，绿色（生态）场馆，环境管理体系认证

本章作业

1. 会议场地布置的要求有哪些？
2. 展览场地布置的要求有哪些？
3. 编制会展场馆交通方案需要考虑哪些因素？
4. 试述会展场馆人流和物流流线的设置原则。
5. 如何确定会展场馆人流的服务水平？
6. 会展场馆密集人群的管理原则和关键措施是什么？
7. 会展场馆环境管理的意义有哪些？
8. 案例分析：

　　阅读以下案例，根据可持续发展原则，深圳国际会展中心还可以在哪些方面将环境管理做得更好？

深圳国际会展中心的环境管理

2019 年建成的深圳国际会展中心（Shenzhen World）一期工程致力于打造全新一代绿色展馆和智慧展馆，是全球首个通过三个绿色场馆标准认证的展馆：国家绿色建筑二星级（同类型国内首例），美国 LEED-NC 金级（会展类世界首例），英国 BREEAM 三星级（会展类世界首例）。据其官网报道，会展场馆采取的可持续发展措施有以下三大类：

一、打造最节能、最节水、最节材、最低碳的世界一流展馆

通过优化围护系统+空调系统+照明及设备系统，实现项目单位面积能耗约 70.98kWh/m² · a（每平方米年均耗电量），仅为美国同类建筑能耗的 46%，远低于深圳市大型公共建筑平均年能耗。通过优化雨水收集回用+市政中水+节水器具，每年降低市政用水 42.21 万吨，雨水替代率 3.1%，超过《深圳市海绵城市专项规划》近期目标。通过优化全钢结构+地上综合管廊+可回收材料，降低施工费用（约 1470 万元）和建筑主体结构的运营维护费用。通过"LEED+BREEAM"认证的全生命周期评估，碳排放指数为 $12kgCO_2e/m^2 · a$（每平方米年均碳当量），生态影响因子大大低于国际标准。

二、四大绿色技术板块护航可持续发展

最大程度利用绿地净化径流、满足雨水回用需求、局部适宜地面采用透水铺装、局部适宜屋顶设置绿色屋顶；下沉式绿地、雨水花园、透水混凝土、绿色屋顶、雨水回用池；分布式冷站、大温差送冷，冷冻循环水量大大减少；一级能效变频式冷水机组，调节灵活，按须取冷；高压供电，降低启动和运行电流，节能省钱；水蓄冷措施，主机高效节能运行；避免冷水机组频繁变频，降低设备损耗；高大空间分层空调，舒适节能；结合功能设置独立控制系统；设计过渡季全新风运行工况，生态环保；传感器反馈 CO_2 浓度，精准调节新风；高效 LED 灯具，视觉舒适度高于传统 LED 灯 56%；照明功率密度设计值低于标准值 60% 以上；控制讯号线与控制设备并接，智能寻址，同时电源线与讯号线同管分布，有效减少管线材料的使用；逐灯控制，满足多功能场景；高效 LED 灯具节能 75%，年节电量可达 220 万度；高强钢筋比例 100%，高强钢材比例 98.5%；可再循环材料比例约 15%；构件"BIM 下单，工厂预制"；预制清水外挂墙板；减少现场湿作业，节约费用与工时；地上综合管廊：减少挖方 21 万平方米，便于安装，节省工期；明装敷设，综合集中排布，方便后期维护；太阳能+LED 照明，安全节能；办公区雨水收集、基坑降水回用；混凝土内支撑回收加工，用于地平回填，循环利用材料；全场自动喷洒防尘，裸土覆盖；巧妙运用水蓄冷量，实现不同冷负荷比例下制冷机组平稳运行；25% 冷负荷下，无须开启智能机组，蓄冷承担全部空调任务。

三、采用 52 项绿色建筑技术

整体设计上采取：地下空间综合开发，管网防渗漏，太阳能系统建筑一体化，水蓄冷，透水铺装，雨水花园，雨水收集与处理，再生水回用，海绵屋顶，本土植物及复层绿化优化配置，场地风环境优化，场地噪声污染防治，场地光污染防治，垃圾分类收集。建筑本体上采取：建筑外遮阳，围护结构节能分析，隔热设计，局部空间溶液除湿，空调末端独立控制，大温差送风送冷，高强度钢材利用，节水器具使用，综合能耗分析，结构体系优化，电梯节能（DC-DC 电源、无齿轮牵引机）。室内环境上采取：室内空调气流组织分析，座椅送风，中央廊道物理环境优化，空调部分负荷高效运行控制，墙体、门窗、室内构造隔声、吸音降噪、声掩蔽、声学模拟分析，设备降噪，室内自然通风优化，室内污染物控制，采光优化设计，室内环境质量在线监测，高效 LED 照明，DALI 调光技术，建筑智能化集成。建造运营上采取：地上综合管廊技术，BIM 技术，可周转模块应用，混凝土、砂浆回用，太阳能+LED 照明，基坑降水回用，办公区雨水收集，自动喷洒防尘技术，分类分项计量技术，能耗水耗监测平台，对外开放展示平台，云会展。

推荐阅读资料

［1］陈杰明. 基于社会力模型的大型活动中密集人群交通组织研究［D］. 长沙：长沙理工大学，2012.

［2］刘振东. 城市型大型活动交通应急疏导研究［D］. 天津：天津大学，2017.

［3］田苗，谭月. 大型会展项目综合交通规划研究——以中国西部国际博览城区域交通规划为例［J］. 四川建筑，2017，37（1）：16-19.

［4］吴娇蓉，叶建红，陈小鸿. 大型活动场馆参观人流服务水平分级研究［J］. 同济大学学报（自然科学版），2007，35（6）：850-855.

［5］Chan W W，Mak B，Lee D C，et al. A Framework of Environmental Mitigation for the Convention and Exhibition Centers in the China Greater Bay Area［J］. Journal of Convention & Event Tourism，2019，20（1）：44-63.

［6］Moore R. Venue Transportation Management：An Analysis of Transportation Management Plans in the City of Vancouver［J］. Journal of Fluorescence，2015，25（5）：1-18.

［7］Helbing D，Molnar P. Social Force Model for Pedestrian Dynamies［J］. Physical Review E，1995，51（5）：4282-4286.

第七章
会展场馆的安全与应急管理

安全第一还是经济效益第一?

第一节　会展场馆的风险与安全管理

刘晓广、郝静、巩隽等（2017）认为：会展场馆的风险包括突发事件风险、营销风险、人力资源风险、财务风险、法律风险和合作风险。会展场馆的风险可能危及场馆的经营安全以及场馆使用者的人身和财产安全。会展场馆也需要为自身的安全管理承担一定的法律责任。因此，会展场馆应当采取合理措施加强安全管理。

一、会展场馆的风险和安全

根据《活动可持续性管理体系——要求及使用指南》（ISO 20121-2012）的定义，风险是不确定性的、与预期结果的正向或负向偏离，通常表示为事件后果（包括环境变化）及其发生的可能性。多数情况下，风险是指组织或人员发生的不确定性损失，包括损失发生的可能性及损失的大小。

按是否会带来经济损失，风险可分为经济风险和非经济风险；按风险是否可以分散，风险可分为可分散风险和不可分散风险；按潜在的损失形态，风险可分为财产风险、人身风险、责任风险和信用风险；按损失形成的原因（即风险因素或风险事故），风险可分为自然风险、社会风险、经济风险和政治风险；按风险因素来源，风险可分为组织内部风险和组织外部风险。风险事故是造成风险损失的直接原因，而风险因素是造成风险的间接原因。

总部设在美国的国际场馆管理者协会（IAVM）将会展场馆的风险划分为 5 个等级。1 级属于低风险，对场馆的威胁最小；2 级为谨慎级风险，对场馆的威胁为中等；3 级为较高风险，对场馆的威胁较高；4 级为高风险，对场馆的威胁高；5 级为严重风险，对场馆的威胁最高，以至于需要关闭场馆，取消活动。

安全是免除了不可接受的损害风险的状态，即具体对象没有受到较大威胁、危险、危害、损失的状态。安全和风险都涉及危险性问题。风险是可能危及安全的因素。风险管理的目标就是要以最小的成本获取最大的安全保障。风险管理和安全管理在很大程度上是重叠的，但安全管理的范围通常更大。本书重点阐述安全管理。普遍认为，影响会展场馆及参展、参会人员安全的因素有以下几种：

1. 消防事故

因火灾导致人员伤亡或财产损失。2005 年 2 月，迪拜购物节的中国展馆发生火灾，馆内 120 余家店铺中有 110 多家被烧毁，起因是与中国馆毗邻的尼泊尔馆发生火情。尽管展览现场备有 40 辆消防车，消防人员也很快到位，但由于风大，加之馆内商品大都为易燃物品，火势迅速蔓延，不仅烧毁了中国馆，中国馆另一侧的约旦馆也基本上毁于大火。2008 年，昆明某农产品展销会因临时电线引起火灾导致 14 伤、900 万元损失。2010 年，石家庄某车展因照明短路引起火灾，导致 33 伤、6200 万元损失。2010 年深圳某大型促销会也因同样原因导致 26 伤、1500 万元的损失。

2. 食品卫生和疾病

因食用有毒、变质、污染或过敏食品导致人员身体不适或救治，以及活动现场人员突发疾病。2018 年，桂林某酒店举办学术会议，来自全国各地的参会者逾 680 人。在参加晚宴的 500 人中，有上百人因食物中毒被送往医院。参会者改签机票、车票、治疗和补偿的费用最终由该酒店报销。

3. 人员拥挤踩踏

由于密集人群管理不当，导致现场人员相互推搡拥挤，甚至出现踩踏伤人或死亡事件（李俊英，2016）。2006 年，杭州丝绸新品服装展销会散发的宣传单称，展销会前三天将免费赠送 1000 件服装。当排队人数接近千人时，促销人员声称只发放 300 件，排在后面的将领不到服装。排队人群开始向前拥挤，致使一名 50 多岁的妇女摔倒，一名 30 岁左右的女子双手被挤倒的栅栏夹伤，一名 10 多岁的女孩腿部扭伤。

4. 自然灾害

自然灾害如地震、洪涝、雷击、暴雪、台风等灾害。2006 年 2 月，波兰卡托维茨国际博览会展厅坍塌。在这场灾难中共有 67 人死亡，140 多人受伤。事故原因是房顶积雪超过了安全限度，间接原因是建筑设计、结构、材料不当，室内外温差大而导致屋顶材料脆化等。当时展厅内为零上 20 摄氏度，而室外是零下 15 摄氏度。

5. 财产损失

财产损失包括展品安全和个人财产安全。上海某国际博览中心曾出现在展位搭建、拆除期间发生多起拎包盗窃案件。嫌疑人使用口罩、帽子等工具全副伪装，在监控死角伺机实施偷窃，通过展馆的特殊通道迅速离开。后经浦东公安分局刑侦支队会同陆家嘴分区指挥部、世纪广场治安派出所通力合作，成功捣毁这一拎包盗窃犯罪团伙，抓获犯罪嫌疑人 4 名。2004 年，在第四届上海国际珠宝展览会上，一枚价值 100 多万美元的钻石不翼而飞，同时丢失的还有四五万元的人民币现金和一部手机。

6. 工程事故

此类事故多数由展台搭建引起。2005 年，西安某展销会因临时展台倒塌致使 1 死、59 伤、1358 万元损失。2011 年，合肥某展销会因临时建筑倒塌致使 1 死 17 伤、3240 万元损失。2017 年，武汉一会展中心布展现场展架倒塌，上海某电子展布展期间某企业的展台突然倒塌，上海某纺织面料展开展第二天展台发生倒塌。

7. 战争和暴力事件

战争和暴力事件包括恐怖袭击、群体事件（对抗和示威游行）、个人极端行为。据叙利亚当地电台沙姆调频（Sham FM）报道，2017 年当地时间 8 月 20 日下午，正在举行大马士革国际博览会的场地遭到反政府武装组织的炮击，导致 6 人死亡、4 人受伤。所幸博览会每日开展时间为下午 5 点至晚上 11 点，袭击时并非人群聚集时期。2017 年，某市会展中心发生一起枪击案件。犯罪嫌疑人闯入会场，对参会领导连续开枪射击后自杀身亡。

8. 会议保密和展览知识产权保护问题

在一些服务要求较高的会展场馆，管理者非常重视对会议内容的保密，以及对展商展出产品的知识产权（专利权、商标权和著作权）进行保护。2017 年，某报社编务室人员任某在参加涉密会议时，违规使用手机录音。案件发生后，有关部门给予任某警告、记过处分。2003 年，某国际建筑贸易博览会主办方收到两家公司的公函，声称有十几家参展企业的产品侵犯了他们的专利权，要求主办方给予妥善处理，否则将申请法院进行证据保全、进场扣押被控侵权企业的参展产品。

9. 地滑跌倒

地滑跌倒可能导致摔伤。2017 年，刘某在办公楼开会途中滑倒受伤，致使其左胫骨和左后踝骨折，被认定为工伤。美国休斯敦洲际酒店的安保主任 Stan Alexander 认为：如果参会者不幸滑倒，他的心情马上会跌到谷底，这一天都会过得很郁闷。

10. 场馆设施、设备故障

日本东京国际会展中心一架从 1 楼直通 4 楼的上行自动扶梯曾突然停止并逆行，导致部分乘客摔倒，其中 10 人被送往医院接受治疗。

周铁军和林岭（2007）把会展场馆的安全因素分为火灾、自然灾害、城市突发公共卫生事件、恐怖袭击与突发事件、其他相关因素共五大类、三个层次的因素（表 7-1）。管理人员可以对各因素设立权重，在现场调查的基础上确定针对各因素的措施表现，得出场馆总体安全指标或安全等级。特别需要指出的是，会展场馆的安全评估包括活动前、活动中和活动后三个阶段。

表 7-1　重庆国际会议展览中心安全评价因素

第一层因子及变量名	第二层因子及变量名	第三层因子及变量名	第一层因子及变量名	第二层因子及变量名	第三层因子及变量名
火灾 A1	被动防火系统 B1	防火分区与防烟分区设计 C1	城市突发公共卫生事件 A3	给排水问题及垃圾处理 B8	给排水设计 C37
		耐火等级 C2			水箱定期检修消毒状况 C38
		消防通道 C3			上下水管道的选用及密封性能 C39
		防火间距 C4			建筑供水状况 C40
		防火门、防火卷帘（防火分隔）C5			垃圾回收与处理 C41
		通风与空调系统的防火设计 C6		空调系统与自然通风问题 B9	新风量 C42
		楼面火灾荷载密度 C7			空调定期清洗消毒情况 C43
	主动防火系统 B2	火灾自动探测报警与自动灭火喷淋系统 C8			自然通风、采光状况 C44
		消火栓系统与轻便消防器材 C9			空调冷凝水的排放 C45
		防排烟系统 C10	恐怖袭击与破坏事件 A4	爆炸袭击 B10	建筑周围物理防护措施（柱桩、花池等隔离物）C46
		距消防站距离 C11			建筑与周边交通工具可达区域的距离 C47
		外部消防取水口分布 C12			地下室的使用方式 C48
	安全疏散 B3	安全出口数量、位置、密度及宽度 C13		化、生、核袭击（CBR）B11	通风与空调系统的新排风口位置 C49
		安全疏散距离（水平、垂直）C14			通风与空调系统机房的安全保卫 C50
		疏散楼梯间设计 C15			敏感区域的相对独立性（通风空调系统、房间位置的独立性。如邮件收发室、大厅、储藏室、后勤入口）C51
		事故广播与诱导系统 C16			
		应急照明与安全疏散指示标志 C17			
	消防管理 B4	消防管理规定 C18			
		电器设备的防护与定期维修 C19			

续表

第一层因子及变量名	第二层因子及变量名	第三层因子及变量名	第一层因子及变量名	第二层因子及变量名	第三层因子及变量名
火灾 A1	消防管理 B4	工作人员的防灭火知识技能 C20	恐怖袭击与破坏事件 A4	其他 B12	安全警卫 C52
		专职值班 C21			安全检查措施及设备 C53
		义务消防队 C22			建筑室内外报警及电子监控系统 C54
自然灾害 A2	低质因素 B5	场地坡度 C23	其他相关因素 A5	周边环境总体情况 B13	建筑所处的地理区位 C55
		场地周围有无高切坡 C24			车行及人行流线 C56
		护坡措施 C25			场地设计及安全照明 C57
		基岩特征、土层性质和厚度 C26			平面布局 C58
		地基承载力 C27			景观及城市设计 C59
		地下隐患（防空洞、自然坑洞等）C28			标示系统及避难场所 C60
	地震因素 B6	抗震设防级别 C29		建筑自身基本情况 B14	现状总体质量 C61
		楼层荷载设计值（静、活）C30			建筑结构形式 C62
		建筑体型 C31			建筑使用性质 C63
		建筑高度 C32			建筑层高 C64
		抗震设防措施 C33			建筑等级 C65
	气象因素 B7	风闸效应 C34			建筑占住情况 C66
		大雾、酸雨 C35			建筑内部人员分布状况 C67
		防雷措施 C36			建筑使用频率 C68

二、会展场馆安全管理的法律责任和保险

许多国家的法律中规定有经营场所责任。经营场所责任（Premises Liability）是指场所所有人如为经营业务而允许公众进入，则须就公众因该目的在该场所中因意外、疏忽或第三者的故意有害的行为所造成的人身伤害，以及由于该场所占有人未能采取合理的谨慎措施而造成的人身伤害，承担法律责任。经营场所责任本质上是为了保障消费者的安全。我国法律中也有经营场所责任的相关规定。会展场馆属于公共场所，绝大部分也属于经营场所，涉及的安全管理法律责任主要有安全生产责任、公共场所管理人侵权责任、公共场所卫生管理责任和公共场所治安管理责任。

1. 安全生产责任

《中华人民共和国安全生产法》指出：安全生产工作应当以人为本，坚持安全发展，坚持安全第一、预防为主、综合治理的方针，强化和落实生产经营单位的主体责任，建立生产经营单位负责、职工参与、政府监管、行业自律和社会监督的机制。

根据《中华人民共和国安全生产法》第四十六条规定，生产经营项目、场所发包或者

出租给其他单位的，生产经营单位应当与承包单位、承租单位签订专门的安全生产管理协议。此条款还专门提及，生产经营单位对承包单位、承租单位的安全生产工作统一协调和管理，定期进行安全检查。生产经营单位确实没有签订"安全生产管理协议"，租赁合同中也没有约定安全生产管理职责，未建立事故隐患排查治理制度的，责令限期改正，可以处十万元以下的罚款；逾期未改正的，责令停产停业整顿，并处十万元以上二十万元以下的罚款，对其直接负责的主管人员和其他直接责任人员处二万元以上五万元以下的罚款；构成犯罪的，依照刑法有关规定追究刑事责任。

会展场馆对内部安全管理也负有法律责任。对于未按照规定设置安全生产管理机构或者配备安全生产管理人员的；未按照规定对从业人员、被派遣劳动者、实习学生进行安全生产教育和培训，或者未按照规定如实告知有关的安全生产事项的；未如实记录安全生产教育和培训情况的；未将事故隐患排查治理情况如实记录或者未向从业人员通报的；未按照规定制定生产安全事故应急救援预案或者未定期组织演练的；特种作业人员未按照规定经专门的安全作业培训并取得相应资格、上岗作业等情况，生产经营单位的安全生产管理人员未履行本法规定的安全生产管理职责的，责令限期改正；导致发生生产安全事故的，暂停或者撤销其与安全生产有关的资格；构成犯罪的，依照刑法有关规定追究刑事责任。

2. 公共场所管理人侵权责任

公共场所管理人责任是公共场所的管理人未尽到安全保障义务致人损害时，所应当承担的侵权责任。安全保障义务是特定情况下公共场所的管理人所负有的以积极行为的方式尽力保障具有一定关系的当事人的人身和财产安全的义务。按照危险发生的不同阶段，安全保障义务体现为三个方面的内容，即危险预防义务、危险消除义务和发生损害后的救助义务。公共场所的管理人在责任承担上存在直接责任和补充责任两种情形。在没有第三人行为介入的情况下，公共场所的管理人违反安全保障义务致他人遭受损害的，承担直接责任，由其自身承担损害赔偿责任。在有第三人侵权行为介入的情况下，公共场所的管理人承担相应的补充责任，即在其安全保障能力和过错程度范围内承担责任。

《中华人民共和国侵权责任法》对公共场所管理人侵权责任规定如下：宾馆、商场、银行、车站、娱乐场所等公共场所的管理人或者群众性活动的组织者，未尽到安全保障义务，造成他人损害的，应当承担侵权责任；因第三人的行为造成他人损害的，由第三人承担侵权责任；管理人或者组织者未尽到安全保障义务的，承担相应的补充责任。

《中华人民共和国刑法》规定：举办大型群众性活动违反安全管理规定，因而发生重大伤亡事故或者造成其他严重后果的，对直接负责的主管人员和其他直接责任人员，处三年以下有期徒刑或者拘役；情节特别恶劣的，处三年以上七年以下有期徒刑。根据最高人民检察院、公安部关于印发《最高人民检察院、公安部关于公安机关管辖的刑事案件立案追诉标准的规定（一）》的通知，举办大型群众性活动违反安全管理规定，涉嫌下列情形之一的，应予立案追诉：造成死亡一人以上，或者重伤三人以上；造成直接经济损失五十万元以上的；其他造成严重后果的情形。

3. 公共场所卫生管理责任

我国《公共场所卫生管理条例》和《公共场所卫生管理条例实施细则》规定：公共场所的法定代表人或者负责人是其经营场所卫生安全的第一责任人；公共场所经营者应当设立卫生管理部门或者配备专（兼）职卫生管理人员，具体负责本公共场所的卫生工作，建立健全卫生管理制度和卫生管理档案。

公共场所经营者有下列情形之一的，由县级以上地方人民政府卫生行政部门责令限期改正，给予警告，并可处以二千元以下罚款；逾期不改正，造成公共场所卫生质量不符合卫生标准和要求的，处以二千元以上二万元以下罚款；情节严重的，可以依法责令停业整顿，直至吊销卫生许可证：①未按照规定对公共场所的空气、微小气候、水质、采光、照明、噪声、顾客用品用具等进行卫生检测的；②未按照规定对顾客用品用具进行清洗、消毒、保洁，或者重复使用一次性用品用具的。

公共场所经营者有下列情形之一的，由县级以上地方人民政府卫生计生行政部门责令限期改正；逾期不改的，给予警告，并处以一千元以上一万元以下罚款；对拒绝监督的，处以一万元以上三万元以下罚款；情节严重的，可以依法责令停业整顿，直至吊销卫生许可证：①未按照规定建立卫生管理制度、设立卫生管理部门或者配备专（兼）职卫生管理人员，或者未建立卫生管理档案的。②未按照规定组织从业人员进行相关卫生法律知识和公共场所卫生知识培训，或者安排未经相关卫生法律知识和公共场所卫生知识培训考核的从业人员上岗的。③未按照规定设置与其经营规模、项目相适应的清洗、消毒、保洁、盥洗等设施设备和公共卫生间，或者擅自停止使用、拆除上述设施设备，或者挪作他用的。④未按照规定配备预防控制鼠、蚊、蝇、蟑螂和其他病媒生物的设施设备以及废弃物存放专用设施设备，或者擅自停止使用、拆除预防控制鼠、蚊、蝇、蟑螂和其他病媒生物的设施设备以及废弃物存放专用设施设备的。⑤未按照规定索取公共卫生用品检验合格证明和其他相关资料的。⑥未按照规定对公共场所新建、改建、扩建项目办理预防性卫生审查手续的。⑦公共场所集中空调通风系统未经卫生检测或者评价不合格而投入使用的。⑧未按照规定公示公共场所卫生许可证、卫生检测结果和卫生信誉度等级的。⑨公共场所经营者安排未获得有效健康合格证明的从业人员从事直接为顾客服务工作的，由县级以上地方人民政府卫生行政部门责令限期改正，给予警告，并处以五百元以上五千元以下罚款；逾期不改正的，处以五千元以上一万五千元以下罚款。⑩公共场所经营者对发生的危害健康事故未立即采取处置措施，导致危害扩大，或者隐瞒、缓报、谎报的，由县级以上地方人民政府卫生计生行政部门处以五千元以上三万元以下罚款；情节严重的，可以依法责令停业整顿，直至吊销卫生许可证。构成犯罪的，依法追究刑事责任。

业内人士估计：按照现行的个人赔偿标准，发生严重事故后场馆的经济赔偿额度可能会达到100万元/人。由于会展场馆可能承担上述法律责任，场馆方可以购买场地责任保险，以减轻经济赔偿压力。场所责任保险用于场地因存在结构上的缺陷或管理不善，或场内的生产经营活动因疏忽导致第三者人身伤害和财产损失，需要承担的经济赔偿。场所责任保险有营业场所责任保险、展览会责任保险、餐饮场所责任保险、停车场责任保险等几种类型。

4. 公共场所治安管理责任

根据《中华人民共和国治安管理处罚条例》规定，会展场馆工作人员涉及以下行为的均可能受到警告、罚款或拘留处罚：经营旅馆、饭店、影剧院、娱乐场、运动场、展览馆或者其他供群众聚集的场所，违反安全规定，经公安机关通知不加改正的；组织群众集会或者文化、娱乐、体育、展览、展销等群众性活动，不采取相应的安全措施，经公安机关通知不加改正的；倒卖车票、船票、文艺演出或者体育比赛入场票券及其他票证，尚不够刑事处罚的；违反规定，在城镇使用音响器材，音量过大，影响周围居民的工作或者休息，不听制止的；拒不执行火场指挥员指挥，影响灭火救灾的；过失引起火灾，尚未造成严重损失的；指使或者强令他人违反消防安全规定，冒险作业，尚未造成严重后果的。

此外，一些地方政府也出台了公共场所治安管理条例。会展场馆管理人员也必须遵守相应的规定。如《江苏省公共场所治安管理条例》规定：公共场所按照谁主办谁负责、谁经营谁负责的原则，实行治安责任制。该条例指出，公共场所的法定代表人和经营负责人是治安责任人；公共场所的设立和经营应当具备下列治安安全条件：①消防安全符合规定要求；②备有应急照明装置，出入口通道畅通，在醒目位置张贴安全须知；③大厅灯光亮度不得低于 400 勒克斯（lx），包厢、包间内灯光亮度不得低于 300 勒克斯①；④营业期间，从业人员应当统一佩戴工作标志；⑤从业人员应当持有合法身份证件，外国人及其他境外人员还应当持有国家规定的其他证件；⑥容纳的人员不得超过核定人数；⑦根据安全保卫需要，建立治安保卫制度，落实治安保卫力量和措施；⑧服务场所应当如实登记雇用从业人员的基本情况和变动情况，并应当在雇用或者变动后三个工作日内书面告知所在地公安派出所；⑨歌舞娱乐场所、大型集市贸易场所应当在营业场所出入口、主要通道安装闭路电视监控设备，闭路电视监控设备应当符合国家或者行业标准，在营业期间正常运行，录像资料留存三十日备查，不得删改或者挪作他用。

三、会展场馆安全管理的措施

会展场馆的安全管理可从两个方面进行：会展活动的对象安全管理应该从会展主体的人流安全控制、客体的物流安全控制和媒体的综合防控入手；过程安全管理应该以会展活动主体、客体、媒体的行为特征为基础，重点针对会展活动的会前、会中、会后三个环节展开调控（谢朝武和郑向敏，2007）。

会展场馆应当重点加强安全生产隐患、消防、食品卫生、疫情、人群控制、临建工程安全和内部人员、配套服务商的管理，具体可参考《城市功能设施（体育场馆、会展场

---

① 原文为 4 勒克斯和 3 勒克斯。

馆）管理企业安全生产风险分级管控体系实施指南》（DB37/T 3860-2020）、《城市功能设施（体育场馆、会展场馆）管理企业生产安全事故隐患排查治理体系实施指南》（DB37/T 3861-2020）、《大型活动场馆反恐怖防范要求》（DB15/T 1190-2017）、《反恐怖防范管理规范 第18部分：文博场馆影剧院》（DB12/685-2016）、《会展场馆安全管理要求》（DB45/T 684-2010）、《中国—东盟（百色）现代农业展示交易会场馆安全管理规范》《DB45/T 1515-2017》等标准。

1. 建立安全生产隐患排查治理制度

安全生产事故隐患是指违反安全生产法律、法规、规章、标准、规程和安全生产管理制度的规定，或者因其他因素在生产经营活动中存在可能导致事故发生的物的危险状态、人的不安全行为和管理上的缺陷。会展场馆的事故隐患可能涉及防汛消防系统故障、供电系统故障、空调系统故障、给排水系统故障、食物中毒、传染疾病传播、通信系统故障、信息网络故障等。

根据《安全生产事故隐患排查治理暂行规定》，安全生产事故隐患可分为一般隐患和重大隐患。一般隐患系指危险性较低、事故影响或损失较小的隐患；重大隐患系指危险性较大、事故影响或损失较大的隐患。一般事故隐患的危害和整改难度较小，发现后能够立即整改排除；重大事故隐患的危害和整改难度较大，应当全部或者局部停产停业，并经过一定时间整改治理方能排除的隐患，或者因外部因素影响致使生产经营单位自身难以排除的隐患。

安全生产隐患排查治理制度内容：总则（目的、适用范围及诠释）→机构职责→隐患排查→上报整改→附则等。隐患整改的原则：安全第一、预防为主、综合治理；抓生产必须先抓隐患整改，谁主管、谁负责；谁存在事故隐患，谁负责筹措资金进行整改；迅速、及时、彻底完成隐患整改；实行隐患部门及主要负责人负责制，重特大隐患整改期间昼夜监控和重特大隐患整改逐级上报制。

造成大型社会活动安全事故的关键因素是活动举办方的安全管理波动和管理失误（叶明海和嵇方，2006）。场地和设备致灾因素分析表明，仍有半数以上的大型活动的场地设计和搭建工程质量存在安全问题。活动参与人员、组织人员、负责场地和秩序维护的安保人员和指挥整个活动的决策人员，他们的安全意识、心理素质、情绪以及决策判断能力等都是保障大型社会活动安全的重要因素。会展场馆应当与活动举办方签订《（治安、消防、施工）安全责任书》，或在场馆租赁合同中约定双方的安全责任。

2. 完善疫情控制措施

为进一步保障公众健康安全，按照新型冠状病毒感染的肺炎疫情一级响应要求，依据《中华人民共和国传染病防治法》、国务院《突发公共卫生事件应急条例》等法律法规，各级地方政府纷纷发出通告如下：禁止举办各类群体性聚餐活动，暂停开放图书馆、文化馆、博物馆、纪念馆等各类公共文化体育场所，暂停一切文化、旅游、体育聚集性活动。

由于我国政府采取了强有力的措施，疫情得到有效控制，目前各地会展活动的举办逐渐恢复。

2020年，浙江省疾病预防控制中心发布《新冠肺炎疫情防控技术指南第1部分：公共场所》（DB33/T 2241.1-2020）。2021年1月，商务部发布《展览活动新冠肺炎疫情常态化防控技术指南（第一版）》，主要内容包括展览活动风险评估、展览场所防控措施、人员防控措施、展品展具防控措施、其他保障措施等。要求中高风险地区暂不举办展览活动。在严格落实各项防控措施的前提下，低风险地区可举办必要的展览活动。冬春季节及元旦、春节等重点节假日时段应审慎举办展览活动，鼓励和支持展览活动线上举办。指南对展览场所的防控措施提出了如下要求：

（1）展览场所单位负责展览场所的疫情防控。

（2）展览场所应划定明确的功能分区，如落客区、测温区、安检区、登录区、展览展示区、隔离区等，做好观展线路的指引，有效控制人流和人员活动间距。

（3）合理规划场地分区及展位布局，通道宽度和展位间距要符合防控要求。

（4）展览活动举办前后要对展览场所和设备，特别是空调、通风系统等进行全面检查、清洁消杀。

（5）展览场所单位应配备必要的门禁、安检、测温设备，设置临时隔离区，并配备适量口罩、消毒用品等防疫物资。

（6）展览活动举办期间要加强展览场所的通风换气，保持室内空气流通。

（7）每日定时高频做好公共区域、高频接触点位的清洁消毒，并在相关区域更新公示消毒情况。

（8）通过海报、广播、短信、电子屏、宣传视频等形式加强疫情防控知识宣传，倡导良好卫生习惯，增强健康防护意识，营造文明参展参观良好氛围。

（9）设置"废弃口罩垃圾桶"，安排专人每日及时收集、集中消毒，并按有毒有害垃圾进行处置。

（10）加强垃圾密闭化、分类化管理，及时收集并清运，做到日产日清。垃圾桶内外保持清洁，定期进行消毒处理。

（11）设立专用就餐区，间隔安全距离取餐用餐。加强就餐区卫生管理，做好服务人员的卫生防护，定时做好防疫消毒工作。严格按照国家食品安全相关法律、法规和相关防控措施的规定开展工作。

（12）发现疑似病例，应立即对相关区域进行封闭隔离管理，并进行全面消杀。

3. 加强消防安全管理

会展场馆应当严格遵守公安部《人员密集场所消防安全管理》（GA 654-2006）的有关规定。会展场馆的消防安全责任：保障活动场所、设施符合相关标准和安全规定；保障疏散通道、安全出口等符合法律法规、技术标准的规定；保障监控设备和消防设施、器材配置齐全、有效；维护安全秩序。

会展场馆应当组织义务消防队，加强人员的消防培训。义务消防队由场馆工作人员组成，平时开展防火宣传和检查，定期接受消防训练；发生火灾时能够实施灭火和应急疏散预案，扑救初期火灾，组织疏散人员，引导消防队到现场，协助保护火灾现场的消防组织。消防安全管理人、消防控制室值班员和消防设施操作维护人员应经过消防职业培训，持证上岗。保安人员应掌握防火和灭火的基本技能。电气焊工、电工、易燃易爆化学物品操作人员应熟悉本工种操作过程的火灾危险性，掌握消防基本知识和防火、灭火基本技能。志愿和义务消防队员应掌握消防安全知识和灭火的基本技能，定期开展消防训练，火灾时应履行扑救火灾和引导人员疏散的义务。人员密集场所应至少每半年组织一次对从业人员的集中消防培训。应对新上岗员工或有关从业人员进行上岗前的消防培训。

在旅馆、餐饮场所、商店、医院、公共娱乐场所等各楼层的明显位置应设置安全疏散指示图，指示图上应标明疏散路线、安全出口、人员所在位置和必要的文字说明。活动组织人员对紧急出口要清楚标记、疏散地图要公开张贴、应急照明和灭火器要随时备用。场馆安全保卫系统可参考表7-2设置。灭火器配备标准可按：50平方米内4具、每增加50平方米增加2具。

表7-2　安全保卫系统选用配置表

类型	火灾自动报警	防爆安全检查	视频安防监控	入侵报警	门禁控制	应急指挥联动
小型展览馆	●	○	●	○	○	—
中型展览馆	●	●	●	○	●	○
大型展览馆	●	●	●	●	●	●
特大型展览馆	●	●	●	●	●	●

注：●需配置；○宜配置。

资料来源：中国建筑学会. 建筑设计资料集4［M］. 北京：中国建筑工业出版社，2017.

在展厅内禁止进行明火、切割、打磨、电焊、气焊、喷漆、使用台式电锯等危险作业。不准将汽油、松香水、酒精、氢气瓶、氧气瓶等易燃、易爆品带入展馆。展馆严禁吸烟。需要搭建临时建筑时，应采用燃烧性能不低于B1级的材料。临时建筑与周围建筑的间距不应小于6米。展厅等场所内的主要疏散走道应直通安全出口，其净宽度不应小于4米。其他疏散走道净宽度不应小于2米。

临时举办活动时，应制定相应消防安全预案，明确消防安全责任人；大型演出或比赛等活动期间，配电房、控制室等部位须有专人值班。发生火灾时，场馆工作人员应当及时组织引导人员疏散，保护火灾现场，接受消防机关调查并提供相关情况。

4. 重视食品卫生管理

会展场馆应当根据《重大活动餐饮服务食品安全监督管理规范》制定详细的管理制度。非现场制作、需要将食品运输至场馆的临时餐饮供应商需具有《卫生许可证》《食品流通许可证》或《食品经营许可证》（含集体用餐配送），并向场馆经营管理方和属地市场监督管理局备案。活动主办单位应于活动举办前 20 个工作日向餐饮服务食品安全监管部门通报重大活动相关信息，包括活动名称、时间、地点、人数、会议代表食宿安排；主办单位名称、联系人、联系方式；餐饮服务提供者名称、地址、联系人、联系方式；重要宴会、赞助食品等相关情况。

会展场馆的菜品说明要详细，防止产生花生、海鲜等食物过敏症和气味过敏症。不建议提供生食贝、生鱼片寿司或其他未经煮过的鱼类、未煮熟的肉制品。这些生食很容易造成灾难性的事件。一旦发现可能是食物中毒的情况，在安排好病人就医后要立即联系食品供应商。群体性就餐需要严格落实食品留样要求。重大活动餐饮服务食品留样应当按品种分别存放于清洗消毒后的密闭专用容器内，在冷藏条件下存放 48 小时以上，每个品种留样量应满足检验需要，并做好记录。食品留样存放的冰箱应专用，并专人负责，上锁保管。自带餐饮设施的会展场馆可参考《基于 HACCP 的食品安全管理体系规范》（CNAB-SI52：2004）。

5. 重视人群管理与控制措施

人群被定义为无序、紧密地聚集在一起的大量人员。在人群产生的个人匿名条件下，个人可能做出财产破坏性或人员危害性的行为。人群管理和人群控制是两个不同但又相互关联的概念（Abbott and Geddie，2000）。前者包括为人群提供便利、安排并使人群移动，而后者包括一旦人群（或部分人群）开始出现无序或危险行为时采取的措施。人群管理的步骤包括计划活动、培训员工、形成服务场景和收集数据。人群管理计划涉及诸多关键事项的考虑，特别需要检查以下事项：潜在人群的社会行为、座位安排、交通、时间、停车场、天气情况、人员统计、规模、售票处和特许经营摊位。活动经理必须考虑座位容量、座位安装和座位位置；应避免未分配座位，因为人们可能会相互践踏试图得到一个好座位；关注容易发生踩踏事故的地点，包括出入口、人员拥挤处、设备故障处、售票窗口、安检处和楼梯口。

大型社会活动中发生人群拥挤事故较为普遍，其产生的主要原因有建筑设计存在安全隐患、人群聚集数量超过场所负荷、对人为事故或自然灾害缺乏监控预警系统、缺乏有效的人员疏散和应急救援措施（胡志莹和叶明海，2006）。会展场馆应确保出口有标记，出口门可打开，所有人员出口通道畅通无阻；确保火警警报系统、自动喷水灭火系统和应急照明系统能正常工作；确保消防通道畅通；制订一个紧急通知计划，包括如何通知人们以及谁来通知；确保过道和其他出口路线在整个活动期间保持畅通；确定适用人群管理要求的潜在空间和活动；制订一个简单的培训计划和检查表，供人群管理人员使用；疏散通道最好选择上行式，可以避免摔跤（王达盈，2016）。

标志（标识）牌可用于警告、指示、告知和引导人群，应简洁、明确、书写清晰、易于辨认。禁止标志是禁止人们不安全行为的图形标志：几何图形是带斜杠的圆环，其中圆环与斜杠相连，用红色；图形符号用黑色，背景用白色。警告标志是提醒人们对周围环境引起注意，以避免可能发生危险的图形标志：几何图形是黑色的正三角形、黑色符号和黄色背景。指令标志是强制人们必须做出某种动作或采用防范措施的图形标志：几何图形是圆形、蓝色背景、白色图形符号。提示标志是向人们提供某种信息（如标明安全设施或场所等）的图形标志：几何图形是方形、绿色背景、白色图形符号及文字。

| （a）禁止标志 | （b）警告标志 | （c）指令标志 | （d）提示标志 |
| 禁止停留 | 当心障碍物 | 必须洗手 | 紧急出口 |

图7-1　各类标志示例

聚集人员应当很容易获得活动前、活动中、活动后和突发事件下的引导信息。场馆方应对人群集中程度进行控制。对活动区域人流密度预警值可设为0.71人/平方米，排队区域人流密度预警值设为3人/平方米（俞梦骁、叶建红、吴娇蓉等，2014）。临界人群密度一般在1人/平方米以上（田玉敏，2006）。《展览建筑设计规范》（JGJ 218-2010）则对不同楼层展厅中单位展览面积的最大使用人数提出了不同的建议（表7-3）。当人流密度超过预警值时，一方面禁止行人再进入这些区域，另一方面通过分流措施将该区域的人群引导到密度较低的区域或其他参观路线上。

表7-3　展厅中单位展览面积的最大使用人数　　　　　　单位：人/平方米

楼层位置	地下一层	地上一层	地上二层	地上三层及以上
指标	0.65	0.70	0.65	0.50

资料来源：《展览建筑设计规范》（JGJ218-2010）。

人群控制技术包括建立态势模型和决策过程，以便统一指挥人员和合理使用设施设备。为了防止人群管理变为人群控制，最重要的事情之一就是正确评估人群的情绪。观众可能会因为迟到、长时间等待或激烈的吵闹而生气或兴奋。此外，管理者必须考虑活动情况对人群情绪的影响，包括取消、禁止演出、人群拥挤、缺少停车、使用特殊展示效果以及存在淫秽/暴力表演行为等。

人群控制人员包括引座人员（礼仪）、安全人员、紧急医疗服务人员、现场法律顾问和其他辅助人员。模拟显示，活动管理人员的存在对人群疏散产生重大影响（Hebben et al.，2014）。除特殊区域安排固定位置的安全人员外，一些安全人员应与人群一起移动。便衣调查人员可以帮助发现任何人群问题，以确保人员遵守适当的程序。一旦人群失去控制，就立即采取预定措施控制人群。活动或场馆经理必须首先了解引发人群混乱的原因，并使用闭路电视系统和其他电子工具有效地记录现场情况作为证据。

6. 加强临时建筑工程的安全管理

活动现场的临时建筑工程①事故是多发事故。尽管场馆方对活动现场的临建工程事故不负主要责任，但也要引起管理人员的足够重视。2010 年，中国展览馆协会发布《展台等临建设施搭建安全标准》。该标准适用于会展行业临建设施设计、现场搭建、验收、展出、值班和拆除的全过程。展馆方的安全职责有以下几点：

（1）展馆方可设立专门的施工安全管理机构，协助主办单位对展台搭建进行监督和指导；

（2）按合同的约定向承办方（承租方）提供场所人员核定容量、安全通道、出入口以及供电系统等一切涉及场馆使用的资料、数据和证明；

（3）展馆的消防设备、器材应时刻保持性能良好，可安全使用，应按照规定位置放置并有明显标志，保持展馆通道安全畅通；

（4）根据消防安全规定，设置人数与展馆面积相匹配的、专职消防负责人员；

（5）搭建、拆除期间，展馆方应在现场按规定配有保安人员进行巡视（5000 平方米不少于 1 人），各出入口要有专职保安人员负责值守；

（6）将展会的施工图纸、结构图、用电和相关技术数据及施工人员情况进行备案；

（7）认真管理施工证件；

（8）根据展览情况制定供电方案，并对所提供的电源的安全负责；

（9）与承办单位签订《安全责任书》，明确各方所负职责。

7. 完善场馆内部人员和配套服务商的管理措施

会展场馆必须确保所有从事活动的工作人员（从场馆方全职员工、活动方工作人员到志愿者）都经过适当的筛选（背景调查）、培训、安排和激励。因为所有人员都会对安全保障产生一定影响，无论这是否是他们的主要职责。

①根据场馆、活动的风险评估，维持一支数量充足、装备齐全、训练有素的安全保障队伍；②制订员工绩效管理计划，明确传达目标、目的和期望；③积极管理志愿者，设立志愿者主管以主动管理志愿者，确保其职责明确。

培训和实践是任何安全规划实施过程的关键组成部分。确保团队人员配备了正确的知识和技能，以便在发生事故时随时采取正确的行动。人员培训需要符合国家安全生产监督管理总局颁发的《生产经营单位安全培训规定（2006）》。

①为所有员工制订相关的培训计划，特别是为新员工或轮岗员工的在职培训制订指导计划；②对所有员工进行年度培训；③为所有人提供消防、心肺复苏、自动体外除颤器（CPR 和 AED）培训；④在每次活动前进行培训；⑤测试培训效果；⑥鼓励员工定期检查安全政策和程序。

---

① 通常简称为"临建工程"或"临建设施"。

配套服务商（第三方服务承包商）通常扮演着确保现场会议或活动成功的关键角色。当意外事件影响到会议或参与人员安全时，他们也是重要的安全维护者。

①在合同中指明场馆方对配套服务商的角色、技能、资格、证书和绩效方面的要求；②留意配套服务商的分包行为；③对配套服务商进行尽职调查，并做好记录；④将配套服务商整合到安全规划、培训和统一指挥结构中。

8. 制定风险管理措施

风险管理的目的包括：经济目标，以经济合理的方式预防潜在的损失；合法性目标，组织的运营与发展合乎法律规范；社会责任目标，组织还必须关注利益相关者的利益，认真履行相应的社会责任。组织控制风险的方法可以分为风险避免（风险预防）、风险分担（风险转移）、减少风险损失和风险保留四种。会展场馆应当做好风险预测预警工作，采取各种安全管理措施尽量避免或减少风险的发生。会展场馆可以购买经济保险，通过非关键业务外包、设备租赁、委托管理、不良资产出售将风险转移到外部组织或与其他组织共同分担。会展场馆可以采取化大风险为小风险，变大损失为小损失的风险处理方式，如避免超大型活动空间的设置、采取多元化经营等。在风险不可避免的情况下（风险保留），会展场馆应有足够的备用资金弥补损失。

第二节　会展场馆的危机与应急管理

危机是与风险、危险、安全有关但又不同的概念。在国内，危机又被称为"突发事件"，危机管理被称为"应急管理"。鉴于危机的破坏性和突发性，场馆管理人员应当具备应急管理的能力。

一、会展场馆危机以及危机管理的概念

危机是指突发的、严重影响组织生存与发展的事件。危机与风险并不相同：①风险是损失的不确定性，危机是可能带来严重破坏后果的突发事件；②风险是危机的诱因，危机是风险积聚后的显性表现。也就是说，并非所有风险都会引致危机，只有风险释放的危害积累到一定规模、带来的破坏后果较为严重时，才出现危机。可见，危机是较为严重的风险事故。

危机又被称为突发事件，并且是危害较为严重而不是较轻的突发事件。根据《中华人民共和国突发事件应对法》的定义，突发事件是指突然发生，造成或者可能造成严重社会危害，需要采取应急处置措施予以应对的自然灾害、事故灾难、公共卫生事件和社会安全事件，具有突发性、破坏性、紧迫性和不确定性。这些事件可能同时发生或者引发次生、衍生事件。

危机是严重危及安全的事件，是严重的安全事故。危险严重性是危机与一般安全事故

的区别。安全是在人类生产过程中，将系统的运行状态对人类的生命、财产、环境可能产生的损害控制在人类能接受水平以下的状态。"不存在隐患""不存在威胁""不受威胁""不出事故""不受侵害"等，并不是安全的特有属性，安全的特有属性是"没有危险"，但有危险并不代表不安全。

与其他组织一样，会展场馆的一般危机有市场危机、经营危机、合作危机、沟通危机和财务危机（郭海霞，2013）。会展场馆的特有危机是与承接的会展活动密切相关的，并且是受会展场馆自身属性决定的危机，如因活动方的原因导致场馆消防事故引发的危机。尽管会展场馆的危机与会展活动的危机可能相互影响，但两者并不完全等同。

企业危机管理的过程包括管理准备、危机确认、危机控制、危机解决、从危机中获利和危机避免（图7-2）（黄铁流和王平，2007）。会展活动危机管理包括四个主要阶段：危机前的预警（Readiness）、危机触发时的沟通（Communication）、危机爆发时的反应（Response）和危机结束后的恢复（Recovery）（周丹青，2009）。会展场馆危机管理同样可分为这几个阶段。

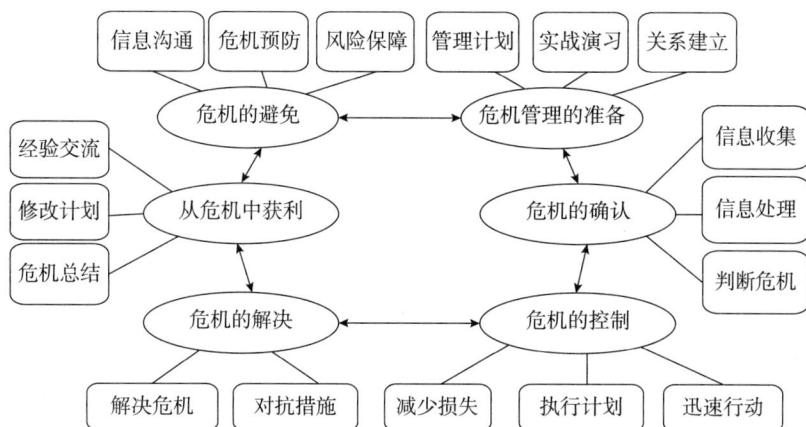

图7-2　危机管理过程及组成要素

有学者认为，危机管理（Crisis Management）和应急管理（Emergency Management）是不同的概念。前者是所有组织都可能面临的管理，而后者是以政府为主体的管理（张欢，2010）。事实上，任何组织也可能面临应急管理，特别是对危机型突发事件的管理，而不是危害较轻的突发事件的管理。危机管理与风险管理的概念也有区别。风险管理（Risk Management）是指组织通过对风险的识别、衡量和处理，力求以最小的经济代价为组织目标的实现提供安全保障的管理活动。风险管理和安全管理在目的和手段上是相同的，但在目标程度上存在一定差异：前者是尽可能减少危害，后者是完全消除危害。因此，风险管理是一种动态的安全管理（张以琼，2007）。与安全、风险、危机、应急概念相应，从管理学的角度衍生出安全管理、风险管理、危机管理和应急管理的递进关系如图7-3所示。可见，应急管理是核心。本书重点阐述危机的应急管理措施。

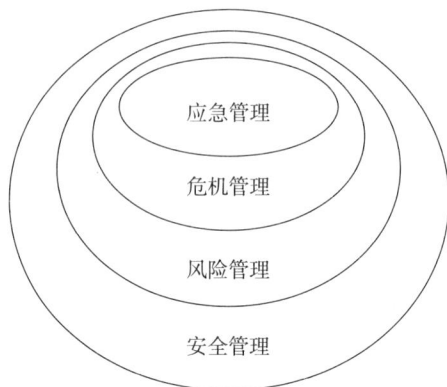

图 7-3 安全管理与应急管理的关系

资料来源：应急管理、风险管理、危机管理的概念［EB/OL］．［2014-08-08］．http：//blog.sciencent.cn/blog-1131711-818024.html.

二、会展场馆危机的应急管理措施

会展场馆的危机处理应当坚持预防为主、积极主动、公众利益至上、以诚相待、快速反应、协调统一等原则（胡平，2013）。具体来说，会展场馆管理者需要完善活动预测预警机制，建立预测预警系统，协助活动举办方和其他相关部门处置突发事件，配合做好善后处置工作。西方国家会展场馆的普遍做法是强化应急管理机构，完善应急管理法规，制订应急准备计划，重视早期预警监测，加强救援力量建设，借助新闻媒体作用，强调社会资源动员。场馆管理方应当重点做好以下几个方面的工作：

1. 制订应急行动计划

在会展活动中，制订周密而具体的应急行动计划（EAP）对活动和场馆的安全至关重要（States，2019）。EAP 计划用于管理以下任务：尽量减少伤亡，建立有效的反应，稳定事态，保护财产和环境，尽量减少经济影响，协助保护品牌，减少法律责任。EAP 不是可以在真空中撰写的材料，应当与所有有关各方共同制定，包括应对和处理所有事故的具体措施。计划的规模和复杂性将取决于风险、漏洞或威胁评估、事故的规模和类型、与会者人数、先前事故的历史记录等。

场馆方需要提前准备好 EAP 的纸质备份和电子备份。如果发生事故，管理人员将按照 EAP 通知顺序通知人员。当联系人发生变化时，需要更新通知列表，并与本地联系人协调，以确保所有相关人员都参与到计划过程中。对于 EAP 中的人员配置，需要注意以下几点：①根据特定活动和评估的风险或威胁制订人员配置计划；②确定人员角色、职责和足够的资源；③由组织确定谁将负责具体事故处理；④确保计划不被未经授权的披露，不是计划的所有部分都应该对每个人开放，尤其是战术计划；⑤需要了解法律相关规定；

⑥定期进行人员训练，熟悉先前训练的最新信息。

会展活动举办方应针对所举办活动制定突发事件应急预案，包括但不限于《应急疏散联动预案》《危机管理突发事件处置预案》《人员达安全容量时控制措施预案》等，并提交场馆方备案。

2. 建立应急指挥系统

在突发事件情况下，疏散人员的反应时间对整个疏散时间起决定性作用（Hebben et al.，2014）。应急指挥系统就是针对突发紧急事件，如地震、火灾、人员斗殴、人员踩踏等突发事件发生，为管理部门进行应急对策、应急指挥提供相关信息获取、应对措施查询、决策支持的信息应用系统，具有灾情信息获取、信息共享查询、快速评估、辅助决策、命令发布、现场指挥、动态显示、信息公告等功能，并为实现应急指挥系统的"通信畅通、现场及时、数据完备、指挥到位"提供技术保障①。场馆公共危机应急准备和响应管理流程如图 7-4 所示。

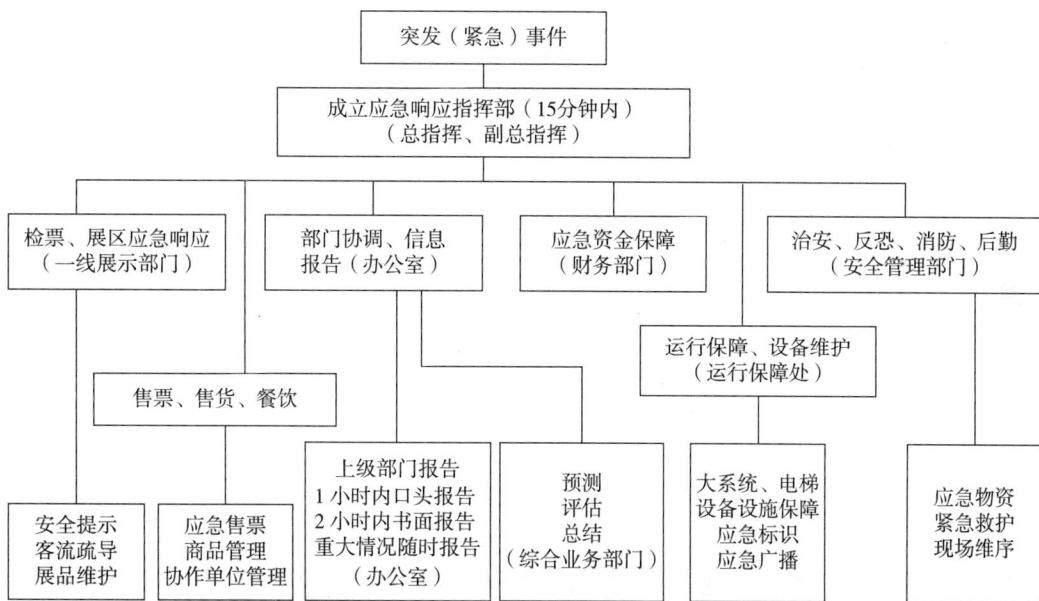

图 7-4　场馆公共危机应急准备和响应管理流程

3. 制订危机期间的沟通措施（States，2019）

在危机期间，预先规划、充分准备和沟通完整是必不可少的。鉴于活动、环境和可能发生的事故具有延展性，以下是组织、实施危机沟通计划的最佳实践。

（1）准备多个沟通平台，以便在需要时及时准确地向需要的人提供信息，如公共和商

---

① 场馆应急平台［EB/OL］.［2020-04-08］. http：//www.henyotel.com/ProDetail.aspx？ProId=234&ClassID=355.

业无线电、固定电话、移动电话、业余无线电、显示屏、广播媒体、社交媒体和扩音系统等。

（2）活动前测试设备运行状况，确保设备在事件发生前正常工作；安装信号增强设备（中继器），保证所有通信（无线电、移动电话、互联网）覆盖整个场馆。

（3）利用传统的沟通方式，不要依赖任何单一的通信方法或系统进行操作或紧急通信；例如，使用业余无线电、固定电话；即使派遣人员传递信息，也要有后备人员。

（4）使用扩音器（包括手提喇叭）控制活动人群，应在场馆周围的出入口处安装扩音器。

（5）为所有类型的事故制定音频和视频沟通脚本，预先安装到设备中，以节省关键时间，避免在事故中出现混乱。

（6）无论是通过电话还是通过其他媒体，应对危机的书面指示都应到位，并且所有指示都应妥善记录并保存。

（7）建立一个外部工作流程，以获取针对邻近设施（建筑物、火车站或地铁站、企业、燃料库、工厂）的危险信息，指定需要通知的人员和通知顺序。

4. 明确危机期间的临时庇护所和疏散管理措施[①]

疏散和就地避难是场馆应急行动计划的基本内容。在事故期间做出撤离、就地避难或重新安置的决定是一个复杂的过程，管理人员需要了解空间结构内已知的各种设施设备，参与者的人数、分布和状况，所涉及的危险以及对危险的预期反应。应急行动计划应包含以下内容：

①确定谁有权做出撤离、就地避难或重新安置的决定，以及如何进行沟通，并确定在必要时聚集在预先确定的集合点；②明确疏散工作人员的职责；③指明疏散路线、最近的灭火器和出口；④说明出口被堵塞情况下的其他疏散方法；⑤指明庇护所的位置、空间大小或点数。

第三节 会展场馆的安全管理体系认证

会展场馆的安全管理体系认证不仅是为了引入第三方权威组织检查场馆内部安全管理的有效性，寻找管理漏洞以便及时弥补，也是为了向场馆使用者以及其他利益相关者证明场馆具有安全保障的能力，是场馆树立品牌的基础工程之一。会展场馆的安全管理体系认证有职业健康安全管理体系认证、活动安全管理体系认证、卫生安全管理体系认证、食品

---

① Crowd Think：Safety & Movement in Meetings［EB/OL］.［2019-09-26］. https：//www. mpi. org/essential-guide/blog/article/crowd-think-safety-movement-in-meetings.

安全管理体系（或危害分析和关键控制点）认证、信息安全管理体系认证、道路交通安全管理体系认证等，常见的是前两种管理体系认证。

一、会展场馆的职业健康安全管理体系及认证

国际劳工组织（ILO）的最新数据显示，世界上每天大约有6300人因工作活动而死亡，每年的数字则达到了惊人的230万人，而其他因工作造成的受伤事件每年也多达3亿件。这些不仅给员工及其家庭造成了严重的影响，还极大地增加了企业的负担，主要表现为员工缺勤、提前退休和保险费用增加。会展场馆工作人员的健康既可能受人群健康的影响，又可能影响人群健康。工作人员的职业健康安全状况会进一步影响对场馆使用者的服务及其水平，诱发组织内部人力资源管理危机。

2018年，国际标准化组织（ISO）制定的最新职业健康安全管理体系国际标准《ISO 45001：2018》正式发布。职业健康安全管理体系ISO 45001（原OHSAS 18001）标准是以系统安全的思想为核心，采用系统、结构化的管理模式，为组织提供科学、有效的职业健康安全管理规范和指南，是国际上继ISO 9001质量管理体系标准和ISO 14001环境管理体系标准后世界各国普遍关注的又一管理标准。其目的是依据近代管理科学理论制定的管理标准来规范企业的职业健康安全管理行为，促进企业建立职业健康安全管理体系，预防、控制事故的发生，保障企业劳动者和相关各方的安全与健康。

实施职业健康安全管理体系ISO 45001标准认证证明了一个组织致力于确保员工完善的工作条件、身心健康、福利和平等待遇的承诺，可以减少企业经营的职业安全卫生风险；预防人身伤亡事故和职业病的发生，降低直接或间接损失；更大程度地符合当地法律法规的要求；改善企业与员工、公众、政府及非政府机构之间的关系；达到国际标准，建立国际公信力；消除贸易壁垒，扩大市场份额。

ISO 45001职业健康安全管理体系标准认证运用系统化的方法开展管理体系的策划、建立和实施，以确保组织满足标准要求并提高运营绩效，具体步骤：①对企业现场进行差距分析；②实施标准培训；③危险源识别，重要危险控制计划、应急计划等，强调员工参与；④讨论详细过程流程，建立过程流程图，作为程序文件编制的输入；⑤程序文件准备；⑥职业健康安全管理体系试运行；⑦开展内审，管理评审并实施改进；⑧向认证机构提交资料，申请注册审核。

2020年，与ISO 45001：2018等同的我国《职业健康安全管理体系要求及使用指南》（GB/T 45001-2020）发布。该标准进一步认为一个组织不应仅仅专注于其直接的健康和安全问题，还需要考虑到分包商、供应商以及周边居民的健康和安全问题；应确定组织将要应对的风险和机遇；强调标准实施应得到管理和领导层的重视。该标准的发布将给我国会展场馆的职业健康安全管理带来一定影响。目前，国内通过职业健康安全管理体系认证的会展场馆数量仍然较少。会展场馆建立职业健康安全管理体系可参考《职业安全卫生标准编写规定》（GB 1.8-86UDC009）。

二、会展场馆的活动安全管理体系及认证

英国会议业协会（MIA）致力于会议活动的安全管理体系认证（AIM Secure）。通过获得协会的认可，会展组织将被视为提供一流服务和设施，遵守法律以及维护健康、卫生协议的组织之一。该认证主要评估会展组织在会议和活动设施的质量、对健康和卫生环境的投入、服务交付、对法律的遵守、对多样性和包容性的承诺等方面的表现，涉及建立安全环境、消防意识、食品安全、安保、商业法规、许可证、消费者权益和平等、贿赂和反腐败、遵守就业法规、致力于建立商业家庭和环境保护。在评估过程的最后阶段，被评估组织需要回答下列一系列与场地相关的问题，并至少获得60%以上的评分（包括必须满足的条件）。

1. 一般场地要求

（1）在公共区域洗手间中有洗手和保持距离的提醒，并张贴签名的清洁时间表。

（2）行李和设备应立即带到会议室或休息室。

（3）建筑物中安装有电梯，进入电梯需严格保持安全距离。

（4）提供紧急疏散设备。

（5）鼓励客户在活动期间回收纸张和其他资料。

（6）设置隔离室以便安置出现症状的参会人员。

（7）外部区域有明显的保持距离提示。

2. 会议支持

（1）由训练有素的员工提供视听技术支持。

（2）技术人员酌情穿戴个人防护设备，设备放置在室内后进行消毒（必须满足）。

（3）应提供笔记本电脑，在带到房间前必须消毒，安装和拆卸笔记本电脑时必须戴手套。

（4）提供多种电缆（VGA，HDMI，Mini-HDMI，DisplayPort），长度至少为3~4米，以满足客户的多种要求，带入房间前必须消毒，安装和拆卸这些设备时必须戴手套。

（5）提供iPhone、iPad手机的充电器，以满足客户的多种要求，这些充电器在带入房间前必须消毒，安装和拆卸这些设备时必须戴手套。

（6）有足够数量的国际插座满足客户的多种要求，这些适配器在带到房间前必须消毒，安装和拆卸这些设备时必须戴手套。

（7）提供防电涌的延长线，在带到房间前必须消毒，安装和拆卸这些设备时必须戴手套。

（8）提供电话（包括会议呼叫电话），在带到房间前必须消毒，安装和拆卸这些设备时必须戴手套。

（9）有清晰的移动信号。

（10）一次性会议纸袋仅在客人要求时提供，客人应将其取下或在使用后处理。

（11）玻璃杯采用卫生包装并密封，为参会者提供单独的瓶装水。

（12）可提供打印或复印服务，必须戴防护手套。

（13）接待人员能够把场馆在防控方面的规定告诉客户。

（14）提供带包装笔的新活动挂图，使用后仍归主办方所有，主办方应将其移除或处理。

3. 工作人员

（1）员工反应敏捷，穿着得体。

（2）员工热情欢迎并做自我介绍。

（3）员工适当穿戴个人防护用品，在与客户沟通时后退一步（必须满足）。

（4）为每项活动分配一名专门的工作人员，便于主办方联系。

（5）员工可协助将设备和材料搬运至房间，需穿戴个人防护用品。

（6）（出现不安全情况时）员工立即自我介绍，并履行安全和应急程序或检查。

4. 位置和通道

（1）从主入口进入方便，安全距离标记清晰可见。

（2）房间名称标识清晰。

（3）专用会议室与公共区域分开。

（4）轮椅使用者和其他残障人士很容易进入房间。

（5）附近有厕所，包括无障碍厕所。

（6）有效隔音，防止外部和相邻房间的噪声。

（7）休息区或茶点区相邻，并遵守安全距离规定。

5. 照明和供暖

（1）房间内有空调和供暖控制装置。

（2）照明适合商务会议，眩光最小。

（3）照明控制装置位于房间内，并在适当情况下在投影屏幕上方或附近启用分光照明。

（4）会议室可以在放幻灯片时变得黑暗。

（5）定期更换空调过滤器。

6. 空间与家具

（1）在最大容量情况下，人员也有足够的空间轻松移动。

（2）坐在桌子周边的参会者很舒适，并便于使用轮椅的人使用。

（3）桌子状况良好。

（4）座位布置适合会议风格，可根据要求进行变化，并适合长时间使用。

（5）座位布置符合安全距离要求（必须满足）。

（6）员工在布置房间时穿戴个人防护用品，房间在使用前消毒并保护好（必须满足）。

7. 室内设施

（1）连接高速无线宽带互联网。

（2）宽带密码易于查看。

（3）提供蓝牙媒体连接。

（4）根据房间类型确定的电源插座数量。

（5）房间在每天下班前进行深度清洁，并保护好。

（6）房间里有一个电话插座。

（7）提供语音环路系统。

（8）在客户租赁期间定期为房间提供服务。

三、会展场馆的卫生安全管理体系及认证

　　尽管卫生安全管理体系与前述的职业健康和活动安全管理体系存在交叉，但其更具有卫生安全针对性和专业性。在全球疫情蔓延的情况下，作为公共场所的会展场馆更应当加强卫生安全管理。由国际卫生用品供应协会（ISSA）的分支机构——全球生物风险咨询委员会（GBAC）进行的卫生安全管理体系星级认证是一项行业认证，致力于确保清洁、安全和健康的环境。该认证提供涉及 20 个方面的最佳实践来控制与传染源相关的风险。2020 年，洛杉矶会议中心（LACC）作为美国西海岸首家会展场馆获得该项认证，并认为具有以下意义：

　　①建立并维护清洁、消毒和传染病预防计划，以控制和（或）最小化与员工、来宾、社区和环境有关的传染源相关风险；②建立正确的清洁、消毒和传染病预防工作实践方面的信心；③建立交流框架，提高与清洁、消毒和传染病预防相关的最佳实践的意识。

　　全球生物风险咨询委员会的认证标志如图 7-5 所示。

图 7-5　全球生物风险咨询委员会的认证标志

本章小结

　　会展场馆风险、危机和安全是既有区别又有联系的概念，相关的管理措施是融合在场馆现场管理和日常经营管理中的，都是为了保障活动正常举行和组织持续经营所必需的。本章单独列出相关内容是为了强调这些概念的重要性。会展场馆方应承担场所责任，对会展活动举办方和参与人主要负有安全生产责任、公共场所管理人侵权责任、卫生管理责任和治安管理责任。会展场馆与会展活动之间的风险、危机和安全并不完全等同，但经常相互影响，需要场馆方和活动举办方协调合作。会展场馆风险、危机和安全管理的核心是应急管理，关键是做好预案管理。会展场馆应当加强职业健康、活动和卫生安全管理，并积极进行管理体系的认证，以确保会展场馆的组织和人员安全。

关键词

　　场馆安全，场馆风险，场馆危机，安全管理，危机管理，应急管理，经营场所责任，安全生产责任，公共场所管理人侵权责任，公共场所卫生管理责任，治安管理责任，安全生产隐患排查治理制度，人群控制，人群管理，职业健康安全管理体系认证，活动安全管理体系认证，卫生安全管理体系认证

本章作业

1. 试述会展场馆安全管理的主要措施。
2. 试述会展场馆安全管理与应急管理的差异。
3. 试述会展场馆应急管理的主要措施。
4. 试述会展场馆风险、危机和安全的区别和联系。
5. 为什么要对会展场馆的职业健康安全管理体系进行认证？
6. 试分析下列展览场馆租赁合同中的风险和法律责任有哪些？

展览场馆租赁合同（样本）

展览场馆经营单位（下称"甲方"）：_____地址：_____电话：_____传真：_____
承租展场单位（下称"乙方"）：_____地址：_____电话：_____传真：_____
　　根据中华人民共和国有关法律、法规和本市有关规定，甲、乙双方遵循自愿、公平和诚实信用原则，经协商一致订立本合同，以资共同遵守。

第一条　合同主体

1.1　甲方系依法取得坐落于_____展览场地租赁经营权的法人。

1.2　乙方系本合同约定的展会的主办单位。

第二条　生效条件

本合同经双方签署生效。对依法需经政府部门审查的展览，本合同应自展览取得政府部门审查批准后生效。

第三条　租赁场地

甲方同意乙方租用位于_____，总面积为_____平方米的场地（下称"租赁场地"），用于乙方举办_____（展览全称）。

第四条　租赁期限

4.1　租赁期限为_____年_____月_____日至_____年_____月_____日，共_____天。其中：

进场日期：自_____年_____月_____日至_____年_____月_____日；

展览日期：自_____年_____月_____日至_____年_____月_____日；

撤离场地日期：_____年_____月_____日。

4.2　乙方每日使用租赁场地的时间为上午_____至下午_____。乙方和参展商可以在前述时间之前_____小时内进入展馆，在前述时间之后_____小时内撤离展馆。

4.3　乙方需在上述时间之外使用租赁场地，应提前通知甲方。乙方超时使用租赁场地的，应向甲方支付超时使用费用。双方应就具体使用与收费标准协商约定，并作为合同附件。

第五条　展览服务

5.1　租赁期间双方可就以下方面选择约定租赁费用范围内基本服务：

（1）照明服务：_____，应付款_____人民币或美元；

（2）清洁服务：_____，应付款_____人民币或美元；

（3）验证检票：_____，应付款_____人民币或美元；

（4）安保服务：_____，应付款_____人民币或美元；

（5）监控服务：_____，应付款_____人民币或美元；

（6）咨询服务：_____，应付款_____人民币或美元；

（7）其他服务：_____，应付款_____人民币或美元。

5.2　乙方如需甲方提供上述基本服务之外的服务或向甲方租赁各项设备，应与甲方协商，并由乙方向甲方支付费用，具体内容和收费标准应列明清单，作为合同附件。

第六条　租赁费用

6.1　租金的计算如下：

室内场地面积（平方米）_____，租金_____人民币/平方米·天或美元/平方米·天，天数_____，共计_____人民币或美元；

室外场地面积（平方米）_____，租金_____人民币/平方米·天或美元/平方米·天，天数_____，共计_____人民币或美元；

总计_____人民币或美元。

6.2 如果租赁场地实际使用面积大于合同约定面积，则租金根据实际使用的总面积做相应的调整。结算方式可由双方另行协商，签订补充协议。

6.3 乙方按如下方式支付租金：

6.4 所有支付款项汇至如下账户：

银行账号：_____，银行名称：_____，银行地址：_____

6.5 对依法须经政府部门审查的展览因无法获得政府部门批准导致本合同无法生效的，乙方应通知甲方解除本合同，并按照下列规定向甲方支付补偿金。甲方在扣除补偿金后如有剩余租金，应返还乙方。

第七条　场地、设施使用

7.1 乙方应在租赁期开始前_____天向甲方提供经双方共同选择约定的下列文件：

（1）一式_____份的设计平面图，该平面图至少应包括下列内容：①电力及照明的用量，每个区域容量的布置图及分布供应点位置；②电话位置分布图；③用水区域或用水点；④压缩空气的要求和位置；⑤卫星电视/INTERNET 设置图；⑥甲方展馆内部及其周围红线范围内的其他布置设计。

（2）一份与展览有关的活动的时间表，包括展览会、开幕仪式、进馆、撤馆、货运以及设备使用等的时间。

（3）一份参展企业名录和工作人员数，并请注明国内和国外参展商。

（4）一份使用公共设施的内容，包括设备、家具、礼仪设施、贵宾室和其他服务。

（5）货运单位和装修单位名录及营业执照复印件。

（6）所有参展的展品清单，特别需要注明的是有关大型设备、大电流操作的展品及会产生震动、噪声的展品清单。

7.2 为展览进行搭建、安装、拆卸、运输及善后工作及费用由乙方自行承担。乙方进行上述活动时不得影响其他承租人、展览者在公共区域的活动。

7.3 乙方不得变动或修改甲方的展馆的布局、建筑结构和基础设施，或对其他影响上述事项的任何部分进行变动或修改。在租赁场地的租赁期限内，乙方如需在甲方展馆内的柱子、墙面或廊道等建筑物上进行装修、设计或张贴，须事先得到甲方书面许可。

7.4 租赁期间，双方应保持租赁场地和公共区域的清洁和畅通。乙方负责对其自身财产进行保管。

7.5 甲方有权使用或许可第三方使用甲方场地中没有租借给乙方的场地，但不得影响乙方正常使用租赁场地。

7.6 乙方对租赁期限内由乙方造成的对租赁场地、设施和公共区域的任何损害承担责任。

7.7 如果两个或两个以上的展览同期举办，登记大厅、广告阵地、货运通道等公共区域将由有关各方根据实际的租赁场地按比例共享。

第八条　保证与承诺

8.1 甲方保证与承诺：

（1）确保乙方在租赁期内正常使用租赁场地。

（2）按本合同约定的服务内容和标准提供服务。

（3）在甲方人员因工作需要进入租赁场地时，保证进入人员持有甲方出具的现行有效证件，并在进入前向乙方出示。

（4）协调乙方与同期举办的其他展览单位之间对公共区域的使用。

（5）配合乙方或有关部门维护展览秩序。

8.2 乙方保证与承诺：

（1）在租赁期前_____天，取得举办展览所需的工商、消防、治安等政府部门的批准文件并交甲方备案。

（2）在进场日期前_____天向甲方提供_____份展位平面图。

（3）不阻碍甲方人员因工作需要持有甲方现行有效证件进入乙方租赁场地。

（4）租赁期限届满，在撤离场地日期内将租赁场地恢复原状，返还向甲方租赁的物品并使其保持租赁前的状况。

（5）未经甲方书面同意，不在甲方建筑物内进行广告发布。发布广告如果涉及需要有关政府部门批准的，则负责申请办理相关审批并承担相关费用。若不能获得政府部门批准而导致展览无法如期举办，则承担相应的法律后果。

（6）对乙方雇员或其参展者在租赁期内对甲方实施的侵权行为承担连带赔偿责任。

第九条 责任保证

9.1 乙方应妥善处理与参展商之间的争议。在乙方与参展商发生争议，且双方无法协商解决时，争议双方可共同提请甲方出面进行调解。甲方无正当理由不得拒绝主持调解。调解期间任何一方明确表示不愿继续接受调解，甲方应立即终止调解。甲方的调解不是争议解决的必经程序。调解不成的，调解中任何一方的承诺与保证均不作为确认争议事实的证据。在调解中，甲方应维护展览秩序，乙方应配合甲方维护展览秩序。

9.2 乙方应于租赁期开始前三十天按照本合同规定的租金总额的30%向市会展行业协会支付责任保证金，以保证乙方在与参展商发生争议并出现下列情况时承担相应责任：

（1）争议双方经和解达成协议，乙方承诺承担相应的赔偿或补偿责任。

（2）经审判或仲裁机关调解，争议双方达成调解，乙方承诺承担相应的赔偿或补偿责任。

（3）审判或仲裁机关对争议作出终审或终局裁决，乙方被裁决构成对参展商合法权益的侵害，应当承担相应的赔偿责任。

9.3 乙方在支付责任保证金后三天内应向甲方提供责任保证付款凭证。

第十条 知识产权

乙方为推动其展览进行对甲方名称、商标和标识的使用，须事先征得甲方书面同意。如有违反，甲方保留追究乙方侵权责任的权利。

第十一条 保险

11.1 乙方应在进场日期之前向保险公司投保展馆建筑物责任险、工作人员责任险及第三者责任险，将甲方列为受益人之一，并向甲方提供保险单复印件。

11.2 保险公司的理赔不足以支付甲方所受损失的，甲方有权对乙方进行追偿。

第十二条 违约责任

12.1 甲方有下述行为之一的，乙方有权单方面解除本合同，并按照本合同12.4条向甲方主张违约金：

（1）未按本合同的规定向乙方提供租赁场地，经乙方书面催告仍未提供的；

（2）未按本合同第 5.1 条提供基本服务，经乙方书面催告仍未提供的；

（3）未按本合同 8.1（5）条维护展览秩序，致使展览因秩序混乱而无法继续进行的；

12.2　乙方未按期支付到期租金，应按日向甲方支付逾期付款金额万分之_____的违约金，付至实际付款或解除本合同之日。

12.3　乙方有下述行为之一的，甲方有权单方面解除本合同，并按照本合同 12.4 条向乙方主张违约金：

（1）未按本合同规定支付场地租金、设备租赁、额外服务及超时场地使用等各项应付费用，经甲方催告后_____天内仍未支付的；

（2）国际性展览违反本合同规定，擅自变更展题，经甲方催告后仍未纠正的；

（3）未按 8.2（1）条规定向甲方提供办展所需的相关政府部门的批准文件，经甲方催告后仍未纠正的；

（4）违反本合同规定，擅自使用甲方的名称、商标或标识，经甲方催告后仍未纠正的；

（5）未按本合同 9.2 条支付责任保证金，经甲方催告后仍未纠正的。

12.4　本合同 12.1 条、12.3 条规定的违约金：

租赁期限前_____个月至租赁期届满，已付租金的_____％。

违约金不足以赔偿守约方损失的，违约方应就超额部分损失向守约方承担赔偿责任。

12.5　守约方根据 12.1 条、12.3 条单方面解除本合同，应在违约行为发生后_____天内书面通知违约方，否则视为守约方放弃合同解除权，但不影响守约方向违约方主张违约金和赔偿责任。

12.6　甲方违约的，应在收到乙方解除本合同书面通知之日起_____天内返还乙方已付租金，并支付违约金。乙方违约的，甲方应在乙方收到甲方解除本合同书面通知之日起_____天内将已扣除乙方应付违约金后的剩余租金返还乙方。

12.7　除本合同 12.1 条、12.3 条约定外的其他违约行为造成守约方损失，违约方应当承担赔偿责任。

第十三条　变更与解除

13.1　除本合同另有约定外，本合同未经双方协商一致不得变更与解除。

13.2　国际性展览变更展题，须取得政府审批机关的批准，并向甲方提供。

13.3　双方协商变更或解除本合同的，变更或解除方应提前_____天以书面形式通知相对方，相对方应于收到通知后_____天内以书面形式答复变更或解除方，逾期不答复的，视为同意变更或解除本合同。违反本条规定提出协商变更或解除的，相对方有权拒绝。

第十四条　争议解决

因执行本合同而产生或与本合同有关的争议，双方应通过友好协商解决。协商应于一方向另一方书面提出请求后立即举行。如在提出请求后三十天内无法通过协商解决，双方可选择下列第_____种方式解决：

（1）向_____仲裁委员会申请仲裁，仲裁裁决为终局裁决并对双方均有约束力。

（2）依法向_____人民法院提起诉讼。

第十五条　不可抗力

15.1　本合同履行期间，任何一方发生了无法预见、无法预防、无法避免和无法控制的不可抗力事件，以致不能履行或不能如期履行合同，发生不可抗力事件的一方可以免除履行合同的责任或推迟履行合同。

15.2   本合同 15.1 条规定的不可抗力事件包括以下范围：

（1）自然原因引起的事件，如地震、洪水、飓风、寒流、火山爆发、大雪、火灾、冰灾、暴风雨等；

（2）社会原因引起的事件，如战争、罢工、政府禁令、封锁等。

15.3   发生不可抗力的一方，应于不可抗力发生后_____天内以书面形式通知相对方，通报不可抗力详尽情况，提交不可抗力影响合同履行程度的官方证明文件。相对方在收到通知后_____天内以书面形式回复不可抗力发生方，逾期不回复的，视为同意不可抗力发生方对合同的处理意见。

15.4   在展览尚未开始前发生不可抗力致使本合同无法履行，本合同应当解除，已交付的租金费用应当返还，双方均不承担对方的损失赔偿。

15.5   展览进行中发生不可抗力致使本合同无法履行，本合同应当解除，已交付的租金费用应当按_____返还，双方均不承担对方的损失赔偿。

15.6   发生不可抗力致使本合同需迟延履行的，双方应对迟延履行另行协商，签订补充协议。若双方对迟延履行无法达成一致，应按 15.4 条、15.5 条规定解决。

第十六条   适用法律

本合同的订立、履行、终止及其解释适用中华人民共和国现行法律。

第十七条   附件及效力

双方同意作为合同附件的文件均是本合同重要且不可分割的组成部分，与本合同同时生效并与本合同具有同等法律效力。

第十八条   信息披露

甲方可以网页等形式对外公布本合同约定的展览会名称、馆号和展览日期等相关信息。乙方若调整展览名称、展览日期等内容，应及时书面通知甲方；因乙方未通知甲方致使甲方对外公布的展览名称、展览日期与乙方调整后的不一致，甲方不承担相关责任。

第十九条   保密

双方对基于本合同获取的相对方的办展资料、客户资源等商业信息均有保守秘密的义务。除非相对方书面同意，或法律强制性规定，双方均不得以任何形式对外披露该等信息。

第二十条   通知

本合同规定和与本合同有关的所有联络均应按照收件的一方于本合同确定之地址或传真发出。上述联络如直接交付（包括通过邮件递送公司递交），则在交付时视为收讫；如通过传真发出，则在传真发出即时视为收讫，但必须有收件人随后的书面确认为证；如通过预付邮资的挂号邮件寄出，则寄出七天后视为收讫。

第二十一条   其他

本合同一式_____份，甲乙双方各执_____份，具有同等法律效力。

本合同未尽事宜，经双方友好协商，可订立补充条款或协议，作为本合同附件，具有同等法律效力。

甲方（签章）：_____年_____月_____日   乙方（签章）：_____年_____月_____日

推荐阅读资料

［1］人员密集场所消防安全管理（GA 654-2006）．

［2］大型群众性活动安全管理条例．

［3］中华人民共和国消防法．

［4］国家突发公共事件总体应急预案．

［5］周铁军，林岭．大型会展中心安全分级评价研究与实践［J］．土木建筑与环境工程，2007，29（3）：12-16，35．

［6］张欢．应急管理与危机管理的概念辨析［J］．中国应急管理，2010（6）：31-36．

［7］Abbott J L，Geddie M W. Event and Venue Management：Minimizing liability through Effective Crowd Management Techniques［J］. Event Management，2000，6（4）：259-270.

［8］Hebben S，Gessler P，Klüpfel H. Evacuation Analyses for Venues：Systematic Approach and Comparison to Evacuation Trials［M］. Berlin：Springer International Publishing，2014.

第❽章
会展场馆的绩效与服务质量管理

场馆经营管理方需要在经济效益与社会效益、短期效益与长期效益之间权衡。

本章要求

了解会展场馆收入渠道
掌握会展场馆场地利用率和面积绩效指标的概念和计算
熟悉服务差异理论分析具体场馆的服务问题
掌握IPA分析法
了解会展场馆的服务管理要点和质量管理体系认证

第一节　会展场馆的收入管理

会展场馆的经济效益取决于收入和支出。会展场馆的成本和费用支出相对比较明确和稳定，会展场馆的收入则具有较大的不确定性（表8-1）。对于公益性为主的会展场馆，支出管理是重点；对于盈利性为主的会展场馆，收入管理是重点。当前，会展场馆很难保证盈利，管理者应当尽量扩大场馆的经济收入，首先需要确定场馆的收入来源。

表8-1　洛杉矶会展中心近年来的收入与支出

项目	分类	2019.7~2020.6	2018.7~2019.6	2017.7~2018.6	2016.7~2017.6
收入（百万美元）（按业务类型）	租赁	7.5	6.7	8.0	7.3
	餐饮	3.7	4.9	4.9	4.1
	公用事业	3.6	5.1	5.4	5.5
	停车	9.5	12.4	12.9	12.6
收入（百万美元）（按活动类型）	LTCB（市区内）	10.1	13.6	14.3	13.4
	消费展	10.3	11.1	12.2	10.8
	聚会	4.0	4.5	4.3	3.9
	贸易展	1.5	2.0	2.9	2.0

项目	分类	2019. 7~2020. 6	2018. 7~2019. 6	2017. 7~2018. 6	2016. 7~2017. 6
支出 （百万美元）	薪酬	12. 1	12. 5	11. 6	10. 9
	设施设备	5. 0	4. 9	5. 2	5. 1
	运营支出	6. 0	6. 9	7. 3	6. 2

资料来源：该中心官网。

一、会展场馆的业务收入

场地出租收入是会展场馆的收入来源之一，也是某些场馆的主要收入来源。但是，场地出租收入往往太少，尚不足以在预定投资回收期内收回场馆投资，甚至难以支付场馆管理方的日常运营费用。因此，场馆方需要想方设法扩大收入来源。从实践来看，场馆方的收入来源并不是单一的（图 8-1），场地出租收入有时候没有排在第一位（图 8-2）（王苑，2012）。场馆经营管理方的收入来源主要有以下几种类型，有的教材也称之为会展场馆的运营模式（胡平，2013；张兵，2018）。

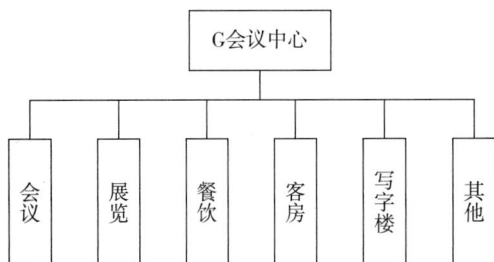

图 8-1 G 会议中心的业务

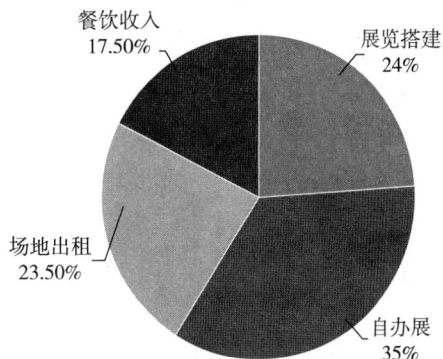

图 8-2 某国际博览中心收入比重分布

1. 场馆租赁收入

会展场馆的收入来源以出租场地为主、出租设备为辅。场馆经营管理方承接各类会展活动，为会展上下游企业提供办公场所，做好场馆物业管理基本业务。会展场馆对每一次场地租赁业务进行单独的财务管理，一般按出租场地面积和场地占用总时间收费。有的场馆按展期收费，而不考虑展前展位搭建和展后展位拆除时间，但场地租赁费用实际上已经包含了搭建和拆展占用场地的平均时间。

2. 会展活动的增值服务收入

除了提供场地服务外，会展场馆经营管理方通过增加会展活动的核心和外围配套服务获得收入。如为展览举办方、展商提供商业广告、展示工程和会展物流服务，为会议活动举办方、参会者提供自营餐饮、住宿、泊车、订票、商品购买和旅游服务等。个别创新型会展场馆通过向活动举办方提供直播平台和虚拟场馆来获取收入。如澳大利亚墨尔本会展中心（MCEC）具有一流的直播工作室、高质量的制作、安全的云服务和可定制的平台，可以帮助客户在线主持活动。

3. 会展活动投资收入

会展场馆经营管理方通过自办会展活动来获得收入和提高场馆的利用率，实现以会养馆、以展养馆。例如，会展场馆和车展主办方合作办展。德国大型会展场馆自办会展活动的数量较多。

4. 管理输出收入

会展场馆经营管理方具有丰富的管理经验和突出的管理绩效。场馆经营管理方可以代管其他会展场馆获得收入。如上海新国际博览中心通过代管地方场馆获得收入。

5. 物业增长运营收入

会展场馆经营管理方通过多年的运营，吸引大量人气，使得场馆周边地块升值和楼宇租金上升。场馆投资方通过商业或居住物业开发获得地块升值溢价，场馆经营管理方通过提高出租场所的物业管理费用或租金获得更多收入。德国慕尼黑会展中心的开发模式就属于这种模式（图8-3）（岳杨，2007）。

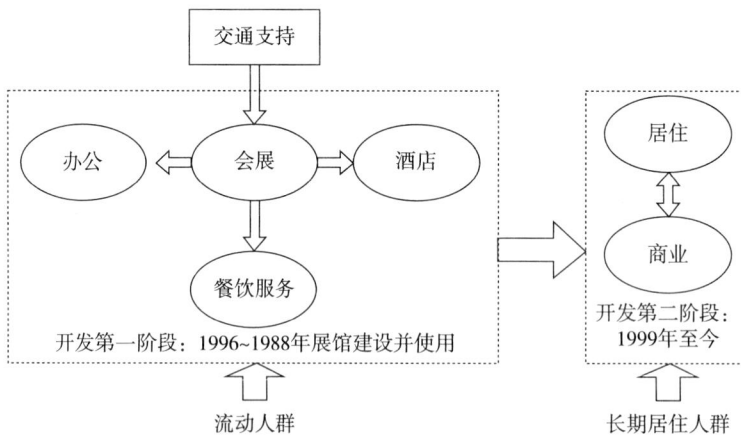

图8-3　慕尼黑会展中心的开发模式

二、会展场馆的其他收入

会展场馆在刺激进口、创造就业机会、吸引私营部门资本以及产生额外税收方面具有巨大潜力。但是，会展场馆本身的建设成本很高、投资回收期长，并且市场竞争提高了场馆使用者对昂贵技术、高品质服务和便利设施的期望，导致此类项目很难盈利。会展场馆能否盈利与业主对场馆的市场定位、盈利预期及硬件条件等高度相关。有些目的地场馆盈利较少甚至亏损是由于规模较小、没有像大城市一样的直达航班，难以吸引利润丰厚的国内和国际会议；也可能是因为位置偏僻，难以吸引那些年复一年、在位于区域中心位置的相同场馆进行的会议（Nelson，2000）。

在国外，尤其是欧洲、北美和澳大利亚，当地政府投资建设会展中心的根本目的不是盈利——事实上也极难盈利，而是为了给当地的酒店持续不断地带来高质量的商务旅行者，包括展商、专业观众（买家）和参会者。虽然美国橙县会议中心（OCCC）估计参与者产生了 17 亿美元的直接影响，这比该中心报告的总营业收入大 20 多倍，但传统的财务报表没有反映这些影响（Kock et al.，2008）。美国许多会展中心向市政府既不交销售税，又不交财产税，州政府甚至对场馆的亏损兜底（Fenich，1994；Darling and Beato，2004）。这一点跟国内一些会展中心直接从政府获得财政资金支持形成了鲜明对比。

在美国，一些会展场馆的部分收入来自于税收，甚至营运资金、更新改造费用都来自税收——酒店临时住宿税（Hotel Transient Occupancy Tax）。拉斯维加斯会议中心（LVCC）是由拉斯维加斯会议和游客管理局（LVCVA）于 1959 年建立的大型展览馆，后者又是由酒店客房税收资助的公共组织。当然，不是酒店直接给会议中心缴纳人头税，而是政府从场馆附近酒店和餐厅缴纳的税收中划拨一部分给会议中心，比如按照酒店床位销售的增加数量来确定划拨额度。会议中心承接的会议、展览等活动越多，酒店销售的客房数越多，餐馆就餐人数越多，酒店和餐馆给政府缴纳的税越多，会议中心能够获得的资金就越多（图 8-4）。新加坡政府规定：场馆周边的酒店和场馆必须拿出营业收入的 10% 补贴场馆（张兵，2018）。会展场馆的这种收益共享模式完全可用于国内会展综合体、会展城的商业生态管理，以实现会展场馆和相关企业的共生和盈利分享。

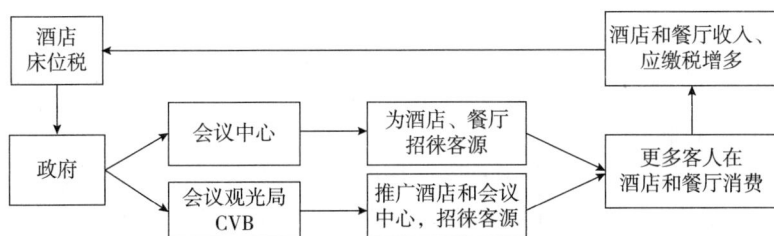

图 8-4 酒店床位税和酒店、餐厅收入循环图

从 1991 年起，美国伊利诺伊州议会授权芝加哥麦考密克会展中心（McCormick Place）从那些直接受益于会展中心的单位获取场馆扩建所需要的资金。这些资金包括四个方面的来源：一是库克郡汽车租赁费用的 6% 部分；二是芝加哥市酒店和汽车旅馆 2.5% 的税收；三是对以史蒂文森高速公路、阿什兰大道和迪弗西为界的市中心地区的餐厅以及奥哈尔国际机场和米德威机场提供的餐饮收入征收 1% 的税费；四是奥哈尔机场和米德威机场地面交通的收费。

第二节　会展场馆的绩效指标

会展场馆的收入包括业务收入和其他收入，支出包括水电气支出、材料成本、管理费用支出、人员薪酬支出和财务费用支出等。为衡量会展场馆各种经营业务的总体盈利情况，可用利润率指标。场馆经营管理方可以通过扩大收入，减少支出来提高利润率。为衡量场馆投资方的获利情况，可用投资报酬率指标。会展场馆方通过场馆兼并、不良资产剥离、公私合营等手段来提高投资报酬率。除此之外，会展场馆还可以用其他指标间接衡量财务绩效，如活动数量、参与者人数，客户的回头率、满意度和投诉率，场馆利用率、单位场地面积盈利指标，内部员工的人均营业收入和人均利润等。山东省质量技术监督局2015年发布的《展览场馆运营绩效评价关键指标》（DB37/T 2703-2015）可供选择展览场馆绩效指标参考，但需要注意这些指标的计算公式可能不同。

一、场地的利用率和市场渗透率

会展场馆场地利用率（Lease Rates 或 Occupancy Rates）又被称为"出租率（LR）""租馆率""使用率"，其计算公式为：

$$LR = \frac{\sum_{i=1}^{n} S_i \times T_i}{S \times T} \tag{8-1}$$

其中，S_i 为会展活动 i 占用的场地面积，T_i 为会展活动 i 占用场地的时间（以天为单位）。n 为计算周期（T）内该场馆举办的活动总数，S 为场馆的室内可举办活动的场地面积。会展场馆的空置率=1-场馆的利用率。利用率可以反映场馆工作量、服务质量和市场份额的变化（胡平，2013）。

该公式的应用需要注意以下几点：①活动占用场地的时间（场地使用期限）包括活动前、活动中和活动后三个阶段，可分为活动日期和非活动日期，其中活动前和活动后时间为非活动日期。如展览场地占用的总时间不仅包含展览开放时间，还包括展览开始之前的布展期和展览结束后的撤展时间。②计算中要把场馆的室内和室外活动场地面积分开，把活动场地面积与其他建筑面积分开，通常只计算室内场地的利用率。③计算周期（T）可分为月、季度和年。④计算周期内的总天数要注明是否去掉节假日。如场馆一年内可利用时间一般为365天，去掉节假日后为251天。

在比较不同场馆的利用率时，需要清楚利用率的计算方法是否相同。有的教材在介绍场馆利用率时并没有考虑场地占用时间（郭海霞，2013）。国内外对展览面积的统计较多关注展览总面积和净面积，很少关注展览场地占用总时间。计算期内场馆可使用的总天数也不统一，有的按日历天数 365 天计算，也有的按年内工作日总天数 251 天计算。这些做法造成展览场馆利用率的计算和相互比较极为困难。用场地周转率来衡量会展场馆的利用率可以不考虑时间因素。会展场馆周转率表示计算周期内会展场馆活动场地的理论使用次数，其计算公式为：

$$R = \frac{\sum_{i=1}^{n} S_i}{S} \qquad (8-2)$$

在广东省标准化协会、广东省会议展览业协会发布的《展览场馆分等定级要求》（DB44/T 700-2009）中，展览场馆的"年度周转率"也被称为"年度使用率"。会展场馆周转率与利用率的区别是前者没有考虑时间因素，因而不能准确衡量场馆的利用情况。会展场馆周转率也没有考虑场馆场地面积和会展活动面积的匹配性。计算周期内场馆理论使用次数与实际使用次数有差异，只能大体反映场馆场地面积的利用率（与场馆闲置面积相关）。假设在计算周期内承接的活动仅有 A、B、C，并且在不同时间举办，不同场地面积的场馆周转率会不同（表 8-2）。但总体说来，场馆周转率越高，场馆闲置面积越小，场馆利用率越高。

表 8-2　不同会展场馆的周转率

场馆场地面积	活动 A 面积	活动 B 面积	活动 C 面积	活动总面积	场馆实际使用次数	场馆理论使用次数（场馆周转率）	场馆闲置面积
4	3	3	4	10	3	2.5	2
5	3	3	4	10	3	2	5
10	3	3	4	10	3	1	20

注：表中面积单位可设为万平方米。

会展活动的举办具有一定的季节波动性，如每年的 4 月、5 月、9 月、10 月是展览活动举办的高峰期（图 8-5 和图 8-6）。本地会展场馆之间的竞争日趋激烈。这也会使场馆的利用率下降。为便于会展场馆的利用率监控管理，管理人员可以按月计算场馆的实际利用率、盈利利用率（场馆处于盈亏平衡时的利用率）、非假日利用率，以及本地场馆行业的平均利用率。根据这些利用率的差距分析，管理人员可以发现场馆闲置类型，并提出相应的管理措施。

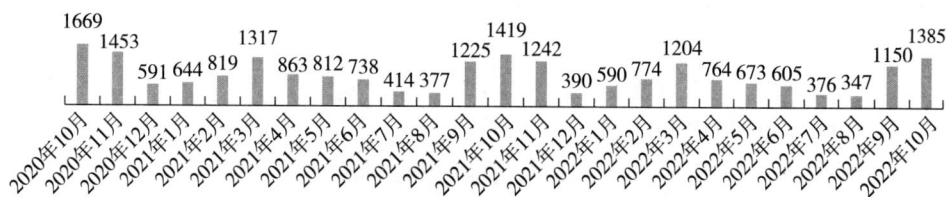

图 8-5　2020~2022 年全球展览活动的分布日期

资料来源：Events Eye 官方网站。

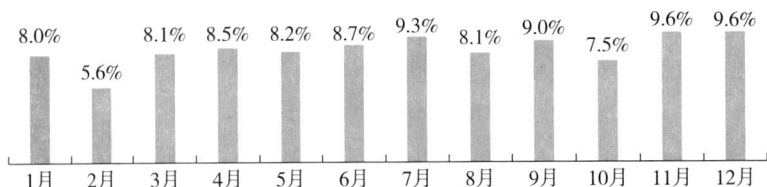

图 8-6　2017 年国内按月份统计会议数量的比例

资料来源：中国会议酒店联盟官方网站。

会展场馆完全使用的利用率（100%）与非假日利用率（不包含假日的场馆完全利用率）之间的差异可以称为场馆的假日型闲置（图 8-7）。尽管会展场馆在假日期间也可以举办会展活动，但假日型闲置是符合法律规定的正常闲置。全行业平均利用率与场馆的非假日利用率之间的差距可称为市场型闲置，表明场地需求不足或场地供给过剩。场馆实际利用率与行业平均利用率之间的差距可称为管理型闲置，由场馆设施设备相对于本地其他场馆的竞争优势和场馆经营管理方的管理水平决定。可见，会展场馆利用率的高（或低）并不能完全反映场馆经营管理方的管理水平高（或低）。

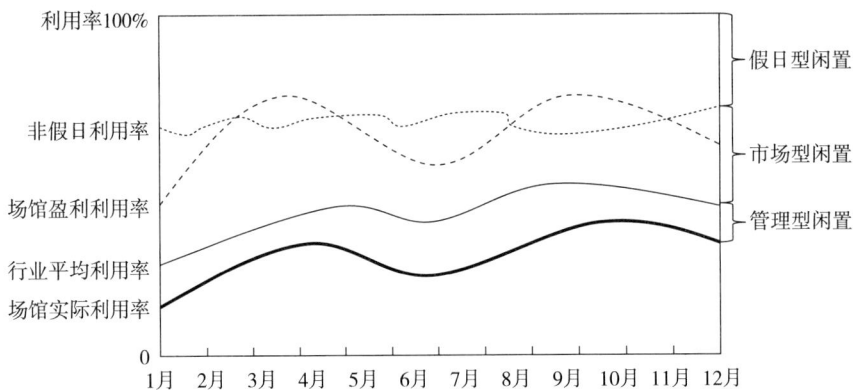

图 8-7　会展场馆利用率的时间分布

据调查，在全美 24 个最大的会议目的地中，主要会议中心的利用率为 43%~45%；亚特兰大会议中心的利用率计算为 67%，其可比较的竞争性场馆的平均利用率为 53%；纽约市贾维兹会展中心（JKJCC）分别于 1995 年和 1996 年实现了 73% 和 79% 的利用率，是"目前在场馆容量附近运行，并且预计在世纪之交达到最大容量的场馆"（Sanders，2002）。

Lee 和 Lee（2006）的调查发现：①在大多数韩国会展城市中，会展中心几乎从未盈利；②普遍认为，当会展中心的利用率达到 50% 时便可以获利；③2004 年，韩国五个主要会展中心的平均利用率为 48.5%（展览场地）和 36%（会议场地）。

中国场馆利用率不及会展业发达国家。除北京、上海、广州的几个会展场馆能达到40% 左右外，其他城市的大多数会展场馆的利用率都在 20% 左右（常红，2013）。全国超过一半的展览场馆每年举办展览数量在 10 个以下，利用率也在 10% 以下（图 8-8）（中国国际贸易促进委员会，2020）。这引起了一些学者的关注（叶宁青和邱蔚娟，2013）。也有学者认为当场馆的利用率达到 50% 以上时，超负荷运行状态容易造成场馆 "疲劳"（张以琼，2005）。

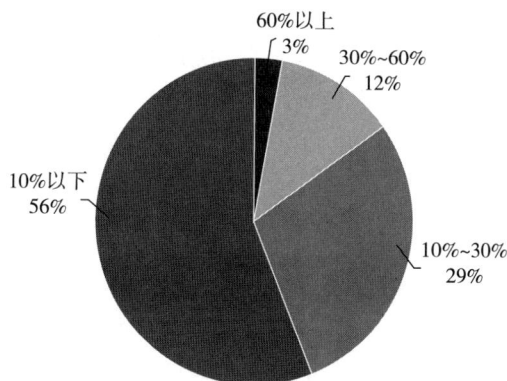

图 8-8　2019 年全国展览馆利用率分布

会展场馆整体利用率低下，不仅会造成资金、土地等资源的浪费，而且会导致场馆经营市场的恶性竞争。借鉴国内外场馆成功经验，通过展览场馆的重新定位、举办自办展、吸引专业性和品牌性的展览、采用场馆分割功能和延期收费等方式不失为提高场馆利用率的有效之道（叶宁青和邱蔚娟，2013）。当然，会展场馆还可以通过举办各类人才招聘会、书画展、庆典活动、文体活动等除贸易类展览以外的其他活动来提高利用率。

会展场馆经营管理方也可以用市场渗透率（Market Penetration）衡量场馆在所在地区或全国场馆市场中的竞争地位，其计算公式为：

$$P_M = \frac{S_S}{S_T} \tag{8-3}$$

其中，S_S 为场馆实际出租面积，S_T 为所在地区或全国实际出租总面积。

二、场地的单位面积盈利指标

会展场馆的利用率和周转率没有考虑场地出租收入和成本问题，不能完全反映场馆方的管理效率。可以选用会展场馆单位面积场地的平均收入和单位面积场地的平均利润指标，其计算公式分别为：

$$P_I = \frac{I}{S} \tag{8-4}$$

$$P_R = \frac{I-C}{S} \tag{8-5}$$

其中，I 为会展场馆计算周期内的场地出租总收入，C 为总成本，S 为场馆的室内可举办活动的场地总面积。

会展场馆经营管理方还可以用单位面积场地的平均毛利来衡量场馆的使用和盈利情况，其计算公式为：

$$R_G = \frac{P_G}{S} \tag{8-6}$$

其中，S 为场馆可出租场地总面积，P_G 为场馆在计算期内的毛利。毛利一般为场馆租金收入扣除运营成本后的剩余。运营成本主要包括人力成本、材料费、水电费等直接支出，不包括财务费用、管理费用、销售费用和税费。场地的单位面积盈利指标可以反映场地的创收能力、市场竞争能力，评价场馆经营效益（胡平，2013）。

三、平衡计分卡绩效指标体系

单一或少数几个指标往往很难全面衡量会展场馆的绩效。在评价场馆绩效时还要考虑场馆的可持续性发展问题，而不能简单分析当期的财务绩效。20 世纪 90 年代初，美国哈佛商学院的卡普兰和诺朗诺顿研究所的诺顿提出了"平衡计分卡"（Balanced Score Card）的概念（也有的称为"平衡积分卡"）。平衡计分卡是一种绩效管理工具。它将企业战略目标逐层分解转化为各种具体的相互平衡的绩效考核指标，并对这些指标的实现状况进行不同时段的考核，从而为企业战略目标的完成建立起可靠的执行基础。

张旺芝和王振艳（2011）将平衡计分卡用于会展[1]场馆运营绩效的衡量，提出了一套指标体系（表 8-3）。该指标体系包括客户、内部经营、学习与成长和财务四大维度，以及 14 个关键指标、63 个三级指标。组织持续经营的基础是客户的长期支持。服务是非物质商品，在购买前不能被触摸、看到或体验。潜在客户可能会面临选择合适服务提供商的困难。因此，会展场馆经营管理方应当重视客户关系管理。会展场馆的客户回头率和活动参与人员的服务满意度是提高场馆利用率和长期盈利的基础。其中，会展场馆的客户回头率可用计算年度内连续举办的会展活动数占会展活动举办总数的比例来衡量。

表 8-3 基于平衡计分卡模型的会展场馆运营绩效指标体系

维度	关键指标	三级指标	维度	关键指标	三级指标
客户	客户满意	办展机构满意度，参展商满意度，参展观众满意度，回头客比率，口碑推荐率	学习与成长	员工	员工职业素养，员工培训满意度，员工受教育程度，员工学习能力，员工建议采用率
	服务质量	服务流程，服务意识，服务环境，服务态度，安全保障		创新	研发投入额，新项目开发投资额，管理机制创新，服务内容创新，研发项目成功率
	融洽氛围	联谊活动，设置奖励回馈机制，投诉处理效率，沟通效率		可持续发展	新增客户比率，潜在客户增长率，新项目贡献率，品牌知名度、美誉度、忠诚度

[1] 从表中指标看，主要针对展览场馆。当然，大部分指标也可用于会议场馆。

维度	关键指标	三级指标	维度	关键指标	三级指标
内部经营	组织机制	运营机构设置，分工制度，部门合作效率	财务	成本控制	年度预算制度，成本费用率，主营业务成本比重，管理费用比重
	人力资源管理	专职人员比率，员工满意度，绩效考核制度，激励制度		盈利能力	每平方米利润率，营业收入，主营业务利润率，营业收入增长率，自办展利润率，衍生业务收入比重
	管理水平	设施完好率，场馆利用率，突发事件处理，安全运营，现场控制能力，运营效率		资金运营能力	会展场馆利用率，场馆资产周转率，应收账款周转率，净资产报酬率
	信息化程度	档案信息系统，业务流程管理系统，全功能服务网站，内部信息共享系统		偿债能力	流动比率，现金比率，资产负债率，净营运资金负债率

第三节　会展场馆的服务质量管理

服务质量是会展场馆实现和提高经营绩效的基本条件。为提高服务水平，场馆经营管理方需要了解场馆使用者的服务预期、服务满意度、服务差异产生过程以及提高服务满意度的管理要点，甚至需要建立一套质量管理体系，确保能够提供高质量的服务。

一、会展场馆的服务差异分析

与有形产品质量的评估不同，服务质量的评估是在服务传递过程中进行的。Parasuraman等（1988）提出了 SERVQUAL 模型，认为组织的服务质量可以从五个方面来评价，即可靠性（Reliability）、响应性（Responsiveness）、保证性（Assurance）、移情性（Empathy）和有形性（Tangibles）。可靠性是组织可靠地、准确地履行服务承诺的能力。响应性是指组织向客户迅速有效提供服务的能力。保证性是指组织员工所具有的知识、礼节以及表达出自信和可信能够增强客户对服务质量的信心和安全感的能力。移情性是组织设身处地为客户着想并给予客户特别关注的能力。有形性是指组织有形的设施、设备、人员、材料等。

根据该理论模型，客户对组织服务质量满意的条件是客户对服务质量的感知超出或等于其对服务质量的期望。客户的服务期望受到组织口碑、个人需要和过去经历的影响。客户从五个方面将预期的服务和接受到的服务相比较，最终形成自己对服务质量的判断。由此，会展场馆经营管理方要提高服务质量需要重视以下五个方面的差异管理，最终提高场馆使用者的满意度和再次使用场馆的意愿（图8-9）。

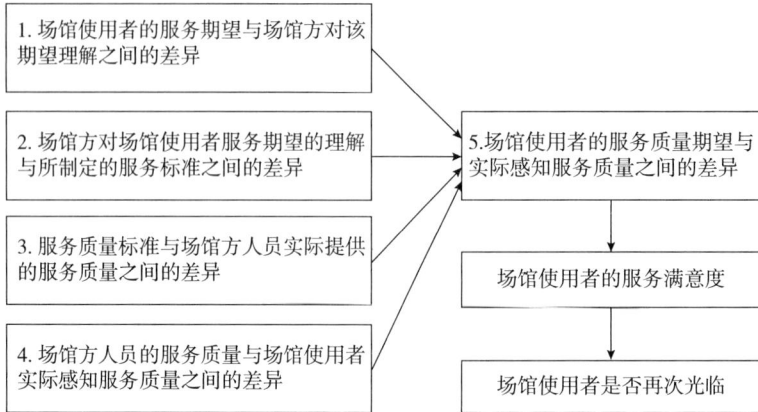

图 8-9　会展场馆服务差异分析

二、会展场馆服务对象的调查方法

　　会展场馆制定服务方案和提高服务质量水平，必须首先进行服务对象的调查。会展场馆服务对象是活动举办方和参与人员。主要对象是后者，即展商、观众或参会者。会展场馆服务对象的调查方法有传统的问卷调查法和相对前沿的行为轨迹分析法、文本分析法。传统的问卷调查法与后两种分析法相比的优缺点在于：调查对象和内容的可控性强，但调查成本高、调查时间较长、调查样本有限，被调查者配合调查的意愿往往较低。行为轨迹分析法包括对活动参与人员的现场行走轨迹和网上浏览轨迹的分析。文本分析的对象包括与活动参与人员有关的语言、视频和语音材料。两种分析的目的在于找出活动参与人员的人群特征和行为意图，为提供个性化服务和有效的人群管理或控制提供依据。

　　人员现场行走轨迹分析（不同于简单的人流线分析）依赖于人脸识别技术、物联网技术、室内外定位技术和移动 App 的发展和使用。如 Vu 等（2018）通过引入一种称为"基于场所的社交媒体数据"（VR-SMD）来确定游客（观众）在不同目的地的活动时间长度。他们从社交媒体平台（Foursquare）提取游客场所签到数据，将游客身份与场馆类型和出入场馆的时间联系起来以获取有用的信息。

　　网上浏览轨迹分析则依赖于网页浏览者的设备使用、网页内容和软件的开发设计。如利用搜索引擎进行的搜索变化（趋势研究）、需求图谱和人群画像可以了解活动参与人员的部分信息和场馆之间的差异，但并非所有人都会随时使用网络。

　　文本分析借助词频统计、共现矩阵和感情色彩分析可发现参展、参会人员的关注热点和情感体验等问题。如通过会展场馆使用者的网上评论分析，场馆方和活动组织者可以识别客户的关键概念、满意（或不满意）因素、场馆或活动相关的投诉问题以及提示或建议（Boo and Kim，2019）。尽管这些方法是会展大数据的来源和应用的技术基础，在一些方面能够反映被调查者的真实情况，但目前在使用上仍然有较大的局限性，主要表现在调查对象有偏性、调查信度不高、调查指标受限等方面。

三、会展场馆服务项目的重要性和满意度分析

"重要性—满意度分析法"（IPA）也有人称为"重要性—绩效分析法""重要性—表现分析法"（图 8-10），是一种服务质量诊断决策工具，可帮助组织确定服务项目改进的优先级，将稀缺资源部署到最需要的地方，协调战略规划工作以增强相对竞争力（Martilla and James，1977）。常用来分析客户对多个服务项目的质量期望和感知差异，一般用二维平面图表示。纵坐标表示客户对服务指标的重要性期望，横坐标表示客户对该服务指标的满意度感知。平面图形通常依据服务项目重要性和满意度的均值或中位数等数值划分为四个象限。组织根据各服务项目在图中的具体位置，采用不同的策略（Azzopardi and Nash，2013）。

图 8-10　服务项目的重要性——满意度分析

服务项目满意度的数据来自客户的报告。客户直接描述服务项目重要性的方法使用较为普遍。为避免客户服务满意度对服务项目重要性评估的干扰，重要性的其他评估方法：客户自述法，包括模糊数分析、部分排序、分数分配；研究者分析法，通过满意度调查数据的逻辑回归分析、多元回归分析、主成分分析、偏相关、层次分析、神经网络分析或网络文本分析获得。由此，服务指标的重要性可分为：直接描述的重要性、指标间相对比较的重要性和通过模型计算的重要性。艾伦特和拉奥（2005）则将其称为：直述重要性（Stated Importance）依赖于受访者对于服务质量重要性的理解能力；相对重要性（Relative Importance），按照两个预测变量的相对影响得到等距或比率尺度的数值；推导重要性（Derived Importance），根据整体满意度和特定预测变量之间存在的相关程度来衡量。

IPA 从时间上可以分为动态与静态，从不同组织竞争的角度可分为竞争型和非竞争型。竞争型 IPA 可能涉及服务指标的 SWOT 分析、满意度比率分析、竞争公司满意度评估等内容。非竞争型 IPA 可能涉及服务指标容错区、指标满意度或重要性之间的差异分析和动态竞争性分析。

IPA 应用步骤为：服务指标选择→问卷设计（7 分量表较好）→现场调查→服务指标

的潜变量确定（常用因子分析选择关键指标，在一些分析中该步骤被去掉）→服务指标的重要性和满意度差异显著性分析（包括不同被调查者之间的比较分析）→二维平面图绘制→提出针对不同人群的服务策略。需要注意的是活动举办方、参展（或参会）者对服务项目的重要性和满意度评价可能不同；即使是参展（或参会）者，其评价也可能因人群不同而不同。

徐洁、苑炳慧、胡平等（2008）用 IPA 研究展商对上海光大会展中心提供的相关服务的满意度，在对 21 个原始服务项目（指标）进行探索性因子分析后，得出 5 个主要的影响因子：展览场馆自身硬件设施服务、展览服务商提供的服务、场馆的空间位置条件、展中的场馆表现、场馆的平时表现。在此基础上进行结构方程建模，得出 21 个原始服务项目的推导重要性，发现对 5 个因子影响较大的服务项目的排序由高到低依次为：展览设施、展台搭建服务、场馆内部布局、场馆的清洁卫生和场馆运营管理。最后绘出"直述重要性—直述满意度四分图"和"推导重要性—直述满意度四分图"（图 8-11 和图 8-12）。可见，两者并不完全相同。

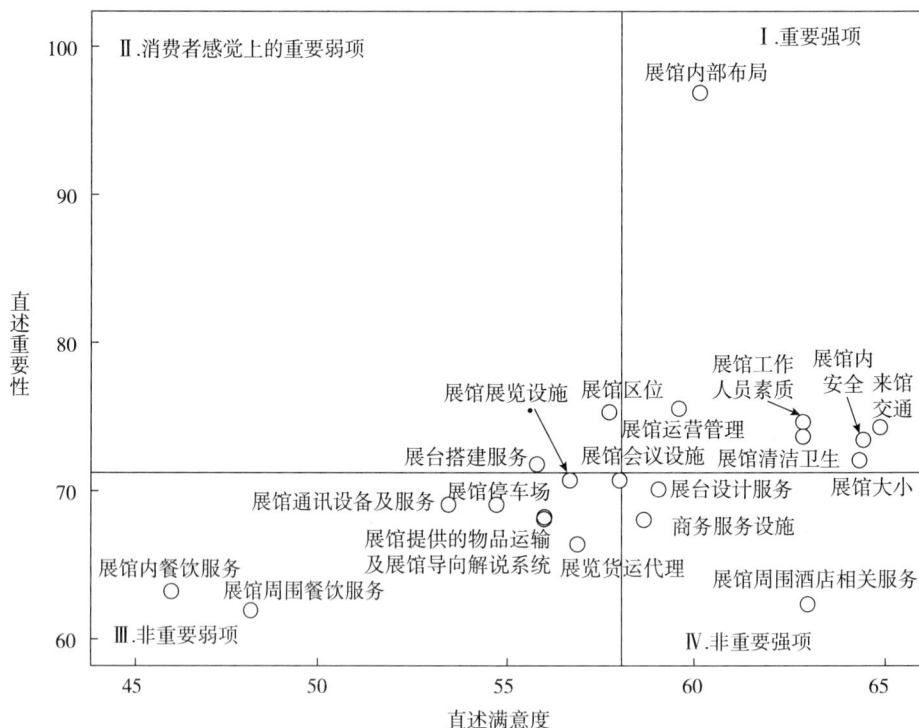

图 8-11　直述重要性—直述满意度四分图

顾梦瑜和张云耀（2012）从展商的角度对重庆国际会议展览中心的服务进行了分析（表 8-4）。Garaycochea（2017）做了类似研究。可见，不同学者的研究指标和结论存在一定差异。

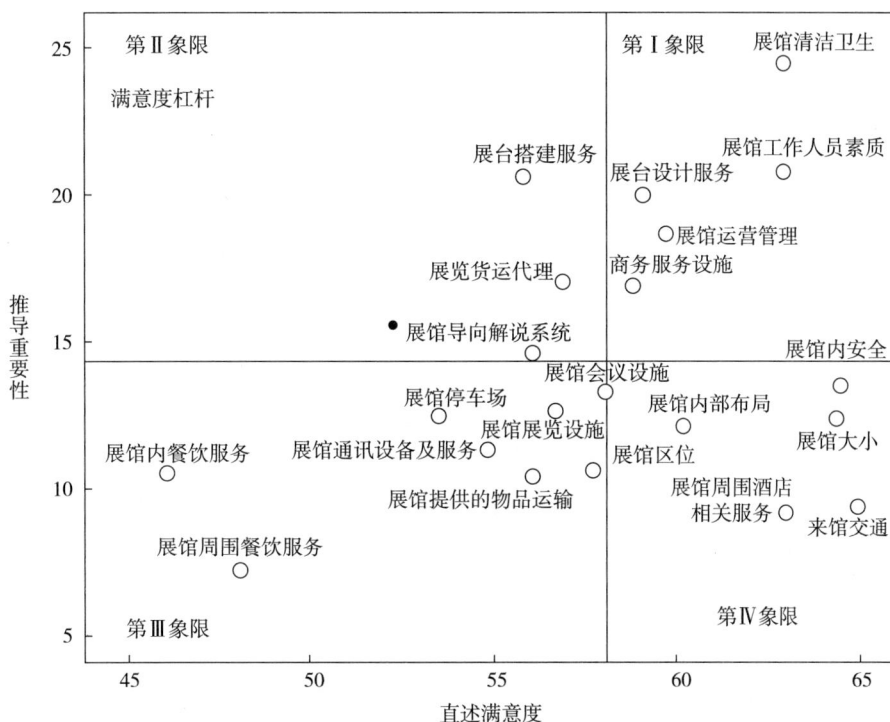

图 8-12　推导重要性—直述满意度四分图

表 8-4　重庆国际会议展览中心服务与设施的重要度与实际满意度

服务与设施项目	重要度评分			满意度评分			t 检验	
	均值	标准差	排序	均值	标准差	排序	t	sig.
会议展览中心的干净程度	4.36	0.63	5	3.37	0.74	8	12.66	0.000
完善的内部设施	4.41	0.67	4	3.26	0.77	12	13.43	0.000
客服提供帮助的有效性	4.34	0.68	6	3.32	0.78	9	12.15	0.000
客服的亲热程度	4.13	0.69	9	3.51	0.77	5	7.29	0.000
会展中心其他员工的辅助性	4.08	0.70	10	3.28	0.76	10	9.06	0.000
网站的设计和内容	4.15	0.77	8	3.14	0.75	13	10.91	0.000
安保工作	4.55	0.60	1	3.58	0.83	2	11.60	0.000
会展中心指示明确性	4.26	0.65	7	3.57	0.78	3	8.72	0.000
会展中心附近可提供高品质的住宿设施	3.67	0.81	18	3.38	0.75	7	3.17	0.002
会展中心卫生间的充足度	4.02	0.69	12	3.58	0.89	2	4.83	0.000
会展中心手机信号的覆盖率	4.47	0.64	2	4.02	0.63	1	7.84	0.000
到会展中心沿途的指示标志的明确性	4.41	0.61	3	3.52	0.76	4	10.80	0.000
整个会展中心休息处的设置	3.78	0.77	16	3.05	0.76	16	7.90	0.000
当地餐饮设施到达的便捷性	4.05	0.74	11	3.12	0.73	14	9.75	0.000
停车及其费用的可承受程度	3.72	0.85	17	3.27	0.63	11	5.07	0.000
到达和离开会展中心出租车的便捷性	4.02	0.74	12	3.45	0.75	6	6.32	0.000

服务与设施项目	重要度评分			满意度评分			t 检验	
	均值	标准差	排序	均值	标准差	排序	t	sig.
整个会展中心容易找到出售餐饮的摊位	3.80	0.83	15	3.06	0.81	15	7.16	0.000
知名餐饮品牌的服务	3.45	0.82	19	2.81	0.80	17	6.50	0.000
商务中心的便利性	3.89	0.78	14	3.28	0.80	10	5.71	0.000
充足的网络接入口	3.95	0.78	13	2.80	0.90	18	10.87	0.000
其他	3.20	0.64	20	3.05	0.55	16	2.20	0.003

Wu 和 Weber（2005）也采用 IPA 对中国香港会展场馆进行了研究，把针对观众的服务项目分为：可达性、食品和饮料、会议设施和服务、公共设施和服务以及服务人员（表 8-5）。

表 8-5　受访者对中国香港会展场馆对属性、设施和服务的绩效感知

属性、设施和服务	重要性		满意度		t 检验	
	均值	标准差	均值	标准差	t 值	显著水平
可达性						
到达场馆的交通工具	4.300	1.120	3.600	1.725	5.230	0.000
到达场馆的交通费用	3.790	1.170	3.130	1.768	4.090	0.000
场馆内部的方向标牌	4.250	0.920	3.630	1.574	4.550	0.000
残疾人设施	3.870	1.230	1.900	2.137	10.680	0.000
场馆与住宿设施的距离	4.330	0.800	3.840	1.435	4.010	0.000
食品和饮料						
场馆靠近当地餐饮设施	3.960	1.010	3.620	1.401	2.750	0.007
内部网点的质量	3.850	1.000	3.210	1.827	4.260	0.000
内部网点的价格	3.910	0.960	2.870	1.835	6.551	0.000
会议设施和服务						
独特的室内设计	3.470	1.110	4.040	1.080	6.490	0.000
会议场地的装饰	3.590	0.960	4.030	0.990	5.600	0.000
会议场地的氛围	4.060	0.810	4.150	0.809	1.140	0.258
会议场地的维护	4.360	0.820	4.430	0.937	0.860	0.393
会议场地的通风	4.510	0.680	4.030	1.143	5.620	0.000
座位的舒适性	4.490	0.670	4.030	0.815	6.150	0.000
先进的视听设备	4.510	0.730	4.090	1.289	3.740	0.000
公共设施和服务						
场馆公共空间和社交区域的充足性	4.290	0.740	4.380	0.797	1.280	0.201
洗手间的充足性	4.480	0.610	4.350	0.890	1.890	0.060
公用电话的充足性	3.590	1.180	2.610	1.903	6.910	0.000
公共互联网接入的充分性	4.240	1.030	2.320	1.613	14.280	0.000

属性、设施和服务	重要性		满意度		t 检验	
	均值	标准差	均值	标准差	t 值	显著水平
服务人员						
工作人员的数量	4.260	0.790	4.170	1.253	0.920	0.358
工作人员彬彬有礼	4.320	0.700	4.290	1.220	0.350	0.722
员工乐于助人	4.410	0.670	4.130	1.417	2.290	0.023
员工语言能力	4.410	0.790	3.650	1.436	6.570	0.000

IPA 也可以用于会展场馆的优劣势分析（图 8-13）。如苑炳慧和杨杰（2009）使用 IPA 从展商的视角对上海光大会展中心的展览环境进行了分析，发现其主要优势是市容环境、城市治安、城市经济、产业基础、公共服务和政策环境，主要劣势是展览相关服务、展会品牌、会展场馆、城市交通和商务服务设施。

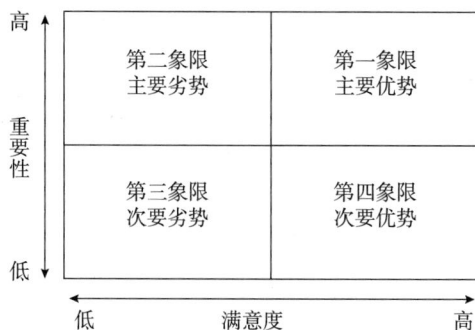

图 8-13　IPA 用于判断场馆优劣势

另一种分析方法是回归分析法或结构方程模型分析法，找出影响场馆使用者满意度的显著服务项目（因素）及其权重（重要性）。Siu 等（2012）发现：环境条件、设备功能、总体功能、标识和清洁都会直接影响参会者的感知质量，继而影响情感、满意度和停留意愿，而空间布局的影响不显著（图 8-14）。在服务场景的"环境条件""设备功能""总

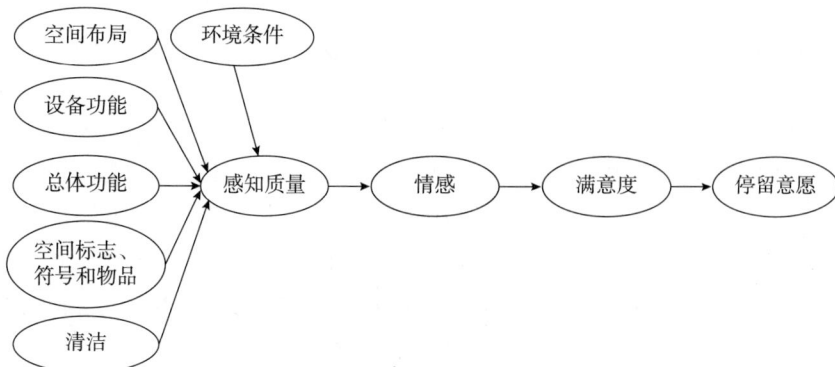

图 8-14　影响感知质量的因素

体功能""空间标志、符号和物品""清洁""空间布局"六个维度中,清洁对观众对会议地点服务质量的感知、满意度和停留意愿的影响最大,其次是"设备功能""总体功能",最后是"环境条件""空间标志、符号和物品"。通风、先进的视听设备、舒适的座位、足够的洗手间和乐于助人的工作人员是参会者所认为的会议场所的最重要属性。

餐饮可以增强参会者对活动的感官记忆,营养均衡的食物可以增强参会者的学习能力。因此,它成为满足参会者的需求和增加出席人数的有效工具。Kim 等(2009)的回归分析发现,食物的质量是参会者对餐饮部门满意度的主要影响因素,餐饮部门满意度可以预测参会者再次参会的意愿。

田彩云和吴卫军(2010)通过回归分析发现:酒店会议服务、会议设施、其他服务和物有所值对客户总体满意度有显著影响,而酒店的整体形象与外部环境、其他配套设施则不是客户满意度的显著影响因素,酒店会议服务、会议设施、其他服务和物有所值对客户重复购买、推荐意识产生显著的正向作用。

Rashid 等(2015)通过回归分析研究"环境条件""空间布局(或功能)"和"标志、符号、物品"三大要素对展商满意度的影响。其中,环境条件是指视觉美学(照明、颜色、形状)、清洁度(气味、空气质量、香味)、环境(温度)和声音(音乐、噪声);空间布局是指诸如家具、机械设备和服务区之类的布置。他们认为:场地经营者提供的房间的足够大小和布局,适当装饰的大厅和标志、符号、物品,宜人的照明、音乐、色彩、展示、香水、柔和舒适的氛围,这些因素都会提高展商对吉隆坡会议中心的设施满意度。

四、会展场馆服务满意度的管理要点

客户服务满意度的管理步骤一般为:建立客户满意度衡量标准;进行客户满意度调查;通过关键驱动因素分析建立关键绩效指标(KPI);根据关键目标和战略监控其进度;将客户满意度与所在行业或整个市场中其他组织进行比较;提出服务改进措施;进一步培养观察客户的技能并更好地了解他们真正的需求。

提高客户满意度要重视服务过程的管理。Danaher 和 Mattsson(1994)调查了会议当天的参会者在到达、茶歇、午餐和会议室共四个服务环节的满意度,发现每一个环节的平均满意度都存在显著差异:到达时的满意度较高,喝咖啡休息时间(茶歇)满意度下降,午餐时满意度最差,在会议室体验过后满意度上升。

找出影响客户满意度的关键因素在服务管理中至关重要。Weber(2000)指出:虽然会议或会议酒店的物理属性很重要,但最重要的是酒店用来支持会议的实践活动,即酒店提供承诺服务的能力以及员工解决问题的效率;此外,会议结束后准确的计费也是关键因素。孙艳和张璐(2013)把影响观众满意度的展览场馆服务项目划分为信息、餐饮和安全卫生三大类(表 8-6)。其中,安全卫生对观众满意度的影响最大,其次是信息,影响最小的是餐饮。

表8-6 影响观众满意的展馆服务质量因子分析

指标	主成分		
	1	2	3
交通便利	—	—	—
餐食美味可口	—	—	0.821
餐饮价格合理	—	—	0.728
餐饮卫生状况	—	—	0.535
紧急出口、消防器材安放标识规范	0.831	—	—
安保人员着装规范	0.865	—	—
安保人员服务意识强	0.855	—	—
展馆卫生维护、打扫及时	0.786	—	—
观众休息场区内设施完好	0.536	—	—
卫生间整洁	0.616	—	—
向导服务到位	—	0.589	—
通信与网络服务到位	—	0.840	—
实时信息播报及时	—	0.790	—

注：提取方法是主成分。取值≥0.4。旋转法具有 Kaiser 标准化的正交旋转。

场馆方应当重视现场管理。管理人员应当坚持5S管理法，坚持标准化服务、个性化服务和专业化服务。裴向军（2008）提出，应当从硬件和软件两个方面提高会展场馆服务的现代化（表8-7）。但确定诸多服务项目的内容和重要性仍然要借助对场馆使用者的调查。

表8-7 会展场馆现代化的两大构成要素

硬件		软件	
设施的先进性	门禁系统 水电系统 空调通风系统 电话宽带设备 照明设备 / 消防设备 监控设备 运输设备 排污设备	展会工作人员的专业性	会展专业知识 沟通协调能力 周到服务理念 主动创新意识
内部设计的实用性	展厅的净高和顶棚承载力 展厅的地面负荷 展厅出入口的个数和尺寸 特殊展厅的设置和空间多功能使用 / 展厅的层次 展厅的标识 展厅的形状 展厅的地下通道	会展场馆管理的有效性	场地安排 人车分流 设施维护 能源消耗控制 / 场馆绿化保护 场馆环境保洁 场馆安全消防
布局的合理性	功能化区域的划分 区域布局的相关性 体现以人为本的理念	与展览相关配套服务的齐全性	信息查询服务 物流服务 搭建服务 新闻服务 翻译服务 广告服务 / 酒店预定服务 票务服务 旅游服务 培训服务 餐饮服务
选址的科学性	交通便捷 周边配套设施齐全 有可持续发展的理念		

要成为活动规划者梦寐以求的场所，就需要极强的响应能力、完美的服务和最新的设施。Cvent 网站提出了会展场馆管理的 20 个必备技巧，管理者可以采取以下策略来提高服务水平。

1. 重视需求建议书（RFP/RFQ）

需求建议书（Request for Proposal，RFP）或资格要求（Request for Qualification，RFQ）也可称为"招标书"或"招标文件"，是采购方要求供应商提供问题解决方案的建议。场馆管理人员需要快速和准确地响应活动举办方的招标书。利用潜在客户自动评分系统可确保快速筛选传入的招标书，并有效地确定潜在客户的优先级。必须及时回复每个建议邀请书，知道哪些应该被拒绝，哪些需要有针对性地响应或计划。

2. 为每个活动分配管理人员

指派一名联络员来帮助活动举办方解决问题，协调内部管理人员和了解活动进展。

3. 公开关键的联系电话

让活动举办方可以随时联络场馆管理人员，并知道什么时候可以得到帮助。

4. 使用客户关系管理（CRM）软件

可以提前确定服务措施，帮助设置客户优先级，促进和维持销售。

5. 在活动期间利用可穿戴通信设备

管理人员使用蓝牙耳机、智能手表电话与团队成员进行即时沟通。对于大型活动，最好使用对讲机。

6. 举行工作前会议

每次活动前让团队成员聚在一起，举行 10 分钟的站立会议，让每个人都清楚自己的责任，并具有主人翁意识。

7. 参加客户的活动

确保管理人员在适当的会议、研讨会和其他活动中在场——无论是面对面的、在线的，还是两者兼而有之，以建立非常重要的个人关系。

8. 保持与活动举办方的沟通真实、透明

在适当的时候发送邮件和打电话跟进。

9. 使场馆访问与竞争者不同

让来访的活动举办方觉得受到特殊接待，如提前派人到大厅接见，提供咖啡和茶，在

会议室做演示，分享类似活动的照片和 3D 活动图。

10. 向活动举办方询问他们的三大场地附加值

找出他们在某个场馆最看重的东西。例如，他们可能最关心注册和活动管理技术，或者希望餐饮折扣。因此，场馆方需要与供应商建立强有力的合作关系。

11. 把场馆建成为当地的佼佼者

考虑赞助当地的活动和组织，或通过广告在媒体上保持影响力。

12. 举行供应商集会

邀请潜在供应商参加年度展示活动。

13. 特别注意第一手资料

在网站上展示服务供应商，注重场馆资产的长期管理。

14. 确定场馆更新改造的优先级

确保会场配备齐全，保持良好的信息沟通，随时进行任何必要的更新，为所有相关人员提供安全的体验比以往任何时候都重要。

15. 根据目标活动个性化布置场地

设身处地地为活动策划者和与会者着想，针对不同的会展活动提供具体的、适用的场所布置方案。

16. 确保技术领先

确保设备能够支持最新的活动技术，如行为推荐引擎和第二屏幕，避免出现 WiFi 故障、手机信号不良等情况。

17. 每周做一次检查，寻找问题

从场地外部开始，沿着人员流线检查，密切关注细节。如评估车辆的停放情况以及到达或离开区域的安全性、清洁度和通畅性，查看引导标识，检查公共卫生间的容量、功能和清洁度，测试智能手机上的 WiFi 信号。

18. 使用"神秘"访客

通过"神秘"客人的消费体验，发现影响客户满意度的人员服务和设施设备使用问题。

19. 分析签到体验，寻求完善和精简的机会

无论是管理人员还是神秘客人都要设置一个计时器，测量前台签到或通过电子签到所需要的时间。

20. 将活动策划者添加到场馆管理团队中

活动策划人员可以帮助完善场馆管理，找出场馆方提供的每个活动空间在设计和技术上的不足。

五、会展场馆的质量管理体系认证

质量管理体系（Quality Management System）是指在质量方面指挥、控制和组织的一系列管理活动，包括制定质量方针、目标以及质量策划、质量控制、质量保证和质量改进等活动，是组织的一项战略决策。国际标准化组织（ISO）于 1979 年成立了质量管理和质量保证技术委员会（TC176），负责制定质量管理和质量保证标准。该组织制定的 ISO 9001 是迄今为止世界上最成熟的质量框架，不仅为质量管理体系，还为总体管理体系设立了标准。ISO 9000 系列标准自 1987 年发布以来，经历了 1994 版、2000 版、2008 版、2015 版的修改，形成了现在的"ISO 9001：2015"系列标准。

组织实施 ISO 9001 标准后，可经第三方权威机构进行质量管理体系认证。ISO 9001 质量管理体系认证可以帮助组织增加员工的参与意识，减少浪费和客户投诉，提高品牌信誉、组织绩效和客户满意度。认证证书是企业向"需方"提供"信任度"的证据，成为有用的市场促销工具。我国会展场馆在走向国际化的过程中，通过 ISO 9001 质量管理体系认证既是一条走出国门的"捷径"，又是一个在国际会展活动投标制胜的"利器"。

全球有 161 个国家或地区的超过 75 万家组织通过了 ISO 9001 质量管理体系认证。1994 年，我国开始执行国际标准 ISO 9000 的贯彻和认证工作。近年来，国内会展场馆通过 ISO 9001 质量管理体系认证的较多。2002 年，中国国际展览中心通过 ISO 9001 质量管理体系认证。2006 年，青岛国际会展中心通过 ISO 9001：2000 质量管理体系认证。2015 年，广州保利世贸博览馆通过 ISO 9001：2015 质量管理体系认证。2020 年，中亚国际会展中心通过 ISO 9001 质量管理体系认证。

2009 年，国家标准化管理委员会、国家发展和改革委员会印发《服务业标准化试点实施细则》的通知。2010 年，广东省标准化协会和广东省会议展览业协会发布《展览场馆服务质量规范》（DB44/T 699-2009）。2012 年，商务部出台《会议中心运营服务规范》（SB/T 10851-2012）和《展览馆运营服务规范》（SB/T 10852-2012）。2018 年，国家标准《展览场馆服务管理规范》（GB/T 36681-2018）发布。与场馆服务质量相关的其他标准还有：《会奖与活动服务机构评价规范》（T/CCPITCSC008-2017）、《会议服务机构经营与服务规范》（LB/T 059-2016）等。这些标准或规范对我国会展场馆建立服务质量管理体系和提高服务水平有一定推动作用。

本章小结

　　会展场馆的财务管理与其他组织并没有太大的差异，目前相对较难的工作是如何增加场馆收入。场地出租收入是会展场馆的基本收入来源之一。会展场馆还可以通过增值服务、活动投资、管理输出和物业增长运营、财政资金或税收获得收入。场馆经营管理方可用场地利用率、周转率、单位场地面积收入、单位场地面积利润和毛利润率、市场渗透率等指标来衡量场馆的绩效，也可以用"平衡计分卡"全面衡量运营绩效。会展场馆服务对象的调查方法有传统的问卷调查法和前沿的行为轨迹分析法、文本分析法。为提高会展场馆的服务质量，场馆管理方可以用服务差异分析和"重要性—满意度"分析，重视提高服务满意度的管理，实施质量管理体系的建立和认证工作。

关键词

　　酒店临时住宿税，场地利用率，场地周转率，市场渗透率，假日型闲置，市场型闲置，管理型闲置，单位面积场地的平均收入，单位面积场地的平均利润，单位面积场地的平均毛利，平衡计分卡（平衡积分卡）绩效指标体系，服务差异分析，行为轨迹分析法，文本分析法，重要性—绩效分析法（IPA），关键绩效指标（KPI），需求建议书（RFP/RFQ），场馆质量管理体系认证

本章作业

1. 如何增加会展场馆的收入？
2. 如何提高会展场馆的利用率？
3. 会展场馆特有的绩效衡量指标有哪些？
4. 试述 IPA 分析法的使用步骤。
5. 比较会议场馆和展览场馆服务内容的差异性。
6. 试述会展场馆实施质量管理体系认证的意义。

推荐阅读资料

[1] 会议中心运营服务规范（SB/T 10851-2012）.
[2] 展览场馆服务管理规范（GB/T 36681-2018）.

[3] 徐洁，苑炳慧，胡平. 参展商对展馆服务的满意度研究——以上海光大会展中心为例 [J]. 旅游科学，2008, 22（6）：61-69.

[4] 叶宁青，邱蔚娟. 关于我国展览场馆利用率问题的思考 [J]. 广东技术师范学院学报，2013（1）：41-43.

[5] 苑炳慧，杨杰. 基于参展商视角的展览环境评价与优化研究——以上海光大会展中心为例 [J]. 旅游论坛，2009, 2（1）：120-124.

[6] 张以琼. 会展场馆的绩效评估指标 [J]. 广州大学学报（社会科学版），2005（10）：78-81.

[7] 张旺芝，王振艳. 浅论会展场馆运营绩效体系的构建 [J]. 沧州师范专科学校学报，2011, 27（3）：51-52, 63.

[8] Martilla J A, James J C. Importance-Performance Analysis [J]. Journal of Marketing, 1977, 41（1）：77-79.

[9] Parasuraman A, Zeithaml V A, Berry L L. SERVQUAL：A Multiple-Item Scale for Measuring Consumer Perceptions of Service Quality [J]. Journal of Retailing, 1988, 64（1）：12-40.

[10] Rashid N, Maamor H, Ariffin N, et al. Servicescape：Understanding how Physical Dimensions Influence Exhibitor's Satisfaction in Convention Centre [J]. Procedia-Social and Behavioral Sciences, 2015（211）：776-782.

[11] Siu N Y, Wan P Y, Dong P. The Impact of the Servicescape on the Desire to Stay in Convention and Exhibition Centers：The Case of Macao [J]. International Journal of Hospitality Management, 2012, 31（1）：236-246.

第九章
会展场馆的选择

不会选择场馆，不是一个合格的会展人。

<table>
<tr><td rowspan="5">本章要求</td><td>理解会展场馆选择的重要性</td></tr>
<tr><td>熟悉会展场馆选择的基本程序和要求</td></tr>
<tr><td>掌握会展场馆选择的方法</td></tr>
<tr><td>了解会展场馆选择的类型</td></tr>
<tr><td>熟悉会展场馆选择的关键指标</td></tr>
</table>

第一节　会展场馆选择总论

成为会展活动策划经理最重要的条件之一是拥有场馆方面的管理知识和经验。会展活动举办方不但应当对举办城市的会展业市场、相关产业和地方政策有充分的了解，还应当对举办城市的会展场馆有充分的了解，知道如何为每个活动选择合适的场馆。

一、会展场馆选择的重要性

会展场馆的空间位置影响展商的旅行支出（Berne and Uceda，2008）。到达和离开会展场馆的交通成本是展商和观众关心的内容之一（Whitfield et al.，2014）。会展场馆的通达性影响展商选择展览会（Jin et al.，2013；Nayak，2019）。会展活动的组织者在选择会展场馆时需要考虑会展场馆的通达性问题（Lee and Lee，2017）。

会展场馆是开展会展活动的物理平台。Bitner（1992）使用"服务场景"（Servicescape）来表示市场交换在服务组织内执行、交付和消费的物理环境。服务场景本质上是服务和场景的组合，是人造环境而不是自然环境，包括环境条件、空间、标志、符号和服务提供者的行为、面貌（Sandström et al.，2008）。Rosenbaum 和 Massiah（2011）认为服务场景不仅包括客观的、可测量的和可以管理的内容，还包括主观的、不可测量的、通常在管理上无法控制的内容。

服务场景创造人员体验，服务场景的设计要考虑人员的体验。已有研究发现，服务场景影响观众对会展中心的服务感知质量以及观众的情绪、满意度和停留意愿（Siu et al.，2012）。服务体验对客户满意度、忠诚度和行为意向产生重大影响（Klaus and Maklan，2012；Mihae，2005）。场馆在策划活动过程中起着相当重要的作用。"无论是象征性的还是历史性的场馆，活动的成功可以通过地点和与会者对场地的热爱来衡量！"（Purswani，2018）。许多贸易展览旨在成为休闲和文化活动，观众可以在那里度过一段时间并获得娱乐体验。鉴于当今消费者享乐主义的思想逐渐凸显，如果一个贸易展览场馆实施一项旨在为非专业观众提供有吸引力消费环境的战略，那么它一定会成功。

展览场馆与展商之间的关系质量会影响展商与客户发展关系的方式，对展商在展览现场的绩效有显著影响（Rodriguez-Oromendia et al.，2015）。人员从展览现场移动到附近的社交场所也改变了互动环境（Nanton，2015）。社交场所通常被视为"放松"的地方，是"朋友"和"熟人"在这些地方面对面沟通的地方。从展览会现场的"客户"或"领导"到社交场所的"熟人"或"朋友"的转变是有意义的。在这种情况下，相互之间可以交换个人信息，共享经验，发现共同点，并奠定和巩固关系。即使是国际规则的谈判也可能受会议场馆的影响（Katharina and Coleman，2011）。

会展场馆决定了现场布置形式、人员容量和活动安排，继而影响举办方的活动成本（包括环境成本）和收入。但影响观众和展商展览决策的最重要因素是组织者和场馆的表现，而展览参加成本并不是最重要的（Sarmento and Simoes，2018）。会展活动举办方应当与场馆经营管理方协调，对现场服务检查和补足，提高服务水平，并为参展者、参会者提供更多的价值。"找一家理想的酒店来开会，就等于成功了一半"（米德勒，2009）。

二、会展场馆选择的基本程序和要求

会展活动举办方使用会展场馆的管理流程：①会展活动策划→②会展场馆选择→③现场考察（可无）、与场馆经营管理方谈判→④与场馆经营管理方签订租赁合同→⑤向场馆经营管理方支付订金和押金→⑥活动前与场馆经营管理方一道进行场馆设施设备检查→⑦会展活动方案进一步完善→⑧与场馆经营管理方一道进行现场管理→⑨活动结束后与场馆经营管理方一道进行设施设备检查→⑩与场馆经营管理方结清账款→⑪会展场馆使用总结。

对于大型会展活动，会展场馆的选择一般在活动举办前两年以上进行；对于中小型会展活动，会展场馆的选择一般在活动举办前一年以上进行，现场准备工作较少的活动可以提前半年以上选择场馆。活动举办方在活动前与场馆经营管理方一道进行场馆设施设备检查一般放在活动举办前三天内进行。在对活动参与者满意度调查的基础上，举办方进行会展场馆的使用总结。

会展活动策划人、举办方选择会展场馆的顺序为：国际区域（洲）→国家→省（区、市）→城市→会展场馆。前两项针对国际会展活动而言。尽管目的地和会展场馆往往是相互依存的，但会展活动策划人、举办方应当首先考虑目的地，然后才是具体的会展场馆，而不是相反。目的地的范围从大到小依次为洲、国家、省（区、市）、城市。目的地的环境、会展设施和关联因素构成了会展活动策划人员选择展览场地的三个关键因子（Jin et al.，2013）。其中，"主办城市在行业内的领导地位"和"主办城市或地区作为展商的来源地"在吸引展商方面非常重要，而场馆可达性、设施、目的地的休闲环境（安全、清洁、开放和拥有旅游设施）和经济环境相对不重要。Cui 等（2017）发现中国贸易展览的举办地点对韩国参展企业的销售业绩具有重大影响，中国的场馆、企业特征和当地环境对非销售业绩有重大影响。

活动举办方选择场馆时考虑的主要因素有活动举办的目的和内容、预计活动的规模和级别、活动预算、活动需要的配套服务、场馆举办同类活动的经验（张以琼，2007）。Schultze（2016）认为越来越多的举办方选择与所在行业关注点有互补性的目的地和场所，以利用当地的专业知识、资源和人才，为活动主题和参会人员的专业发展增加价值。展览行业研究中心（CEIR）从北美的 21 个展览组织者中调查了 14 个行业的 3719 名与会者，发现 52% 的被调查者对展览所在地及展览的食宿交通等安排感兴趣（拉塞尔和盖尔，2018）。显然，会展活动目的地和会展场馆的选择标准是不同的。业内人士认为，活动策划者和组织者对会展场馆的基本要求有以下几点（Purswani，2018）：

1. 公共交通设施与会场的距离

可达性是指在一定的交通系统中，到达某一地点的难易程度，涉及时间、成本、工具和距离因素。活动策划人、举办方在搜索或确定场地时往往首先考虑的事项是该场地与机场、火车站和其他交通枢纽的距离，减少旅行成本和避免旅行疲劳。场地距离门户机场一般不超过 2 小时的车程。

2. 与会者舒适度

与会者喜欢新地方的新体验——如香味、装潢、适当的座位安排和基础设施。活动组织者可以聘请专业的场地策划人员规划和管理活动场地，以使与会者的体验与其他场所不同或与以前体验不同，更加令人愉快和满意。

3. 场地预算

预算是预订活动场地的主要问题之一。活动策划者和组织者需要考虑：场地提供的折扣、价格谈判能力、税金和其他额外费用、付款方式和要求、押金和预付款。

4. 场地基本设施

如停车位、交通工具、WiFi、卫生间、残疾人设施等。

5. 餐饮服务

食物是场馆的一个主要的吸引点。茶点、咖啡时间也是社交活动的绝佳时间。活动场地和餐饮管理团队需要知道与会者可能会有一些过敏（或特殊）食物的要求。

6. 场馆安保

活动策划者和组织者必须认真考虑场馆安全问题，如视听设备、食品和人群安全，确保任何人未经检查不得进入限制区域，使用适当的监控设备，有应急预案（包括应急疏散预案），确保救护车、警车和消防车方便通行，安排有经验和专业知识的保安人员。

7. 场馆管理软件

活动场地管理软件可以帮助活动策划者和场地管理者顺利地编制整个场地计划和实施管理过程，与会者利用活动网站和应用程序进行沟通。

不同活动举办方选择场馆和目的地的指标及其权重可能并不完全相同。如 DiPietro 等（2008）发现会展策划人员对目的地和场馆选择标准包括：空中交通、地面道路交通，餐厅可选择性，夜生活，一流酒店客房数量，品牌酒店，专用展览空间，目的地形象，成功举办活动的声誉，安全和保障，活动配套服务，成本和感知价值。在这些指标中，"国际展览和活动协会（IAEE）""国际会议专业人士协会（MPI）"和"专业会议管理协会（PCMA）"的成员在以下五个选择指标上存在显著差异：餐厅可选择性、一流酒店客房的数量、专用展览空间的数量、安全和保障、活动配套服务。IAEE 成员认为重要的前五个选择指标是展览空间、感知价值、总成本、目的地形象、成功举办活动的声誉。MPI 成员认为重要的前五个选择指标是感知价值、总成本、成功举办活动的声誉、目的地形象、活动配套服务。PCMA 成员认为重要的前五个选择指标是活动配套服务、总成本、感知价值、安全和保障、成功举办活动的声誉。

除了上述选择指标外，会展场馆的环境管理水平也逐渐受到活动举办方的重视。英国《可持续事件管理系统规范标准》（BS8901-2009）指出：①可持续发展是指对经济活动、环境责任和社会进步采取持久、平衡的方法；②组织应建立、实施和保持一个工作程序，以辨别利益相关者（包括场馆）并与其合作，这些利益相关者的行为涉及与活动有关的、已确定和新出现的可持续发展问题。《大型活动可持续性管理体系——要求及使用指南》（ISO 20121-2012（E）（event sustainability management system-requirements with guidance for use（ISO 20121-2012）））也强调要加强包括场馆在内的供应链管理，在选择场馆时检查场馆的位置和环境管理方面的资质证书。

会展场馆选择指标体系的基本要求：①所选指标要针对具体会展活动，有利于该活动的成功举办；②指标数量不宜太多，以免增加目的地和场馆的比选工作量；③选择指标要具体化，最好能够量化；④需要确定指标的权重；⑤指标选择要考虑备选目的地和场馆的发展状况，尽量缩小选择范围。

三、会展场馆选择的方法

1. 招标法

招标法又可分为公开招标法和邀请招标法。公开招标又称为无限竞争招标，是由活动策划人、举办方（招标方）通过报刊、网络媒体等方式发布招标广告，有承接活动意向的场馆均可参加投标的招标方式。邀请招标又称为有限竞争性招标，是活动策划人、举办方根据掌握的各种信息，向有承接会展活动能力的三个及以上场馆发出投标邀请书，收到邀请书的场馆有权利选择是否参加投标。投标场馆需要按照招标文件要求撰写投标文件，包括场馆设施设备、活动配套服务内容和报价。招标方通过综合评分法选择最佳场馆。招标法通常用在适合举办会展活动的场馆较多的情况下，如党政机关会议定点场所服务采购、国际组织对会展活动场馆的选择。

招标的一般程序主要包括以下几个环节：设立招标团队或者委托招标代理人；制定招标文件（RFP/RFQ），具体内容包括日期、活动内容、交通要求、餐饮要求、住宿要求和活动现场设施设备要求、资金预算和评标办法等；在行业或指定媒体上发布招标公告，或者发出投标邀请书；组织投标场馆召开开标会议，组织专业人员评标；选出最适合的场馆，并向其发出中标通知书；与中标场馆签订租赁合同。

2. 谈判法

谈判法是活动策划人、举办方分别与一家或少数几家目标场馆就服务方案和价格进行协商，最终选择一家合适的场馆并签订租赁合同的方法。使用谈判法选择场馆的成本和时间要比招标法低，但价格和服务方案未必是最优的，与多家场馆进行谈判也容易引起场馆方的警惕和反感。会展活动策划人、举办方在与具体场馆管理人员的洽谈过程中，需要注意以下事项：只与有权做决策的场地管理人员谈判；向场馆经理强调和推销活动的规格和价值；在讨论场地租金前事先做好租赁价格的市场调查；向场馆经理提供一些资金预算方面的信息；选择恰当的活动时间，以降低场租费用；询问单独计算住宿、餐饮、交通以及其他配套服务的价格；了解当地政府对会展活动的补贴政策。

3. 成本分析法

会展活动的总成本包括所有参展参会者的支出总和，具体涉及注册费用、展位费用、门票费用、交通费用、餐饮费用、住宿费用的经济成本、参与活动的时间及其机会成本等（去掉重复计算部分），不仅仅是会展场馆的租赁收费。在未来，还需要考虑碳排放成本。会展活动的经济总成本=所有活动参与者（包括展商、观众、参会者、举办方等）的费用支出总和，会展活动的总时间=所有活动参与者（包括展商、观众、参会者、举办方等）的时间总和，会展活动的总机会成本=$\sum$活动参与者（包括展商、观众、参会者、举办方等）的时间×各自的时间机会成本。不同场馆的活动总成本可能存在差异。

　　会展活动的举办方应当尽量选择经济成本、时间成本和机会成本最低的场馆。总成本分析法有利于降低参展者、参会者的总支出。当经济成本由活动举办方全部承担时，活动举办方往往选择经济成本最低的会展场馆作为活动举办场馆，而不会考虑时间成本和机会成本最低的场馆。该法应用的难点是参展者、参会者各项支出的数据难以准确统计。此外，成本法也未考虑参展者、参会者对活动价值的评价。当活动价值较高时，参展者、参会者愿意付出更高的经济或非经济成本。

第二节　会议场馆的选择

　　会议策划者、举办方在会议的策划和举办方面发挥了关键作用，其职责范围不仅包括服务合同谈判、人员注册管理、活动推广和营销、参会者邀请、交通规划、演讲者选择和礼品选择等，还包括具体场馆的选择和场地布置。会议策划者、举办方应当根据会议内容确定场馆的选择指标，重视场馆类型，满足不同会议对场馆设施设备和配套服务的特殊要求。

一、会议场馆类型的选择

　　会议策划者、举办方可以通过场地名录和宣传册、网站、行业展览、行业媒体、中介机构、场地考察清单寻找会议场馆。城市中心酒店、主要交通设施附近的酒店、郊区和乡村别墅酒店，专门建立的会议中心、学校学术会议中心、议会厅、休闲中心、体育中心、文化和娱乐场所、旅游景点，甚至某些交通工具均可作为会议场馆（表9-1）。

表 9-1　不同场馆会议的参加频率

场馆类型	总是或经常参加		排名	场馆类型	总是或经常参加		排名
	N	%			N	%	
大学或学术机构	271	51.6	1	市政厅	64	12.3	6
专业会议中心	163	31.0	2	机场酒店	38	7.3	7
城市中心酒店	158	30.2	3	休闲中心	29	5.5	8
乡村酒店	121	23.1	4	其他场馆	28	5.4	9
管理培新中心	97	18.7	5	—	—	—	—

　　注：总样本量为547（参会者）。

　　资料来源：Robinson L S, Callan R J. UK Conference Delegates' Congnizance of the Importance of Venue Selection Attributes [J]. Journal of Convention & Event Tourism, 2005, 7 (1)：77-95.

除此之外，会议场馆的类型选择还要考虑以下三个方面：

1. 主会场和分会场的选择

为了扩大会议的影响，吸引更多人员参与，避免现有场馆的局限，会议举办方可以选择主会场和分会场。主会场是用于召开全体大会的会场，通常比分会场规模更大、参与人群更具有代表性、会议议题更具有普遍性、会议仪式感更强。会议的开闭幕式和重要议题的讨论一般放在主会场。分会场是用于召开分组讨论或小型会议的会场。

主会场和分会场可以设置在同一场馆的不同会议室，或者不同地方场馆的会议室。前者对参会人员之间的正式或非正式交流非常方便，后者则会限制参会人员之间的面对面交流，需要借助有线和无线网络（如互联网、电话、电视、广播）加强人员之间的互动。

2. 室内外会场的选择

会议还可以在室外召开。室外会议场地的选择更为自由，且成本较室内场地低。但室外会议场地容易受天气、地形、周围环境干扰，以及会议设施设备不够完善的影响。目前，绝大多数会议仍然在室内举行。室外会议可采取坐式和站式两种方式进行，但站式会议显然不适用于长时间的会议。

3. 现场会议与网络会议

会议成本包括显性成本和隐性成本（主要是机会成本）。显性成本即会议实际支出的费用，包括场地租赁费、布置装饰费、餐饮住宿费、交通费和设备费用等；隐性成本由参会人员和会议工作人员在一定的单位时间内的工资额、参会人员和会议工作人员的人数、参会人员和会议工作人员为参加和筹备会议所花的时间（包括交通时间）决定。网络会议比现场会议节约大部分显性成本和小部分隐性成本。因此，组织者应当考虑人员是否有必要参加现场会议，是否可以采用电话会议、电视会议和网络视频会议等非现场会议的形式。尽管许多会议可以非现场会议的形式召开，但这些会议的人际互动性较差，并不适合召开保密性要求高、人员互动频繁、需要多维体验和进一步深化人际关系的会议。

由于会议目的地的选择范围较大，为缩小选择范围，业内人士认为举办方需要回答以下问题：

会议项目的目标和重点是什么？

需要在特定地区或城市召开会议吗？

是否需要考虑参会者的交通距离？

城市酒店或度假村能否更好地实现会议目标？

会议的预期人数是多少？

会议是否需要一定面积的会议室和（或）最少数量的会议室？

会议组适合较大还是较小的酒店？

是否需要现场提供和（或）附近提供的服务（娱乐、餐饮等），这对会议组来说是重要的考虑因素吗？

　　大城市、小城市或度假胜地是最佳选择吗？

　　什么级别的场所最能反映其质量、特征、风格和市场地位？

　　您希望向与会者提供哪些体验，这些体验将对预期会议效果产生最大影响吗？

　　参会者是否会带家人参加会前、会后活动？

　　行程安排表，以及到达或离开目的地日期的灵活性如何？

　　房价范围是否是招标书（RFP）中优先考虑的事项？

　　会议的历史和目标如何？

　　会议能给酒店带来哪些额外收入（例如，餐饮、高尔夫、水疗及其他现场活动等）？

二、会议场馆选择的关键指标

　　会议策划者、举办方在寻找会议场地的时候首先要清楚会议主题，针对会议需求进行场馆选择。有的会议需要多媒体设备的保障，有的会议需要住宿和用餐，有的会议可以在户外举行。不同时期、不同类型会议的目的地和场馆选择标准可能存在差异（表9-2 和表9-3）。

表9-2　会议目的地选择指标的相关研究

研究者	年份	观点
Crouch 等	2019	排名前十位的国际目的地属性（按重要性由大到小排列）：航班时刻表的便利性，会议中断的风险，入境旅行的障碍或手续，现场与非现场代表住宿，可用的四星级酒店数量，会议设施的费用，可以支付费用的补贴，可用的五星级酒店数量，该协会以前是否在现场举行过会议，国内航空旅行费用
ICCA	2008	会议目的地的赞助、轮流举办地点、大部分人员可以参加的地区、旅行是否方便、费用问题
Seyhmus 和 Love	2003	设施容量和质量、可达性、租赁费用、酒店数量、城市声誉、目的地的安全性
Sanders	2002	航空服务、会议中心规模、酒店房间价格、当地景点
Jun 和 McCleary	1999	距离（或环境）、社会因素、后勤管理（或成本）

表9-3　会议场馆选择指标的相关研究

研究者	年份	观点
杨京波	2013	会展场馆设备设施的功能和质量、成本、安全和人力资源是会议策划者最重要的选择标准
ICCA	2008	有充分的面积，相关活动场所靠近，现代化的设备，有合格的会场工作人员，会场附近有配套的生活服务设施，有承办会议的经验，经济适用，符合政策规定，避开干扰，保密性好，政治和环境安全性强
Toh 等	2007	公司将注意力集中在降低会议成本上，选择易于到达的会议场所；协会通常在轻松而高档的场馆

续表

研究者	年份	观点
Robinson 和 Callan	2005	能力、有形资产（其他）、服务提供商、有形资产（卧室）、会议室、通道、附加服务、休闲设施、位置和形象
Crouch 和 Louviere	2004	会场设施和住宿因素很关键，但目的地必须提供附加服务才能有效竞争
Pizaam 和 Manning	1982	设施完备，设施和服务的成本，住宿和餐饮服务的质量，交通便利性，组织和计划现场协助会议

总体说来，目的地环境、会议设施和关联因素构成了会议策划者、举办方选择会议场地的三个关键建构（表9-4）（Crouch and Ritchie，1998）。

表9-4 会议地点选择因素

因子	指标
可达性	成本：交通和进出场馆的货币支出； 时间：旅行时间（或距离）以及该时间的机会成本； 频率：到达或离开场馆的交通频率； 便利性：交通计划的便利性； 障碍：阻碍旅行的手续，例如，签证、海关等
本地支持	当地分会：协会的当地分会提供协助和支持的程度； 旅游观光局或会议中心：规划、后勤和促销的支持程度； 补贴：目的地通过返款、补贴抵销成本的程度
参会的其他机会（好处）	娱乐场所：餐馆、酒吧、剧院、夜总会等； 购物：购物中心、大型百货商店、低价店； 观光：建筑、博物馆、纪念碑、景点、公园、历史遗迹、本地游览等； 娱乐：作为观众或参与者的体育和其他活动； 职业机会：访问本地客户、谈判、业务交易、销售、建立联系等
住宿设施	可容纳人数：可提供的房间数量以及是否需要多家酒店； 成本：当地适合住宿的费用； 服务：对服务标准的理解； 安全性：酒店提供安全环境的程度； 可用性：是否有可用的设施
会议设施	能力：场地提供合适设施的能力； 布局：设施布局和平面图的适合性； 成本：所需会议空间的成本； 环境：设施营造合适氛围和环境的能力； 服务：对服务标准的理解； 安全性：提供有安全保障的会议空间的能力； 可用性：在需要时有可用的设施
信息	经验：该场馆的历史表现令人满意； 声誉：该目的地在会议策划者中的声誉如何； 市场营销：目的地营销活动的有效性

续表

因子		指标
场地环境	⇐	气候：目的地的气候适宜性； 环境：目的地周围环境的吸引力； 基础设施：当地基础设施的适宜性和标准； 好客性：接待组织和社区在欢迎游客方面的出色程度
其他标准	⇐	风险：罢工、自然灾害、抵制和其他不利事件发生的可能性； 盈利能力：场地对会议产生利润（亏损）是否有影响； 协会促销：场地对协会建立信誉和招收会员是否有帮助； 新颖性：目的地在多大程度上代表了协会下一次会议的新颖地点

据《2020~2021 中国会奖市场采购调研分析报告》，会奖公司选择目的地的前三个主要因素是"交通便利性""服务水平""场馆和会议设施条件"，公关公司选择目的地的前三个主要因素是"场馆和会议设施条件""交通便利性""场馆及酒店价格水平"。2010年，我国《会议》杂志社对会议组织机构选择会议城市的基本要求做了小样本调查，得出12条结论（图9-1）。

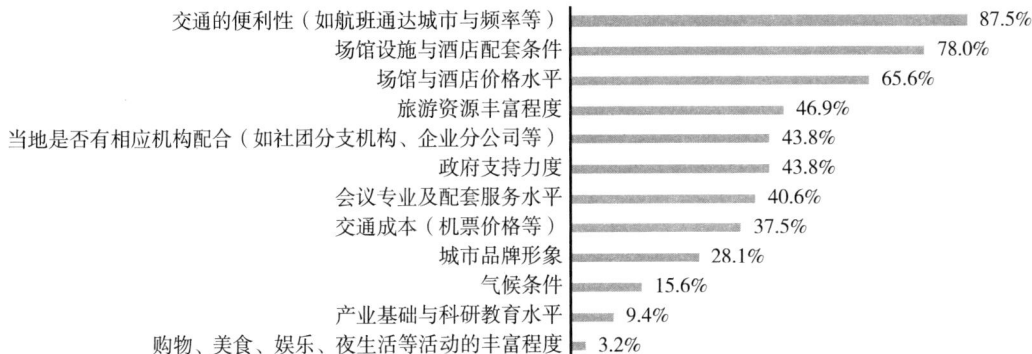

图 9-1　会议组织机构选择会议城市的基本要求

1. 交通的便利性

这是无可争议的排名第一位的要素。这与国外相关机构的调查结果基本一致。

2. 场馆设施与酒店配套条件

对于中型以上的会议，会议场馆、会议设施的基本条件始终是基本条件之一。"酒店配套"实际上是两个方面，一方面是指场馆（会议中心或会议酒店）自身的酒店客房配套情况，另一方面是指场馆周边的酒店配套情况。从会议组织者角度来说，酒店客房距离场馆越近越好，最好是客人中午能到酒店客房休息一下再回来开会。

3. 场馆与酒店价格水平

绝大部分会议类型都属于价格敏感型的，会议组织方对于场馆与配套酒店的价格会特别关注。由于我国会议市场的主力消费层次属于中等消费——大约相当于四星级酒店的消费水平，因而建议各场馆配套酒店价格的层次要多样化，尤其是要保证中等层次的酒店配套。

4. 旅游资源丰富程度

由于会议活动从总体上属于旅游活动的一个组成部分，旅游、度假、休闲便构成了会议市场的一个重要组成部分。

5. 当地是否有相应机构配合（如社团分支机构、企业分公司）

这一点提示了会议中心业务努力的方向。也就是说，把本地区内部的社团组织、企事业单位、政府机构等进行一次梳理，争取赢得他们的支持，把其在国内、国际上的合作机构、上级机构等的相关会议吸引到本地来。这样做成本低、效率高。

6. 政府支持力度

这一点对于大型会议、国际会议以及部分展览活动是十分重要的，尤其是那些可以有很多选择余地的会议及展览活动。加强与各级政府部门的合作，争取得到政府机构的多方面的支持，是会议中心、会议酒店工作的重点内容之一。

7. 会议专业及配套服务水平

这一条是保证会议效果的重要因素，同时也是最难取得突破的因素之一，因而要特别予以关注，并为之付出长期不懈的努力。

8. 交通成本（机票价格等）

城际交通费用是我国会议消费构成中最为重要的一项。在其他条件一定的情况下，机票费用降低的途径有两种：一是选择旅游淡季；二是提前购票。

9. 城市品牌形象

城市品牌形象的塑造是一个长期的过程。在国际会议协会（ICCA）每年发布的"举办国际会议最多的城市"排行榜中，维也纳、巴黎、伦敦、新加坡等城市每年都能位居前列，与各自拥有良好的城市形象有着密切的关系。反过来说，会议对于城市良好形象的树立也起着十分积极的作用。

10. 气候条件

虽然会议团队不会像一般游客一样，专挑某个目的地最有优势的季节（旺季）去开会并旅游，但反季节去开会的概率也很低。

11. 产业基础与科研教育水平

这两项因素对于某些类型的会议非常重要。

12. 购物、美食、娱乐、夜生活等活动的丰富程度

从国际会议产业发展的趋势看，会议的休闲化、旅游化、度假化，甚至娱乐化的特征将会越来越明显。从理论上讲，一个会议旅游目的地具有吸引力的项目越丰富，受会议组织者与会议代表欢迎的概率就越高。

为了保持参会人员之间的紧密联系，现代会议必须不断地改变、演化和适应。从会议场馆开始就要为参会者带来新事物。Teneo Hospitality Group 是一家代表全球 300 多家酒店和度假村的销售公司。该公司总经理 Schugt 认为，参会者做过或经历过的最酷活动是今天的会议策划人在选择地点时首先要问的紧迫问题。该公司同时提供了 10 个顶级场馆的"观察结果"。这有助于会议策划者选择一个更好的场馆（Alderton，2017）。挑选有广泛吸引力的场地；勇于冒险尝试；与文化相连；寻求灵活性；拥抱不寻常的空间；选择时考虑可持续性发展问题；融入健康；相信直觉；寻找战略合作伙伴；提高标准。

综上所述，目的地吸引会议组织者的因素是多样化的，这些因素发挥作用的方式也不大相同：有时候一个主要因素就足以吸引一个大型会议，而更多时候则需要多方面因素的综合作用。在环境保护压力日益增加的情况下，举办方应尽量选择有绿色建筑标识或有环境管理体系认证的场地。此外，展览、旅游与会议的组织者在目的地选择标准方面有所不同。一个目的地吸引展览组织者的特征主要有两点：一是消费市场，二是产业基础。旅游（休闲游和度假游）目的地吸引游客之处主要在于景点、气候、自然条件以及美食、购物、娱乐、休闲等。可见，会议目的地的选择标准与旅游目的地更为接近。

三、政府类会议及会议场所的相关管理规定

政府举办的会议数量较多。许多国家都对此类会议的支出进行了严格限制。如美国国会规定：无论会议规模大小，除非经过通用服务管理局局长的亲自批准，否则一个政府会议的最高花费不得超过 50 万美元（刘海莹，2014）。据中国会议酒店联盟统计，2017 年政府类会议占被调查会议总数的 8.6%。受本部门会议设施设备条件和相关配套服务缺乏的限制，一些政府会议转移到外部会议场馆进行。2017 年，国务院颁布《机关团体建设楼堂馆所管理条例》，对机关、团体办公用房以及培训中心等各类具有住宿、会议、餐饮等接待功能的场所和设施的建设进行了限制。经营性会议场馆承接政府类会议的机会增

加，但在承接此类会议时应当遵守相关管理规定。我国政府一直对会议的费用、场所和形式进行了严格控制，以减少"文山会海"和借助会议扩大消费。

2015 年，财政部印发的《党政机关会议定点管理办法》指出：会议定点场所应当通过公开招标方式确定；因特殊情况需要采用公开招标以外方式采购的，应当报经省级财政部门批准后执行；会议定点场所政府采购的内容包括住宿房间价格、会议室租金和伙食费；住宿房间价格按标准间、单人间和普通套房 3 种类型确定；会议室租金按照大会议室、中会议室、小会议室 3 种类型确定；伙食费标准按照每人每天确定或明细到单餐；会议定点场所的政府采购控制价格由具体负责政府采购的财政部门按照不高于本地区会议费管理办法规定的开支标准确定；会议定点场所实行动态管理，两年调整一次。

2016 年，财政部、国家机关事务管理局和中共中央直属机关事务管理局印发的《中央和国家机关会议费管理办法》的通知指出：

各单位召开会议应当改进会议形式，充分运用电视电话、网络视频等现代信息技术手段，降低会议成本，提高会议效率。传达、布置类会议优先采取电视电话、网络视频会议方式召开。电视电话、网络视频会议的主会场和分会场应当控制规模，节约费用支出。

不能够采用电视电话、网络视频召开的会议实行定点管理。各单位会议应当到定点会议场所召开，按照协议价格结算费用。未纳入定点范围，价格低于会议综合定额标准的单位内部会议室、礼堂、宾馆、招待所、培训中心，可优先作为本单位或本系统会议场所。无外地代表且会议规模能够在单位内部会议室安排的会议，原则上在单位内部会议室召开，不安排住宿。

参会人员以在京单位为主的会议不得到京外召开。各单位不得到党中央、国务院明令禁止的风景名胜区召开会议。

2012 年，财政部印发的《在华举办国际会议费用开支标准和财务管理办法》指出：国际会议经费应纳入单位财务统一管理，单独核算；举办大型国际会议应设有专门为会议服务的临时财务机构，举办中型、小型国际会议也应配备专职的财务人员。有关国际会议的支出项目和标准规定如下：

（1）场地租金。大型、中型、小型国际会议正式代表人均开支标准分别为每天 100 元（人民币，货币单位下同）、150 元和 200 元。

（2）会议开幕式或闭幕式一次冷餐招待会（酒会）费用。会议正式代表人均开支标准为 150 元（含酒水及服务费用）。

（3）会议期间工作人员食宿费用开支标准为每人每天 300 元。

（4）会议期间志愿人员工作午餐费用及误餐补贴。志愿人员仅安排午餐或发放误餐补贴，开支标准为每人每天 100 元。志愿人员不安排住宿。

（5）同声传译人员劳务费及同声传译设备和办公设备租金。同声传译开支标准为口译每人每天 5000 元，笔译每千字 200 元；同声传译设备和办公设备租金，会议正式代表人均开支标准为每天 50 元。

（6）境外同声传译人员国际旅费。只承担同声传译人员乘坐经济舱的国际旅费，据实结算。

（7）交通费。租用车辆安排会议代表往返驻地与会场，租金开支标准为：大巴士（25 座以上）每辆每天 1500 元，中巴士（25 座及以下）每辆每天 1000 元，小轿车（5 座及以下）每辆每天 800 元。

（8）其他会务费用。实行综合定额控制，会议正式代表人均开支标准为每天 100 元，开支范围包括：办公用品、消耗材料购置费用，会议文件印刷、会议代表及工作人员的制证费用等。上述各项费用之间可以调剂使用，在综合定额控制内据实报销。

（9）会议如有注册费收入，中方可承担国际组织官员及秘书处人员会议期间的食宿费用。

（10）其他经财政部批准的支出。

部分政府类会议还对保密性提出了要求。《中华人民共和国保守国家秘密法实施条例》第二十七条规定，举办会议或者其他活动涉及国家秘密的，主办单位应当采取下列保密措施：①根据会议、活动的内容确定密级，制定保密方案，限定参加人员范围；②使用符合国家保密规定和标准的场所、设施、设备；③按照国家保密规定管理国家秘密载体；④对参加人员提出具体保密要求。

该条例第二十九条规定，从事涉密业务的企业事业单位应当具备下列条件：①在中华人民共和国境内依法成立 3 年以上的法人，无违法犯罪记录；②从事涉密业务的人员具有中华人民共和国国籍；③保密制度完善，有专门的机构或者人员负责保密工作；④用于涉密业务的场所、设施、设备符合国家保密规定和标准；⑤具有从事涉密业务的专业能力；⑥法律、行政法规和国家保密行政管理部门规定的其他条件。

会议场馆也应当积极配合会议举办方，采取各种措施，根据会议密级做好相应的保密工作。这些措施：①保证会议室有良好的隔音效果；②会议期间在会议室范围内（甚至洗手间）实施手机和网络信号屏蔽（干扰器）；③配备无纸化会议系统，避免会议文件和信息被私自带出会议室；④不能私自携带具有通信、录音、录像和信息处理功能的手机和计算机进入会议现场；⑤对会议现场服务人员进行严格审查和管理；⑥对会议现场设施设备严格检查，不得有窃听装置和私自录像装置；⑦做好会议室出入口的安保工作；⑧对参会者的资格进行审查，在会议期间的行动实施限制；⑨通过电子屏、提示牌等提醒参会者注意会议保密。这些措施同样适用于需要对商业秘密保密的企业会议。

第三节　展览场馆的选择

相对于会议场馆，举办方对展览场馆的选择范围通常较小。展览场馆的选择同样涉及场馆类型的选择和具体场馆的评选指标体系。尽管会议和展览都可以纳入活动的范畴，但会议和展览在概念上仍然存在一定差异。因此，选择展览场馆的指标体系与选择会议场馆的指标体系同样存在一定差异。

一、展览场馆选择的类型

1. 室内场地和室外场地的选择

展览空间包括室内展厅和室外展场。许多展览场馆都有一定面积的室外展览场地。室外展览场地多用于那些有超大、超重展品，有较多户外活动或设置标准展位的展商展位，如航空展、日常生活商品展。室外展览场地可以弥补室内展览场地空间的不足，场地费用比室内展览场地要低得多。但室外展览场地同样容易受天气、周围环境干扰以及现场设施设备不够完善的影响。目前，绝大多数展览仍然在室内举行。

2. 单一场馆和多场馆的选择

绝大多数展览在一个会展场馆的一个或多个展厅中举办。当场馆的展览场地面积较小或需要扩大展览场地规模时，可以联合几个场馆同时举办同一个展览。多场馆举办展览也有主会场和分会场之分。但观众可能不愿意花费太多的时间和经济成本前往分会场，导致分会场的展览效果比较差。

3. 虚拟场馆和实体场馆的选择

虚拟展览场馆类本质上就是网上电子商务平台（如 Virtual-Expo），是举办虚拟展览的物理基础，主要用于产品销售。2008 年以后，电子商务公司纷纷与会展业融合。由于观众体验性较差、网络经常拥堵而中断信号，至今很少有成功的案例报道。但虚拟场馆比实体场馆有较大的参展成本优势和展出时间优势。31 会议的 CEO 万涛认为，线上展览的 10 大核心功能包括在线展示、内容管理、精准搜索、智能推荐、方便联系、交换电子名片、在线直播、采供对接、预约洽谈和意向订单。会展活动的未来发展趋势是将线上和线下场馆结合（龚雅莉，2018）。法兰克福汽配展（上海）的网站如图 9-2 所示。

图 9-2 法兰克福汽配展（上海）的网站

二、展览场馆选择的关键指标

城市大型展览场馆的选择范围极其有限，展览举办方的工作重点在于选择举办区域，尤其是主办城市。不同城市对展览的绩效影响较大（表9-5）。展览场馆的选择指标主要有到达或离开城市的交通便捷程度、城市魅力、社会治安、气候、场馆面积、总体服务质量、场馆及周边餐饮、市内交通、住宿和商业娱乐设施等。

表 9-5　2016~2018 年法兰克福汽配展的全球分展

举办地	举办时间	规模				
		面积（平方米）	展商数量（个）	国家或地区数（个）	观众数量（人）	国家数（个）
德国法兰克福	2018.9.11~2018.9.15	316400	4942	76	134622	176
中国上海	2016.11.30~2016.12.3	280000	5395	—	109686	
阿联酋迪拜	2017.5.7~2017.5.9	70000	2017	58	30018	138
土耳其伊斯坦堡	2017.4.6~2017.4.9	38173	1282	34	42781	
阿根廷布宜诺斯艾利斯	2016.11.9~2016.11.12	30000	322	19	27000	28
中国成都	2017.5.25~2017.5.27	35000	728	—	15956	
英国伯明翰	2017.6.6~2017.6.8	15000	600	—	12068	
美国芝加哥	2017.5.10~2017.5.12	—	450		6000	

资料来源：法兰克福汽配展官网。

余构雄和戴光全（2017）利用波特钻石模型理论构建了展览目的地的选择指标体系，主要涉及生产要素、需求条件、相关支持性产业（或行业）、展览业内部因素、机会和政府六个方面的指标（表9-6）。

表 9-6　区域展览城市选择识别标准体系

系统层	状态层	变量要素层	变量要素解释
展览城市选择识别标准	生产要素	经济区位	经济区位优越性 A
		政治区位	政治区位重要性 B
		信息发达程度	固定电话普及率（固定电话数/地区总人口）C，移动电话普及率（移动电话数/地区总人口）D，邮电业务总量 E
		城市环境	人均公共绿地面积 F，生活污水处理率 G，生活垃圾无害化处理率 H
		城市科技文化水平	文化、文物事业机构数 I，科技活动人员 J
	需求条件	企业参展需求	企业参展需求 K
		综合经济水平	经济总量（城市 GDP）L
		外贸发展水平	外贸依存度（进出口额/城市 GDP）M
		产业基础	第三产业增加值 N

系统层	状态层	变量要素层	变量要素解释
展览城市选择识别标准	相关支持性产业（或行业）	旅游业	旅游业总收入 O
		酒店业	星级酒店数 P
		餐饮业	住宿和餐饮业零售总额 Q
		零售业	社会消费品零售总额 R
		交通运输业	客运量 S，客运周转量 T
	展览业内部因素	展览公司	展览公司数量 U
		展览场馆	展览场馆数量 V
		人力资源	高等学校在校学生数 W
		会展行业协会	会展行业协会数量 X
	机会	机会	城市展览业未来发展面临的机会 Y
	政府	政府重视程度	政府重视程度 Z
		政府管理水平	政府管理能力 AA

Lee 和 Lee（2017）采用定性和定量相结合的方法，找出了选择展览场馆的九大类共33 个指标的评价体系。其中，针对会展中心的五大类指标：会展中心工作人员和服务承包商的能力、客户服务中心的形象、会展中心设施、会展中心现场环境和场馆费用；针对目的地的四大类指标：会展中心可达性、会展中心地点的产业环境、酒店住宿、额外的展览机会（参展价值）。

本章小结

会展场馆的选择影响会展活动参与者的成本、服务体验和活动举办方的绩效（包括碳排放成本）。会展活动举办方应当根据活动内容提出针对目的地和场馆的具体要求。在选择会展场馆时，应当首先选择会展场馆所在的区域和城市，然后选择具体的会展场馆。活动举办方选择会展场馆的方法有招标法、谈判法和总成本法，选择的关键指标涉及场馆设施设备及周边配套服务的标准。会展场馆选择的类型：室内外场地，线上、线下场馆，单一或多个场馆（场地）。不同活动举办方对会议场馆和展览场馆的选择标准可能存在差异。

关键词

服务场景，场馆选择程序，会议场馆的选择指标，展览场馆的选择指标，现场会议，网络视频会议，主会场，分会场，会议密级，虚拟场馆，实体场馆，招标法，谈判法，总成本法，波特钻石模型

本章作业

1. 试述会展场馆选择的重要性?

2. 在选择会展场馆时,为什么首先考虑目的地?

3. 会议场馆和展览场馆选择标准有何异同点?

4. 会展场馆选择的三大方法各自用在什么场合?

5. 试分析某个会议或展览的实际支出经济成本、时间成本和机会成本。

6. 实体会展场馆和虚拟会展场馆各有何优缺点?

7. 试分析下列招标文件中对会展场馆评审指标及其权重的设置是否合理?

某市党政机关会议定点场所招标文件

一、服务内容及要求

(一)服务内容及范围

1. 党政机关会议及住宿等服务。

2. 服务内容分类如下:一类会议、二类会议、三类会议、四类会议。

3. 采购招标限价。

(1)综合单价方式。

一类会议每人每天最高限价600元;二类会议每人每天最高限价500元;三类、四类会议每人每天最高限价400元。

以上综合单价含住宿费、伙食费、会议室租金、会标费、座牌费、文件资料费、交通费、文件印刷费、医药费等,会议不安排住宿的,不得将住宿费调剂用于其他支出。

前款所称交通费是指用于会议代表接送站,以及会议统一组织的代表考察、调研等。

(2)分类计价方式(以分项报价明细表中各类会议分项报价响应情况为准)。

住宿费:一类会议住宿标准最高限价360元/人·天;二类会议住宿标准最高限价280元/人·天;三类、四类会议住宿标准最高限价240元/人·天。

伙食费:一类会议餐费标准最高限价150元/人·天;二类会议餐费标准最高限价150元/人·天;三类、四类会议餐费标准最高限价110元/人·天。

其他费用(含会议室租金、会标费、座牌费、文件资料费、交通费、文件印刷费、医药费等):一类会议标准最高限价90元/人·天;二类会议标准最高限价70元/人·天;三类、四类会议标准最高限价50元/人·天。

(3)范围为本市行政区域内的符合采购要求的宾馆饭店、专业会议场所及党政机关的内部宾馆、招待所、培训(会议)中心等。

(4)此次招标数量为5家(宾馆饭店、专业会议场所及党政机关的内部宾馆、招待所、培训(会议)中心等)。

(5)若中标候选人不足5家(宾馆饭店、专业会议场所及党政机关的内部宾馆、招待所、培训(会议)中心等),按实际中标候选人数量为准,不足3家则废标,重新组织采购。

(二)会议定点场所基本条件

宾馆饭店应具有容纳100人以上的住宿房间、会议室及餐厅,拥有40个以上的车位及相应配套设施；专业会议场所应具有容纳 100 人以上的大会议室和相应的停车位等配套设施。

（三）定点宾馆饭店或专业会议场所有效期：贰年

（四）服务要求

1. 总体要求。

（1）布局合理，方便客人在会议场所内活动。

（2）有空调设施，各区域通风良好，温湿度适宜。

（3）有计算机管理系统。

（4）各种设备设施养护良好，使用安全，达到整洁、卫生和有效。

（5）指示标志清晰，公共信息图形符号符合有关的规定。

（6）各项管理规章制度健全。

2. 服务要求。

（1）基本要求。

①保证服务对象获得优先服务的权利，按投标文件承诺的标准和质量为服务对象提供服务。前台服务员应该了解并严格执行定点服务协议内容。

②以不高于投标报价的标准收取服务对象的有关费用，并出具相关票据。

③设立固定联系电话，为服务对象提供各项咨询服务。

④对承接的会议接待业务，单独建立台账或账户核算。

⑤按照采购人要求，在财政部门指定的网站上及时更新饭店、专业会议场所信息。

⑥随时接受采购人对协议履行情况的监督检查和管理。

（2）服务质量标准要求。

①仪容仪表要求。服务人员的仪容仪表端庄、整洁、大方。

②举止姿态要求。举止文明，姿态端庄，主动服务，符合岗位规范。

③语言要求。语言要文明、礼貌、简明、清晰；对服务对象提出的问题无法解决时，应予以耐心解释，不推诿和应付。

④服务业务能力与技能要求。服务人员应具有相应岗位的业务知识和技能，并能熟练运用。

⑤服务质量保证体系。具有宾馆饭店或专业会议场所运行的、有效的整套管理制度和作业标准，有检查、督导及处理措施。

（3）会议服务要求。

①会前准备。落实会议的名称、主办单位、时间、地点、人数、所需备品及其他物品；提前按要求布置好会场，准备好开水、茶具及其他物品；提前半小时打开空调，控制好会议室温度；会前 10 分钟，服务人员在门前站立，迎候客人。

②会议服务。会议期间，服务人员为客人倒茶水；会议进行期间，服务人员要站在会场内（小会议室门外），根据客人的需求及时地提供服务。

③会后服务。会议后服务人员要站在会议室门口送客人；在客人未离开之前，不得清理会场。

（4）按会议类别安排相应标准的餐饮。会议用餐原则上采用自助餐，其中：一类会议早餐不得少于25 个品种，中晚餐不得少于 30 个品种；二类会议早餐不得少于 20 个品种，中晚餐不得少于 28 个品种；三类、四类会议早餐不得少于 15 个品种，中晚餐不得少于 20 个品种。此外，能提供民族餐。

（5）保密要求。

①除甲、乙双方共同认可的信息发布外，任何一方对其获知的本协议涉及的所有有形、无形的信息

及资料（包括但不限于甲、乙双方的往来书面文字文件、电子邮件等）中另一方的商业秘密或国家秘密负有保密义务。

②除非法律、法规另有规定或得到本协议之另一方的书面许可，任何一方不得向第三人泄露前款规定的商业秘密或国家秘密。保密期限自任何一方获知该商业秘密或国家秘密之日起至本条规定的秘密成为公众信息之日止。

③乙方不得以任何形式向第三方泄露参加会议人员的个人信息。

（五）验收标准和方法

由会议组织单位自行组织实施对会议服务进行验收。

（六）签订协议程序。

中标人与采购人签订协议书。

（七）其他

1. 本次入围的会议定点场所入围后由开会人员自主选择入住。

2. 本次入围的市级会议定点场所在协议期限内具有接待政务会议的资格，由会议举办单位自主选择会议定点场所开会。

二、履约要求

（一）履行合同的时间、地点及方式

中标人在签订合同之日起两年内有效（有效期从协议签订日期起至20××年××月××日止）。

（二）合同价款支付方式和条件

会议价款按每次实际产生的费用，由组织会议单位结算。

（三）伴随服务

1. 中标人响应对会议类别的执行，按照会议类别的要求做好会议服务。

2. 中标人应按照会议类别对会议做好登记、备案。

3. 中标人应全力配合相关业务部门的监督、检查。

（四）违约责任

会议定点场所有以下行为之一且经调查属实的，第一次予以书面通知责令整改，第二次取消会议定点场所资格。

1. 无正当理由拒绝接待党政机关会议的。

2. 超过协议价格收取费用或采取减少服务项目等降低服务质量的。

3. 提供虚假发票的。

4. 未按规定提供发票、费用原始明细单据、电子结算单等凭证的。

5. 不配合甚至干扰阻挠财政部门正常核查工作的。

6. 违反会议类别（一类会议、二类会议、三类会议、四类会议）执行情况的。

7. 中标方在协议期内未经批准单方面终止履行协议的，取消其会议定点场所资格，并不得参与下一轮次党政机关会议定点场所政府采购。

8. 违反协议规定的其他事项的。

（五）其他未尽事项

合同履行期间，若双方发生争议，可协商或由有关部门调解解决，协商或调解不成的，由当事人向人民法院起诉，依法维护其合法权益。

评审项目及评分标准表

序号	评审项目		评分标准	分值
1	报价		①以本次有效的各类投标会议报价的最低报价为基准价，一类会议报价得分（A）＝基准价/投标报价×7.5；二类会议报价得分（B）＝基准价/投标报价×7.5；三类会议报价得分（C）＝基准价/投标报价×7.5；四类会议报价得分（D）＝基准价/投标报价×7.5。投标报价得分＝A+B+C+D。 ②对小型和微型企业、监狱企业或残疾人福利性单位生产的产品的价格（如涉及）给予10%的价格扣除，用扣除后的价格参与评审；〔说明：投标人为监狱企业的，提供由省级以上监狱管理局、戒毒管理局（含新疆生产建设兵团）出具的投标人属于监狱企业的证明文件复印件〕。 四舍五入，保留小数点后两位。小型和微型企业或残疾人福利性单位的认定以按招标文件格式要求提供的相应承诺函为准	30分
2	技术或者服务水平	（1）服务方案	根据投标人针对本项目制定的服务方案进行评价：内容包含服务流程、服务保障措施、特色服务、应急方案，且相应方案能够满足采购需求的得20分；每有一项缺失或存在重大缺陷的扣5分；每有一项不满足采购需求的扣3分；本项扣完为止	20分
		（2）管理及专业技术人员情况	对投标人的管理及专业技术人员情况综合评定，其中： ①客房、餐厅高级管理人员人数2人的得1分，3人（含3人）以上的得2分，2人以下得0分；中级管理人员人数3人的得1分，5人（含5人）以上的得2分，3人以下得0分。此项满分4分。 ②特级厨师1人得1分，2人（含2人）以上的得2分，无特级厨师得0分；一级厨师2人得1分，3人（含3人）以上的得2分，少于2人得0分。此项满分4分。 ③后勤保障等工程技术人员中，具有高级职称3人的得1分，5人（含5人）以上中级职称的得1分，此项满分2分。 注：提供以上管理及专业技术人员的职称证书复印件，或同等级别的资格证书复印件，复印件加盖投标人公章鲜章	10分
		（3）硬件条件	对投标人提供的硬件条件列表作出综合评定： ①客房、餐厅、会议室数量和容纳人数、配套设备，其中： A. 具备容纳100人及以上客房的得1分，能容纳150人及以上的得3分； B. 具备容纳100人及以上餐厅的得1分，能容纳150人及以上的得3分； C. 具备一个能容纳100人及以上大会议室的得1分，能容纳150人及以上的得3分； D. 具备一个能容纳50~100人中会议室的得1分，二个及以上的得3分； E. 具备两个能容纳20~50人小会议室的得1分，三个及以上得3分； F. 具备完善的客房、餐厅、会议音响、投影等配套设备的得1分。 ②停车场面积：具备40个以上100个以下车位的得1分，100个（含）以上车位的得2分。 ③计算机网络管理系统、闭路电视系统、电话系统、消防系统、监控系统中，每具有一项得1分，最多得5分	23分
3	履约能力	（1）项目业绩	以投标人提供的2018年以来的经营业绩进行评分，接待过县级及以上党政机关会议规模100人以上的（或同级别其他单位会议），每有1个得1分，最多得10分。 提供项目业绩合同复印件和合同资金支付的银行票据复印件（合同资金为分期付款的，至少应提供一次合同资金支付的银行票据复印件），如合同未载明接待人数须提供用户单位出具或确认的书面证明材料，复印件加盖投标人公章鲜章	10分
		（2）星级	由旅游部门正式评定为五星级的得7分，四星级的得5分，三星级的得3分，三星级以下得1分；未评级的相当于五星级标准（由相关管理部门出具书面说明，下同）的得6分，相当于四星级标准的得4分，相当于三星级标准的得2分，其他得1分	7分

推荐阅读资料

[1] 杨京波. 会展场馆选择标准研究述评——基于会议策划者视角 [J]. 旅游学刊, 2013, 28 (12): 105-115.

[2] 余构雄, 戴光全. 基于"钻石模型"的区域展览城市选择研究——以珠三角为例 [J]. 华东经济管理, 2017, 31 (1): 60-66.

[3] Crouch G, Louviere J. The Determinants of Convention Site Selection: A Logistic Choice Model from Experimental Data [J]. Journal of Travel Research, 2004 (43): 118-130.

[4] DiPietro R B, Breiter D, Rompf P, et al. An Exploratory Study of Differences among Meeting and Exhibition Planners in Their Destination Selection Criteria [J]. Journal of Convention & Event Tourism, 2008, 9 (4): 258-276.

[5] Jun J, McCleary K W. Classifying US Association Meeting Planners Based on International Destination Selection Criteria: A Case Study of South Korea [J]. International Journal of Hospitality Management, 1999, 18 (2): 183-199.

[6] Lee H, Lee J. An Exploratory Study of Factors that Exhibition Organizers Look for When Selecting Convention and Exhibition Centers [J]. Journal of Travel & Tourism Marketing, 2017, 34 (8): 1001-1017.

[7] Pizaam A, Manning P B. The Impact of Inflation on Convention Site Selection [J]. International Journal of Hospitality Management, 1982, 1 (1): 65-66.

[8] Robinson L S, Callan R J. UK Conference Delegates' Cognizance of the Importance of Venue Selection Attributes [J]. Journal of Convention & Event Tourism, 2005, 7 (1): 77-95.

参考文献

［1］Abbott J L, Geddie M W. Event and Venue Management: Minimizing Liability through Effective Crowd Management Techniques ［J］. Event Management, 2000, 6 (4): 259-270.

［2］Abou-Shouk M A, Zoair N I, Farrag M M, et al. The Role of International Exhibition Venues in Marketing Exhibitors' Destinations ［J］. Journal of Vacation Marketing, 2018, 24 (2): 136-147.

［3］Alderton, Matt. Smart Ways to Select a Venue ［J］. Successful Meetings, 2017, 66 (6): 15.

［4］Azzopardi E, Nash R. A Critical Evaluation of Importance-Performance Analysis ［J］. Tourism Management, 2013, 35: 222-233.

［5］Berne C, Uceda E G. Criteria Involved in Evaluation of Trade Shows to Visit ［J］. Industrial Marketing Management, 2008 (37): 565-579.

［6］Bernini C. Convention Industry and Destination Clusters: Evidence from Italy ［J］. Tourism Management, 2009, 30 (6): 878-889.

［7］Bitner M J. Servicescapes: The Impact of Physical Surroundings on Customers and Employees ［J］. Journal of Marketing, 1992, 56 (2): 57-71.

［8］Boo S, Kim M. The Influence of Convention Center Performance on Hotel Room Nights ［J］. Journal of Travel Research, 2010, 49 (3): 297-309.

［9］Bradshaw J. Relationship of Five Factor Theory of Personality and Professional Qualifications to Convention Center Executives' Career Effectiveness ［D］. Taiyuan: Northcentral University, 2017.

［10］Breiter D, Milman A. Attendees' Needs and Service Priorities in a Large Convention Center: Application of the Importance-Performance Theory ［J］. Tourism Management, 2006, 27 (6): 1364-1370.

［11］Brenner B. Does Music Matter to Museum Visitors? Understanding the Effect of Music in an Exhibit on the Visitor Experience ［D］. Seattle: University of Washington, 2016.

［12］Brezina S L. The Results of Convention Center Development in Second-Tier Cities: Three Case Study Investigations ［D］. Lansing: Michigan State University, 1999.

［13］Cetin G, Demirciftci T, Bilgihan A. Meeting Revenue Management Challenges: Knowledge, Skills and Abilities ［J］. International Journal of Hospitality Management, 2016 (57): 132-142.

［14］Chan W W, Mak B, Lee D C, et al. A Framework of Environmental Mitigation for the Convention and Exhibition Centers in the China Greater Bay Area ［J］. Journal of Convention & Event Tourism, 2019, 20 (1): 44-63.

［15］Chien K, Wu T, Luor T. Face Recognition and Smart People－Counting System: Cases of Asian Trade Shows ［J］. Journal of Internet Technology, 2019, 20 (2): 435-446.

［16］Chlodnicki M, Leszczyński G, Zieliński M. Trade Fairs—A Tool for the Spread of Innovation ［C］. 4th International Conference for Entrepreneurship, Innovation and Regional Development, National Center for Development of Innovation and Entrepreneurial Learning, Ohrid, Macedonia, 2011.

［17］Chongwatpol J. Integration of RFID and Business Analytics for Trade Show Exhibitors ［J］. European Journal of Operational Research, 2015 (244): 662-673.

［18］Clark J D, Price C H, Murrmann S K. Buying Center: Who Chooses Convention Sites? ［J］. Cornell Hotel & Restaurant Administration Quarterly, 1996, 37 (4): 72-76.

［19］Crouch G I, Chiappa G D, Perdue R R. International Convention Tourism: A Choice Modelling Experiment of Host City Competition ［J］. Tourism Management, 2019 (71): 530-542.

［20］Crouch G I, Ritchie J R B. Convention Site Selection Research: A Review, Conceptual Model, and Propositional Framework ［J］. Journal of Convention and Exhibition Management, 1998, 1 (1): 49-69.

［21］Crouch G, Louviere J. The Determinants of Convention Site Selection: A Logistic Choice Model from Experimental Data ［J］. Journal of Travel Research, 2004 (43): 118-130.

［22］Danaher P J, Mattsson J. Cumulative Encounter Satisfaction in the Hotel Conference Process ［J］. International Journal of Service Industry Management, 1994, 5 (4): 69-80.

［23］Darling A H, Beato P. Should Public Budgets Finance Convention Centers? ［R］. Inter-American Development Bank, 2004.

［24］Davidson R. Web 2. 0 as a Marketing Tool for Conference Centres ［J］. International Journal of Event and Festival Management, 2011, 2 (2): 117-138.

［25］DiPietro R B, Breiter D, Rompf P, et al. An Exploratory Study of Differences Among Meeting and Exhibition Planners in Their Destination Selection Criteria ［J］. Journal of Convention & Event Tourism, 2008, 9 (4): 258-276.

［26］Fenich G G. An Assessment of Whether the Convention Center in New York is Successful As a Tool for Economic Development ［J］. Economic Development Quarterly, 1994, 8 (3): 245-255.

［27］Fenich G G. Convention Center Development: Pros, Cons and Unanswered Questions ［J］. International Journal of Hospitality Management, 1992, 11 (3): 183-196.

［28］Fenich G G. The Dollars and Sense of Convention Centers ［D］. Rutgers: The State University of New Jersey, 1992.

［29］ Foxall G, Hackett P. Consumer Satisfaction With Birmingham's International Convention Centre ［J］. Service Industries Journal, 1994, 14 (3): 369-380.

［30］ Garaycochea N. The Exhibitor Perspective: Providing Facility Services for a Successful Trade Show ［D］. Tempe: Arizona State University, 2017.

［31］ Gardner J. Beneath the Rubble, the Crystal Palace! The Surprising Persistence of a Temporary Mega Event ［J］. World Archaeology, 2018, 50 (1): 185-199.

［32］ Getz D, Page S J. Progress and Prospects For Event Tourism Research ［J］. Tourism Management, 2016 (52): 593-631.

［33］ Graham T R. An Analysis of the Convention Center Market and Implications for the Planned Expansion of the Boston Convention and Exhibition Center ［D］. Cambridge: Massachusetts Institute of Technology, 2018.

［34］ Guo D, Zhu Y, Wei X, et al. How to Find Appropriate Automobile Exhibition Halls: Towards a Personalized Recommendation Service for Auto Show ［J］. Neurocomputing, 2016 (213): 95-101.

［35］ Hassanien A, Dale C. Toward a Typology of Events Venues ［J］. International Journal of Event and Festival Management, 2011, 2 (2): 106-116.

［36］ Hebben S, Gessler P, Klüpfel H. Evacuation Analyses for Venues: Systematic Approach and Comparison to Evacuation Trials ［M］. Berlin: Springer International Publishing, 2014.

［37］ Helbing D, Molnar P. Social Force Model for Pedestrian Dynamies ［J］. Physical Review E, 1995, 51 (5): 4282-4286.

［38］ Hunt M M. Employees' Perceptions of Sustainability Programs: A Multiple U. S. Convention Center Case Study ［D］. Salt Lake City: The University of Utah, 2017.

［39］ ICCA. International Association Meetings: Bidding and Decision - Making ［R］. ICCA, 2008.

［40］ Jemaa F B, Pariente M. Personalized and Seamless Wi-Fi Access to Venue-Based Services ［C］. Network of the Future. IEEE, 2015.

［41］ Jiankang Zhang, Jiaxuan Fan, Xiaowei Ni. The Application Module Design of Three Application Scenes of Intelligent Exhibition ［C］. IOP Conference Series: Materials Science and Engineering, 2019.

［42］ Jin X, Weber K, Bauer T. Dimensions and Perceptional Differences of Exhibition Destination Attractiveness: The Case of China ［J］. Journal of Hospitality & Tourism Research, 2013, 37 (4): 447-469.

［43］ Jung Y H. Effect of Physical Environment of Exhibition Convention Centers on Customer' Satisfaction and Worth of Mouth, Revisit Intention ［J］. The Journal of the Korea Contents Association, 2011, 11 (10): 197-208.

［44］ Jun J, McCleary K W. Classifying US Association-Meeting Planners Based on International Destination Selection Criteria: A Case Study of South Korea [J]. International Journal of Hospitality Management, 1999, 18 (2): 183-199.

[45] Katharina P. Coleman. Locating Norm Diplomacy: Venue Change in International Norm Negotiations [J]. European Journal of International Relations, 2011, 19 (1): 163-186.

[46] Kim G, Hong B. Generation of Business Event Data Sets for Testing RFID Information Services [J]. International Journal of Software Engineering and Knowledge Engineering, 2015, 25 (4): 757-780.

[47] Kim L H, Njite D. Evaluation of Web Site Performance: Korean Convention Centers [J]. International Journal of Hospitality & Tourism Administration, 2009 (10): 232-252.

[48] Kim S H, Park S, Sun M R, et al. A Study of Smart Beacon-Based Meeting, Incentive Trip, Convention, Exhibition and Event (MICE) Services Using Big Data [J]. Procedia Computer Science, 2016 (91): 761-768.

[49] Kim S S, Chon K, Chung K Y. Convention Industry in South Korea: An Economic Impact Analysis [J]. Tourism Management, 2003, 24 (5): 533-541.

[50] Kim Y, Lee Y, Love C. A Case Study Examining the Influence of Conference Food Function on Attendee Satisfaction and Return Intention at a Corporate Conference [J]. Journal of Convention & Event Tourism, 2009, 10 (3): 211-230.

[51] Klaus P P, Maklan S. EXQ: A Multiple – Item Scale for Assessing Service Experience [J]. Journal of Service Management, 2012, 23 (1): 5-33.

[52] Kock G, Breiter D, Hara T, et al. Proposing a Regional Impact Based Feasibility Studies Framework for Convention Centers: A Quantitative Analysis of the Orange County Convention Center (OCCC) [J]. Journal of Convention & Event Tourism, 2008, 9 (4): 309-340.

[53] Koo K, Spatz D. National Survey of Convention Centers' Lactation Facilities [J]. Journal of Human Lactation, 2016, 32 (4): 1-5.

[54] Laslo D H, Judd D R. Convention Center Wars and the Decline of Local Democracy [J]. Journal of Convention & Event Tourism, 2005, 6 (1-2): 81-98.

[55] Laslo D H. Proliferating Convention Centers: The Political Economy of Regenerating Cities and the St. Louis Convention Center expansion [D]. Missouri: University of Missouri – Saint Louis, 1999.

[56] Lee C K, Reisinger Y, Kim M J, et al. The Influence of Volunteer Motivation on Satisfaction, Attitudes, and Support for a Mega-Event [J]. International Journal of Hospitality Management, 2014 (40): 37-48.

[57] Lee H, Lee J. An Exploratory Study of Factors that Exhibition Organizers Look For When Selecting Convention and Exhibition Centers [J]. Journal of Travel & Tourism Marketing, 2017, 34 (8): 1001-1017.

[58] Lee M J, Lee K M. Convention and Exhibition Center Development in Korea [J].

Journal of Convention & Event Tourism, 2006, 8 (4): 101-120.

［59］ Lee S, Wu J S, Zheng C. Asian Convention Venue Engaging in Sustainable Practice: The Driving and Hindering Factors ［EB/OL］. https://doi. org/10. 3727/152599519X155062598 56561, 2021-01-13/2021-04-30.

［60］ Lee W R, Bong-Seok K, Kim Y S. The Mixed-Use Development Strategy of New Convention & Exhibition Center ［J］. Korea Trade Exhibition Review, 2015, 10 (3): 1-26.

［61］ Liu T, Wilkinson S. Large Scale Public Venue Development and the Application of Public-Private Partnerships ［J］. International Journal of Project Management, 2014 (32): 88-100.

［62］ Martilla J A, James J C. Importance-Performance Analysis ［J］. Journal of Marketing , 1977 , 41 (1): 77-79.

［63］ Matzler K, Sauerwein E. The Factor Structure of Customer Satisfaction: An Empirical Test of the Importance Grid and the Penalty-Reward-Contrast Analysis ［J］. International Journal of Service Industry Management, 2002, 13 (4): 314-332.

［64］ Mccabe V S. Strategies for Career Planning and Development in the Convention and Exhibition Industry in Australia ［J］. International Journal of Hospitality Management, 2008, 27 (2): 222.

［65］ Mccoy S, Plessis P J D. The Role of Exhibitions in the Marketing Mix in South Africa ［J］. South African Journal of Economic and Management Sciences, 2000, 3 (3): 459-468.

［66］ Mehta R, Sharma N K, Swami S. The Impact of Perceived Crowding on Con-sumers' Store Patronage Intentions: Role of Optimal Stimulation Level and Shopping Motivation ［J］. Journal of Marketing Management, 2013, 29 (7-8): 812-835.

［67］ Meina Cui, Bong-seok Kim, Jialin Wu. The Impact of Korean Enterprise's Interna-tional Trade Fair Participation Performance and Market Performance ［J］. Koreanische Zeitschrift fuer Wirtschaftswissenschaften, 2017, 35 (3): 57-75.

［68］ Mihae J. Determinants of Exhibition Service Quality as Perceived ［J］. Journal of Con-vention & Event Tourism, 2005, 7 (3-4): 85-98.

［69］ Mills E S. Should Governments Own Convention Centers ［M］. Illinois: Heartland In-stitute, 1991.

［70］ Mitchell V W, Schlegelmilch B B, Mone S D. Why Should I Attend? The Value of Business Networking Events ［J］. Industrial Marketing Management, 2016 (52): 100-108.

［71］ Moore R. Venue Transportation Management: An Analysis of Transportation Manage-ment Plans in the City of Vancouver ［J］. Journal of Fluorescence, 2015, 25 (5): 1-18.

［72］ Morgan A, Condliffe S. Measuring the Economic Impacts of Convention Centers and Event Tourism ［J］. Journal of Convention & Event Tourism, 2006, 8 (4): 81-100.

［73］ Nanton C L. What Happens in Las Vegas? How Exhibitors Use the Tradeshow Floor and Social Venues to Facilitate Business [D]. Las Vegas: University of Nevada, 2015.

[74] Nayak J K. An Exhibitors Perspective: Factors Affecting Selection of Industrial Trade Shows in India and the Importance of Spot Sales [J]. Journal of Business-to-Business Marketing, 2019, 26 (2): 125-140.

[75] Nelson R R. Convention Centers as Catalysts for Local Economic Development [D]. Newark: University of Delaware, 2000.

[76] Nelson R R. Current Issues in Convention and Exhibition Facility Development [M]. New York: Haworth Hospitality Press, 2004.

[77] Nho H K, Vongphachanh S, Cho S H. The Effect of Servicescape of Exhibition and Convention Facilities in Korea and China on Service Orientation, Job Satisfaction, and Organizational Commitment [J]. Journal of Global Scholars of Marketing Science, 2018, 28 (2): 182-196.

[78] Parasuraman A, Zeithaml V A, Berry L L. SERVQUAL: A Multiple-Item Scale for Measuring Consumer Perceptions of Service Quality [J]. Journal of Retailing, 1988, 64 (1): 12-40.

[79] Pizaam A, Manning P B. The Impact of Inflation on Convention Site Selection [J]. International Journal of Hospitality Management, 1982, 1 (1): 65-66.

[80] Purswani J. Event Venue Management Checklist for Event Planners [EB/OL]. https://blog. hubilo. com/event-venue-management-checklist/, 2018-08-28/2020-10-30.

[81] Qi H, et al. Motivations of Volunteering at Business Events: An Auto-Ethnography Perspective [R]. Massachusetts Amherst: University of Massachusetts Amherst, 2019.

[82] Rashid N, Maamor H, Ariffin N, et al. Servicescape: Understanding how Physical Dimensions Influence Exhibitor's Satisfaction in Convention Centre [J]. Procedia - Social and Behavioral Sciences, 2015 (211): 776-782.

[83] Reidar J. Mykletun, Monika Bartkeviciute, Yulia Puchkova. Green Meetings: Do They Matter to Their Closest Stakeholders? [J]. Scandinavian Journal of Hospitality & Tourism. 2014, 14 (3): 211-233.

[84] Roberts B. Product Locators to Help Visitors Quickly Locate Exhibitors [J]. Power Engineering, 1994, 98 (10): 6.

[85] Robinson L S, Callan R J. UK Conference Delegates' Cognizance of the Importance of Venue Selection Attributes [J]. Journal of Convention & Event Tourism, 2005, 7 (1): 77-95.

[86] Rodriguez-Oromendia A, Reina-Paz M D, Rufin R. Relationship Quality and Exhibitor's Performance in Leisure Trade Shows [J]. E&M Ekonomie A Management, 2015, 18 (3): 129-143.

[87] Rosenbaum M S, Massiah C. An Expanded Servicescape Perspective [J]. Journal of Service Management, 2011, 22 (4): 471-490.

［88］ Sanders H. Space Available: The Realities of Convention Centers as Economic Development Strategy ［R］. Washington: The Brookings Institution, 2005.

［89］ Sanders H T. Convention Center Follies: Politics, Power, and Public Investment in American Cities ［J］. Political Science Quarterly, 2015, 130 (4): 786-787.

［90］ Sanders H T. Convention Myths and Markets: A Critical Review of Convention Center Feasibility Studies ［J］. Economic Development Quarterly, 2002, 16 (3): 195-210.

［91］ Sandström S, Edvardsson B, Kristensson P, et al. Value in Use Through Service Experience ［J］. Journal of Service Theory and Practice, 2008, 18 (2): 112-126.

［92］ Sarmento M, Simoes C. The Evolving Role of Trade Fairs in Business: A Systematic Literature Review and A Research Agenda ［J］. Industrial Marketing Management, 2018, 73: 154-170.

［93］ Schultze M. Trends for 2016: Sharing, Sustainability and the Knowledge Economy ［EB/OL］. https://www.c-mw.net/trends-2016-sharing-sustainability-knowledge-economy/, 2015-12-01/2020-07-21.

［94］ Seyhmus B, Love C. Association Meeting Planners' Perceived Performance of Las Vegas ［J］. Journal of Convention & Exhibition Management, 2003, 5 (1): 13-27.

［95］ Singh J, Shukla P, Kalafatis S P. It Usage for Enhancing Trade Show Performance: Evidence from the Aviation Services ［J］. Journal of Business & Industrial Marketing, 2017, 32 (3): 398-408.

［96］ Siu N Y, Wan P Y, Dong P. The Impact of The Servicescape on the Desire to Stay in Convention and Exhibition Centers: The case of Macao ［J］. International Journal of Hospitality Management, 2012, 31 (1): 236-246.

［97］ Soyoung Boo, Miyoung Kim. Tourists' Online Reviews of Convention Centers ［J］. Journal of Convention & Event Tourism, 2019, 20 (2): 135-162.

［98］ States J. Crowd Think: Safety and Movement in Meetings ［EB/OL］. https://www.mpi.org/essential-guide/blog/article/crowd-think-safety-movement-in-meetings, 2019-09-26/2021-07-01.

［99］ Sung H, Lee W. The Effect of Basic, Performance and Excitement Service Factors of a Convention Center on Attendees' Experiential Value and Satisfaction: A Case Study of the Phoenix Convention Center ［J］. Journal of Convention & Event Tourism, 2015, 16 (3): 175-199.

［100］ Tay L. Strategic Facilities Management of Suntec Singapore International Convention and Exhibition Centre: A Case Study ［J］. Facilities, 2006, 24 (3/4): 120-131.

［101］ Toh R S, Peterson D, Foster T N. Contrasting Approaches of Corporate and Association Meeting Planners: How the Hospitality Industry Should Approach Them Differently ［J］. International Journal of Tourism Research, 2007, 9 (1): 43-50.

［102］ UFI. UFI World Map of Exhibition Venues (2017 Edition) ［EB/OL］. https://

www. ufi. org/industry-resources/research/global-reports/world-map-of-venues/，2020-08-07/. 2021-03-10.

［103］Vermeulen R. Exhibition Centre Development in Europe：A Multidimensional Historical Analysis ［J］. Tijdschrift Voor Economische En Sociale Geografie，2011，102（4）：441-454.

［104］Vu H Q，Li G，Law R. Cross-Country Analysis of Tourist Activities Based on Venue-Referenced Social Media Data ［J］. Journal of Travel Research，2018，59（7）：1-17.

［105］Weber K. Meeting Planners' Perceptions of Hotel-Chain Practices and Benefits：An Importance-Performance Analysis ［J］. Cornell Hotel and Restaurant Administration Quarterly，2000，41（4）：32-38.

［106］Whitfield J，Dioko L A N，Webber D E. Scoring Environmental Credentials：A Review of Uk Conference and Meetings Venues Using the GREENER VENUE Framework ［J］. Journal of Sustainable Tourism，2014，22（2）：299-318.

［107］Whitfield J，Dioko L A N，Webber D，et al. Attracting Convention and Exhibition Attendance to Complex MICE Venues：Emerging Data from Macao ［J］. International Journal of Tourism Research，2014，16（2）：169-179.

［108］Wu A，Weber K. Convention Center Facilities，Attributes and Services：The Delegates' Perspective ［J］. Asia Pacific Journal of Tourism Research，2005，10（4）：399-410.

［109］Wu J，Wang D，Sheng H. Building a Context-Aware Smart Exhibition Environment ［C］//International Conference on Wireless Communications，Networking and Mobile Computing，IEEE，2007.

［110］Yang Q，Zheng S，Liu M，et al. Research on Wi-Fi Indoor Positioning in a Smart Exhibition Hall Based on Received Signal Strength Indication ［J］. EURASIP Journal on Wireless Communications and Networking，2019（1）：1-13.

［111］丁荣，段安安. 会展型城市综合体的设计探索与实践——贵阳国际会议展览中心 ［J］. 建筑技艺，2011（7）：184-188.

［112］丁烨. 会展场馆经营与管理 ［M］. 北京：中国旅游出版社，2019.

［113］王达盈. 大型体育场地交通疏散的薄弱环节和解决方案研究 ［J］. 综合运输，2016，38（3）：75-78.

［114］王兆红，詹伟，邱菀华. 设施管理理论体系框架研究 ［J］. 现代管理科学，2008（4）：86-88.

［115］王玮，梁霄. 特大城市枢纽型城市副中心规划设计策略——以武汉市杨春湖商务区为例 ［J］. 城市规划，2018（8）：111-122.

［116］王苑. 苏州会展业经营管理研究 ［D］. 苏州：苏州大学，2012.

［117］王春才. 北京会展业发展与会展场馆建设互馈关系研究 ［J］. 城市问题，2008（9）：39-43

［118］王楚乔．X 会议型酒店盈利模式及其绩效分析［D］．上海：东华大学，2018.

［119］王巍溪，韩月月，王健．会展场馆的品牌营销策略［J］．农机质量与监督，2013（6）：20-21.

［120］中国国际贸易促进委员会．中国展览经济发展报告（2019）［R］．北京：中国国际贸易促进委员会，2020.

［121］中国建筑学会．建筑设计资料集 4［M］．北京：中国建筑工业出版社，2017.

［122］方忠权．广州会展企业空间集聚特征与影响因素［J］．地理学报，2013（4）：464-476.

［123］艾略特·艾登伯格．4R 营销［M］．北京：企业管理出版社，2006.

［124］叶宁青，邱蔚娟．关于我国展览场馆利用率问题的思考［J］．广东技术师范学院学报（社会科学版），2013（1）：41-43.

［125］叶明海，嵇方．大型社会活动安全事故成因分析及预警组织模型构建［J］．灾害学，2006，21（4）：108-113.

［126］田玉敏．人群疏散中"非适应性"行为的研究［J］．灾害学，2006，21（2）：114-120.

［127］田苗，谭月．大型会展项目综合交通规划研究——以中国西部国际博览城区域交通规划为例［J］．四川建筑，2017，37（1）：16-19.

［128］田彩云，吴卫军．酒店业会议顾客满意的驱动因素及机理研究［J］．旅游学刊，2010（5）：66-72.

［129］史建港．大型活动行人交通特性研究［D］．北京：北京工业大学，2007.

［130］白素英．展馆建设融资模式研究［D］．保定：河北大学，2007.

［131］兰婷．广州会展场馆时空演变及成因初探［J］．中外企业家，2013（5）：94-95.

［132］邢程．M 国际会展中心经营战略研究［D］．哈尔滨：黑龙江大学，2011.

［133］过聚荣．中国会展经济发展报告（2011）［M］．北京：社会科学文献出版社，2012.

［134］吕亚妮．绿色建筑实例浅析——新加坡会展中心 MAX Atria［J］．高等建筑教育，2014，23（3）：125-129.

［135］朱坚鹏．基于层次分析法的会展中心选址评价体系［J］．福建建筑，2008（7）：19-21.

［136］任国岩．长三角会展场馆空间集聚特征及影响因素［J］．经济地理，2014（9）：86-92.

［137］刘振东．城市型大型活动交通应急疏导研究［D］．天津：天津大学，2017.

［138］刘晓广，郝静，巩隽，等．会展场馆经营与管理［M］．北京：化学工业出版社，2017.

［139］刘海莹，许峰．会议中心设计、运营和管理［M］．北京：旅游教育出版社，2012.

［140］刘海莹，许锋．会议业纵论［M］．北京：中国商务出版社，2014.

［141］刘磊．场地设计［M］．北京：中国建材工业出版社，2002.

［142］米歇尔·拉塞尔，凯西·盖尔．是什么驱使与会者参加 B2B 展览［J］．中国社会组织，2018（23）：38-39.

［143］米德勒．找一家理想的酒店来开会，就等于成功了一半［EB/OL］．李毅编，译．http://www.meetingschina.com/news3677.html，2009-07-31/2020-08-21.

［144］许懋彦，张音玄，王晓欧．德国大型会展中心选址模式及场馆规划［J］．城市规划，2003（9）：32-39.

［145］纪英．大型活动行人交通组织与管理方法研究［D］．长春：吉林大学，2007.

［146］孙艳，张璐．基于观众满意视角的展馆服务质量提升对策——以上海新国际博览中心为例［J］．企业经济，2013（8）：130-134.

［147］杜洁莉．会展场馆管理实务［M］．大连：东北财经大学出版社，2008.

［148］杜营营．大型活动交通组织与管理方法研究［D］．重庆：重庆交通大学，2013.

［149］杨松．北京会展场馆运营管理模式比较研究［J］．城市管理与科技，2013（1）：28-31.

［150］杨忠振，陈刚．大型活动的交通组织方法研究［J］．城市交通，2007，5（3）：81-85.

［151］杨欣，吴琼．城市与会展业发展规律的量化研究——以北上广为例［J］．城市观察，2015（3）：46-53.

［152］杨欣，金李梅．中国会展业时空分布特征［J］．经济地理，2014（8）：96-102.

［153］杨京波．会展场馆选择标准研究述评——基于会议策划者视角［J］．旅游学刊，2013，28（12）：105-115.

［154］杨毅．特大型会展建筑分析研究［D］．广州：华南理工大学，2012.

［155］李春富，柴晶．信息化时代下的交互展示平台设计［J］．包装工程，2014（22）：202-207.

［156］李俊英．基于风险的大型活动拥挤踩踏事故应急能力评价［D］．太原：中北大学，2016.

［157］李艳丽．我国大型体育场馆财务运营及对策研究［J］．北京体育大学学报，2013，36（3）：39-43.

［158］李晓辉．西北干旱地区城市住区环境生态设计研究［D］．西安：西安建筑科技大学，2007.

［159］吴娇蓉，叶建红，陈小鸿．大型活动场馆参观人流服务水平分级研究［J］．同济大学学报（自然科学版），2007，35（6）：850-855.

［160］吴徐瑛．G 会议中心展览业务部门发展战略研究［D］．上海：上海交通大学，2012.

［161］何文才．大型会展场馆集成化管理建设模式的研究［D］．上海：同济大学，2008.

［162］何文才，谢琳琳，何清华．大型会展场馆全寿命周期集成管理系统研究［J］．华中科技大学学报（城市科学版），2008（2）：59-63.

［163］余构雄，戴光全．基于"钻石模型"的区域展览城市选择研究——以珠三角为例［J］．华东经济管理，2017，31（1）：60-66.

［164］亨利·法约尔．工业管理与一般管理［M］．迟力耕，张璇，译．北京：机械工业出版社，2013.

［165］张以琼．会展场馆的绩效评估指标［J］．广州大学学报（社会科学版），2005（10）：78-81.

［166］张以琼．会展场馆管理与服务［M］．广州：广州经济出版社，2007.

［167］张欢．应急管理与危机管理的概念辨析［J］．中国应急管理，2010（6）：31-36.

［168］张兵．会展场馆经营与管理［M］．北京：中国旅游出版社，2018.

［169］张旺芝，王振艳．浅论会展场馆运营绩效体系的构建［J］．沧州师范专科学校学报，2011，27（3）：51-52，63.

［170］张建军．湖南国际会展中心绩效考核体系研究［D］．长沙：中南大学，2011.

［171］张健康．会展学概论［M］．杭州：浙江大学出版社，2020.

［172］张淑华，朱玉蓉，陈虹全．大型展馆建设对中国展览业发展的影响——基于城市动态面板数据的系统广义矩估计法［J］．旅游科学，2020，34（1）：20-32.

［173］张辉，陈雅清．展会服务场景对参展商感知价值、满意度和行为意向的影响［J］．旅游学刊，2020，35（7）：86-98.

［174］张蔓．基于用户认知行为的环境导视系统设计［D］．上海：东华大学，2019.

［175］陈杰明．基于社会力模型的大型活动中密集人群交通组织研究［D］．长沙：长沙理工大学，2012.

［176］陈剑飞，梅洪元．会展建筑［M］．北京：中国建筑工业出版社，2008.

［177］苑炳慧，杨杰．基于参展商视角的展览环境评价与优化研究——以上海光大会展中心为例［J］．旅游论坛，2009，2（1）：120-124.

［178］林大飞．会展场馆经营与管理［M］．重庆：重庆大学出版社，2014.

［179］欧阳锐坚．会展中心会议空间的建筑设计研究［D］．广州：华南理工大学，2010.

［180］罗杰斯．会议业：一个全球性产业［M］．王小石，译．北京：中国旅游出版社，2015.

［181］罗秋菊，卢仕智．会展中心对城市房地产的触媒效应研究——以广州国际会展中心为例［J］．人文地理，2010，25（4）：45-49.

［182］岳杨．西安浐灞生态区开发模式研究［D］．西安：长安大学，2007.

［183］岳耀倩．基于PCO感知的会展中心品牌资产结构研究［D］．大连：东北财经

大学，2010.

［184］金利，马泽. 大型活动行人交通组织研究［A］. 中国建筑学会城市交通规则分会、上海市城乡建设和交通委员会、上海市规划和国土资源管理局. 中国城市交通规则2009年会暨第23次学术研讨会论文集人性化城市综合交通体系规划与实践［C］. 中国建筑学会城市交通规则分会、上海市城乡建设和交通委员会、上海市规划和国土资源管理局：中国城市规划设计研究院城市交通专业研究院，2009.

［185］周丹青. 会展危机管理中的RCRR模型分析［J］. 经济师，2009（5）：10-12.

［186］周铁军，林岭. 大型会展中心安全分级评价研究与实践［J］. 土木建筑与环境工程，2007，29（3）：12-16，35.

［187］周继华. 投资者与终端用户结合视角的W房地产项目营销策略研究［D］. 哈尔滨：哈尔滨工业大学，2018，47.

［188］周绮芸. 会展建筑设计研究初探［D］. 天津：天津大学，2008.

［189］郑建瑜. 会展场馆经营与管理［M］. 上海：上海人民出版社，2006.

［190］建筑设计资料集编委会. 建筑设计资料集［M］. 北京：中国建筑工业出版社，2017.

［191］屈雪莲，过聚荣. 上海浦东建设世界级会展中心的差距诊断［J］. 上海管理科学，2009（2）：89-93.

［192］孟凡胜，宋国宇，井维雪. 会展业发展的影响因素及对城市经济影响的实证研究［J］. 技术经济，2012（4）：32-37.

［193］胡平. 会展场馆经营与管理［M］. 北京：清华大学出版社，2013.

［194］胡平，杨杰. 会展业经济拉动效应的实证研究［J］. 旅游学刊，2006（11）：81-85.

［195］胡平. 基于展馆视角的我国会展区域竞争力差异分析［J］. 商业经济与管理，2008，197（3）：64-68，74.

［196］胡志莹，叶明海. 大型社会活动人群拥挤事故防范系统研究［J］. 灾害学，2006（1）：108-112.

［197］钟伟明. 展馆物业管理如何适应会展经济的发展［J］. 江苏政协，2002（4）：18-19.

［198］钟静雯. 成都会展建筑发展状况研究［D］. 广州：华南理工大学，2012.

［199］侯晓. 基于共生理论的会展综合体设计研究［D］. 广州：华南理工大学，2019.

［200］俞梦骁，叶建红，吴娇蓉. 大型活动人流交通组织管理：问题与对策研究［J］. 交通与运输，2014（30）：78-82.

［201］姚鲁杰. 国外办展的"6R概念"［J］. 中国会展，2004（23）：36-37.

［202］贾岷江，万春林，岳培宇. 大型会展场馆建设的市场影响与管理对策研究——以上海两大会展中心为例［J］. 城市观察，2017（4）：60-70.

［203］贾岷江，何婷．大型会展场馆与城市机场的时空距离研究［J］．广东交通职业技术学院学报，2021，20（77）：57-64.

［204］夏晗．会议酒店定价系统研究［D］．上海：华东师范大学，2007.

［205］顾克明，彭妙颜，周锡韬．会场系统工程［M］．北京：中国电力出版社，2013.

［206］顾梦瑜，张云耀．参展商视角下展览会场馆服务提升策略研究——以重庆国际会议展览中心为例［J］．重庆师范大学学报（自然科学版），2012（4）：112-117.

［207］徐村和，周雅英，唐嘉伟，等．展览馆行销关键成功因素分析［J］．行销评论，2011，8（3）：367-384.

［208］徐洁，苑炳慧，胡平．参展商对展馆服务的满意度研究——以上海光大会展中心为例［J］．旅游科学，2008，22（6）：61-69.

［209］郭海霞．会展场馆经营与管理［M］．北京：教育科学出版社，2013.

［210］黄铁流，王平．关于企业危机管理的系统性思考［J］．市场周刊（理论研究），2007（1）：13-15.

［211］曹彦，李莉．巴雷特法则在视频会议管理中的应用［J］．电脑知识与技术，2020，16（17）：219-221.

［212］龚雅莉．线下展览与线上展览共生发展研究［J］．中国管理信息化，2018，21（22）：125-126.

［213］常红．中国会展以小型场馆居多，利用率20%左右［EB/OL］．http：//politics.people.com.cn/n/2013/0625/c1001-21967620.html，2013-06-25/2020-06-07.

［214］曼弗雷德·基希盖奥格，维尔纳·M.多恩夏特，威廉·基泽，等．博览管理：博览、会议和活动的策划、执行与控制［M］．刁晓瀛，译．上海：上海财经大学出版社，2008.

［215］程金龙，吴国清．我国会展场馆的区位选址分析［J］．学术探索，2004（9）：42-45.

［216］傅婕芳．大型会展场馆及其与周边配套设施空间关系研究［D］．上海：上海师范大学，2007.

［217］傅婕芳．品牌化会展场馆对周边配套设施的需求研究［J］．科技资讯，2009（33）：68-69.

［218］温立．上海大型科普场馆公共安全管控工作完善研究［D］．上海：上海师范大学，2017.

［219］谢朝武，郑向敏．酒店业会展活动的安全管理研究［J］．中国安全生产科学技术，2007，3（3）：17-20.

［220］裴向军．会展场馆现代化构成要素研究［J］．浙江树人大学学报（人文社会科学版），2008，8（4）：42-47.

［221］廖希林，谢端云．借鉴国外经验加快南宁会展中心信息化进程［J］．中共南宁市委党校学报，2005（2）：53-56.

［222］黎志生，陈育青．网上虚拟展馆的技术探索［J］．电脑知识与技术，2008（29）：212-214.

［223］德里克·艾伦特，尼鲁·拉奥．客户满意度数据分析［M］．陶峻，李惠番，译．大连：东北财经大学出版社，2005.

［224］戴光全，梁春鼎，陈欣．基于扎根理论的节事场所与会展场馆场所依赖差异——以2011西安世界园艺博览会园区和琶洲国际会展中心为例［J］．地理研究，2012，31（9）：1707-1721.

［225］戴维·阿克．管理品牌资产［M］．吴进操，常小虹，译．北京：机械工业出版社，2012.

［226］戴维森，罗杰斯．节事目的地与场馆营销［M］．宋哲敏，关旭，译．上海：格致出版社，2008.

附　录

附录一
《会议中心运营服务规范》（SB/T 10851–2012）

前　言

本标准按照 GB/T 1.1–2009 给出的规则起草。

本标准由全国城市工业品贸易中心联合会会展工作委员会提出。

本标准由中华人民共和国商务部归口。

本标准起草单位：全国城市工业品贸易中心联合会会展工作委员会、国家会议中心、苏州国际博览中心有限公司。

本标准主要起草人：刘海莹、陈刚、赵闯、许锋、常大磊。

1. 范围

本标准规定了会议中心运营服务应具备的基本要求、内部部门设置、功能设置及配套设施、安全管理及服务管理等方面的要求。

本标准适用于提供会议中心运营服务的组织机构。

2. 规范性引用文件

下列文件对于本文件的应用是必不可少的。凡是注日期的引用文件，仅注日期的版本适用于本文件。凡是不注日期的引用文件，其最新版本（包括所有的修改单）适用于本文件。

GB 2894　安全标志及其使用导则

GB/T 10001.1　标志用公共信息图形符号　第 1 部分：通用符号

GB 13495　消防安全标志

GB/T 19001　质量管理体系　要求

GB/T 28001　职业健康安全管理体系　要求

GB 50222　建筑内部装修设计防火规范

GA 654　人员密集场所消防安全管理

SB/T 10426　餐饮企业经营规范

3. 基本要求

3.1　资质要求

3.1.1　应具有独立法人资格，能够承担民事责任。

3.1.2　应自有或租赁有与经营规模相适应的会议中心场地及相关设施。

3.1.3　应符合国家有关安全、消防、食品、卫生、防疫、环保、节约、规划等法律法规的要求。

3.1.4　应有健全的生产经营组织结构和规章制度。

3.1.5　具有承担会议组织活动风险的能力。鼓励通过 GB/T 19001、GB/T 28001 等管理体系认证。

3.2　安全要求

3.2.1　应符合 GA 654 的规定的要求。

3.2.2　应设置疏散通道、安全出口、消防车通道、应急广播、应急照明等应急设施，并应配有显著、醒目的疏散指示标志，标志应符合 GB 2894 和 GB 13495 的规定。

3.2.3　会议中心所有出入口、主要通道、重要会议室、停车场出入口以及卸货区等处均应安装监控摄像机，不得存在盲区。

3.2.4　应配置监控设备、安检门或 X 光物品检测仪等安全检测仪器。

3.2.5　消防设施应符合 GB 50222 的要求。

3.2.6　应建立和健全安全管理制度和安全保卫工作方案，并建立有效的执行和监督机制。

4. 内部部门设置及主要职责

运营服务单位内部宜设置以下部门，或设置和以下部门职责类似的部门。

4.1　会议销售部

4.1.1　负责会议中心的销售工作，完成总经理赋予的销售任务。

4.1.2　定期对市场环境进行调查分析，及时调整销售策略和销售价格，确保完成销售计划。

4.1.3　负责合同的谈判与签订。

4.1.4　定期和不定期拜访重点客户，及时了解和处理问题。

4.2　项目协调部

4.2.1　与销售人员进行信息交接，充分了解活动信息及主（承）办单位的需求。

4.2.2　与主（承）办单位充分沟通，并与主（承）办单位、各相关部门召开协调会，掌握需求细节，制定会议服务方案，保障客户需求的落实。

4.2.3　协助主（承）办单位、布展工程公司、参展商查看场地，并帮助主（承）办单位制定进馆、撤馆计划。

4.2.4　活动召开期间，协助主（承）办单位协调现场出现的问题，保证搭建、展览、会议、餐饮等各项活动的顺利进行。

4.2.5　活动结束后，与主（承）办单位核对账单，并根据要求做好汇总、统计、分析、存档工作，最终形成会议活动小结。

4.3　工程部

4.3.1　负责会议中心水、电、气、空调及所有硬件的维修维护工作，保证设备设施的正常运行，确保会议中心日常工作顺利开展和所有活动的安全进行。

4.3.2　配合安保部、现场施工管理部门检查现场的施工情况，纠正不符合作业规定和安全生产要求的行为。

4.3.3　依据主（承）办单位及参会人员的需要，提供电话线、网线及光纤的接驳、AV 灯光音响、投影、吊挂、舞台搭建等服务。

4.3.4　应建立 7×24 小时值班制度，明确值班人员和值班时间。

4.4　安保部

4.4.1　建立、健全保安、交通、消防、安全生产等各方面的规章制度，并监督落实。

4.4.2　进行安全检查，发现安全隐患及时通知相关部门或相关人员进行整改直至隐患消除。

4.4.3　加强治安巡查，维护会议中心的安全环境，保障公共财产、个人财产安全及参会人员和工作人员的人身安全。

4.4.4　制定完善的会议中心管理区内的交通管制方案，指挥交通，引导车辆的指引和停放。

4.4.5　应建立 7×24 小时值班制度，明确值班人员和值班时间。

4.5　财务部

4.5.1　编制财务计划，监督、检查计划的执行情况。

4.5.2　做好经济预算，控制成本费用。

4.5.3　加强财务分析，提供决策参考。

4.5.4　坚持会计监督，维护财经纪律。

5. 功能设置及配套设施

5.1　会议场地

5.1.1　应具备与经营规模相适应的规格不等的各类会议场地，如报告厅、多功能厅、大宴会厅、中小型会议室、贵宾室等，且各类会议场地的数量、类型、功能结构合理。

5.1.2　灯具配置合理，实行分区光控，且满足可调控性要求，灯具色温应满足摄像摄影要求。

5.1.3　应具备足够的插座、网络接口、视频接口等基本设施。

5.1.4　可根据会议主（承）办单位需求提供服务物品，服务物品包括但不限于：投影仪、幕布、写字板、音响设备、鲜花绿植、杯具。

5.1.5　具有独立的温控系统。

5.2　大宴会厅

5.2.1　应具备与经营规模、接待能力相适应的大宴会厅。

5.2.2　应设置序厅、衣帽间、贵宾室、音像控制室、公共化妆间、厨房或备餐间、单独的出入口。

5.2.3　宜设置隔断墙，可根据主（承）办单位的需求将宴会厅分割成至少两个独立区域。

5.2.4　宜设置大尺寸货门，且有货梯直达。

5.3　中小型会议室

5.3.1　数量相当，各不同规模的会议室数量保持适当比例。

5.3.2　相邻会议室中间应设置隔音设施，避免相互干扰。

5.3.3　宜安装固定的投影屏幕和投影仪。

5.3.4　宜配备展架、挂镜线、挂钩等。

5.4　贵宾室

5.4.1　可根据主（承）办单位的需要提供贵宾室。

5.4.2　宜设置单独门厅和通道，并有独立的卫生间和服务间。

5.5　展览场地

5.5.1　应具有与经营规模、接待能力相适应的展览场地。

5.5.2　室内展览场地应具备一定层高，地面能够承受较重的负载。

5.5.3　展览场地内部应布局合理，标识应规范、准确、齐全、醒目，符合 GB 2894 的规定。

5.5.4　能提供举办展览的相关服务，相关服务包括但不限于：展场布置、设备设施租赁。

5.6　商务中心

5.6.1　应配备网络、传真、打字、复印、装订、国际和国内长途直拨电话等设备。

5.6.2　保证至少有一台电脑安装英文操作系统。

5.6.3　宜配备十人以下（含十人）小型会议室。

5.6.4　应配备旅游、票务、商务咨询、零售区等服务项目。

5.7　出入口

5.7.1　分别设置货物进出、工作人员和参会人员出入的通道。

5.7.2　设置紧急出口或安全出口，出口标志必须清楚醒目，应符合 GB 2894 和 GB 13495 的规定。

5.8　通道

5.8.1　通道宽度应考虑人流、物流、防火和安全需要等因素。

5.8.2　宜设置服务通道和客人通道。

5.8.3　应设置紧急通道和消防通道。

5.8.4　所有通道应保证畅通，不允许货物、废弃物等堆放在通道上。

5.8.5　宜设置残障人士专用通道。

5.9　停车场

5.9.1　布局合理、规模适当、设施完善，分设机动车进出口与人员通道。

5.9.2　应有规范、显著的交通指示标志，如车场进出标志、限速标志、限高标志、方向标志等。

5.9.3　在停车场内应配备必要的安全防范设备，如监控系统、防爆设备、防火设备等。

5.10　电梯

5.10.1　在人流密集区安装足够的自动手扶电梯，根据现场流量情况确定电梯运送方式。

5.10.2　合理配置电梯和楼梯组合。

5.10.3　应设置货物运输电梯，所有货物必须通过货物电梯运输，禁止用自动扶梯和客梯运送货物、设备或家具等。

5.10.4　宜设置食品专用电梯。

5.11　信息标志

5.11.1　应具备功能明确的指示系统，如指路标、导视牌、会议室分布图、楼层分布图、展位分布图，并为主（承）办单位预留展会指示系统空间。

5.11.2　标志应规范、准确、醒目，并符合 GB/T 10001.1 的规定。

5.12　其他设备设施

5.12.1　根据主（承）办单位的要求，配备会议视音频系统，如大屏幕投影系统、同声传译系统、电子表决系统，并预留电话会议和视频会议接口。

5.12.2　音响设备应实现无线麦克不受外部干扰，有线麦克防杂音，音响布置科学，声音均匀。

5.12.3　配备满足多种需要的专业灯光系统，可按需要配备灯架。

5.12.4　配备广告牌、灯箱、彩旗、充气拱门以及气球、汽艇等宣传设施。

6. 安全管理

6.1　治安管理

6.1.1　活动或会议开始前，对会场进行安全检查，确保疏散通道及安全出口通畅、安全标识系统完善、对讲机、手电等协助疏散用品有效；并提前了解参会人数，在疏散出口及重要位置安排数量适当的安保人员。

6.1.2 活动或会议进行时，做好参会人员的安检工作，防止无关外来人员的进入；加强安全巡查，关注群体集散安全，排查不法活动迹象，保障参会人员的人身财产安全。

6.1.3 活动或会议结束后，协助主（承）办单位及时清查，发现客人遗留物品及时通知主（承）办单位。

6.1.4 应建立安全预警机制，发生刑事、治安案件或者意外灾害事故时，应采取应急措施，并配合公安部门进行处理。

6.2 消防管理

6.2.1 应按规定配置消防设施和器材、设置消防安全标志，定期对消防设施和器材进行检查和维护保养，确保消防设施和器材的完好、有效。

6.2.2 应配备消防安全管理员，所有工作人员应掌握消防安全知识。

6.2.3 监督并检查主（承）办单位使用的装修、装饰材料是否符合消防安全要求。

6.2.4 应进行日常防火检查，消除火情隐患。

6.3 施工管理

6.3.1 施工人员应在指定范围内作业。

6.3.2 应对施工过程的安全、消防、作业规范和出入人员进行全程监督，对违规情况进行整改跟踪。

6.3.3 控制施工的噪声影响。

6.3.4 应与施工单位签订施工安全责任书。

6.4 保密服务

6.4.1 应根据会议级别制定相应的保密措施。

6.4.2 应对参与服务的工作人员进行保密教育，明确会议工作人员的保密纪律、责任和义务，确定会议保密工作的责任人。

6.4.3 活动或会议开始前，协助主（承）办单位对会议场地及将要提供会议使用的通信、办公、扩音设备的保密性能进行安全保密检查。

6.4.4 会议或者活动进行时，协助主（承）办单位清理无关人员，巡视检查有无违反保密规定、保密纪律的行为和泄密隐患。

6.4.5 会议或活动结束后，协助主（承）办单位对会场进行检查，防止遗留会议文件、资料和其他物品。

7. 服务管理

7.1 服务人员要求

7.1.1 应具备所从事岗位的基本业务技能。

7.1.2 应遵守服务人员服务规范，按规定的服务流程进行操作。

7.2 会前服务

7.2.1 应按照主（承）办单位要求进行会议现场布置，现场布置包括但不限于：会议摆台、摆放鲜花绿植、可控麦克风、杯具、毛巾、纸笔、桌签等工作。

7.2.2 按照主（承）办单位要求安装投影设备，调试话筒效果，调节空调温度。

7.2.3 会议召开前，应按照任务单的内容对会场进行逐一检查。

7.2.4 会议召开前，应完成设备设施的调试检测。

7.3 会中服务

7.3.1 根据会议规模配备相应的服务人员。

7.3.2 服务人员应在参会人员入场及退场时，提前站立于会议室门口或指定位置迎送参会人员。

7.3.3 根据会议服务需求或会议流程提供音响伴奏或灯光照明。

7.3.4 对参会的老、幼、病、残、孕等人员提供特殊服务。

7.3.5 举办国际会议时，可提供同声传译设施。

7.4 会后服务

7.4.1 检查会场是否有遗失物品，如有遗失应立即还送给客人，如未能送还。应及时上缴，做好记录，并通知主（承）办单位。

7.4.2 检查会场及相关的物品是否有缺失或损坏，及时报告相关负责人。

7.4.3 回收并检查租借、调用的物品，检查有无缺失或损坏，做好相应记录。

7.4.4 回收可重复使用的会议用品，清点数量并记录，清洁桌椅、地面等，将座牌、桌椅等归位。

7.4.5 履行合同结算工作。

7.4.6 收集客户满意度调查表、参会人员意见征询表，对客户小结归档；汇总各模块在会议期间工作的总结，通过分析研究，形成项目经理的最终工作总结。

7.5 餐饮服务

7.5.1 应具有与经营规模相适应的餐饮接待能力，可根据会议或活动的要求，提供宴会、酒会、冷餐会、中西式套餐、自助餐等餐饮服务。

7.5.2 应执行餐饮行业相关规范，如 SB/T 10426 等。

7.5.3 应确保饮食安全。为会议或活动提供的餐饮应经过卫生防疫部门的许可，食品留样 24 小时。

7.6 现场保洁管理

7.6.1 应保持会场内外环境整洁，地面无废弃物。

7.6.2 应每天对地面、墙面和为客人提供的公共用品（如电梯扶手、柜台、门把手和水龙头等）进行清洁、消毒；特殊时期还要对会议中心内部进行空气消毒。

7.6.3 会议中心内应张贴醒目的禁烟标志，禁止吸烟。有条件的会议中心可设置吸烟室，吸烟室要及时清扫，避免烟头、烟灰污染其他地方。

附录二
《展览场馆运营服务规范》（SB/T 10852-2012）

本标准按照 GB/T 1.1-2009 给出的规则起草。

本标准由全国城市工业品贸易中心联合会会展工作委员会提出。

本标准由中华人民共和国商务部归口。

本标准起草单位：全国城市工业品贸易中心联合会会展工作委员会、国家会议中心、苏州国际博览中心有限公司、沈阳国际展览中心。

本本标准主要起草人：刘海莹、陈刚、徐生来、赵闯、许锋、常大磊。

1. 范围

本标准规定了展览场馆运营服务应具备的基本要求、安全要求、内部部门设置、功能设置及配套设施、工程管理、现场管理、配套服务等方面的要求。

本标准适用于提供展览场馆运营服务的组织机构。

2. 规范性引用文件

下列文件对于本文件的应用是必不可少的。凡是注日期的引用文件，仅注日期的版本适用于本文件。凡是不注日期的引用文件，其最新版本（包括所有的修改单）适用于本文件。

GB 2894　安全标志及其使用导则

GB/T 10001.1　标志用公共信息图形符号　第 1 部分：通用符号

GB 13495　消防安全标志

GB/T 17242　投诉处理指南

GB/T 19001　质量管理体系　要求

GB/T 28001　职业健康安全管理体系　要求

GB 50034　建筑照明设计标准

GB 50222　建筑内部装修设计防火规范

GA 654　人员密集场所消防安全管理

JGJ 64　饮食建筑设计规范

3. 基本要求

3.1　资质要求

3.1.1　应具有独立法人资格，能够承担民事责任。

3.1.2　应自有或租赁与展会规模相适应的展厅及相关设施。

3.1.3　应有健全的生产经营组织结构和规章制度。

3.1.4　具有承担展览组织活动风险的能力。鼓励通过 GB/T 19001、GB/T 28001 等管理体系认证。

3.1.5　展馆的建筑及运行管理应符合国家消防、安全、卫生、环境保护等有关法规和标准。

3.2　安全要求

3.2.1　应符合 GA 654 的规定。

3.2.2　应设置疏散通道、安全出口、消防车通道、应急广播、应急照明等应急设施，并配有显著、醒目的疏散指示标志，标志应符合 GB 2894 和 GB 13495 的规定。

3.2.3　场馆所有展厅出入口、主要通道、贵重展品贮存库、停车场出入口以及卸货区等处均应安装监控摄像机，不得存在盲区。

3.2.4　应配置监控设备、安检门或 X 光物品检测仪等安全检测仪器。

3.2.5　应按规定配置消防设施和器材、设置消防安全标志，并配备消防安全管理员，定期对消防设施和器材进行检查和维护保养，加强对易燃易爆物品、灯光、电线等物品的安全管理，确保会场的消防安全。

3.2.6　应建立和健全安全管理制度和安全保卫工作方案，并建立有效的执行和监督机制。

4. 内部部门设置及主要职责

运营服务单位内部宜设置以下部门，或设置和以下部门职责类似的部门。

4.1　销售部

4.1.1　负责场馆的销售工作，完成总经理赋予的销售任务。

4.1.2　定期对市场环境进行调查分析，及时调整销售策略和销售价格，确保完成销售计划。

4.1.3　负责销售合同的谈判与签订。

4.1.4　定期和不定期拜访重点客户，及时了解和处理问题。

4.2　运营协调部

4.2.1　合同签订后，与销售人员进行信息交接，充分了解展览及相关活动信息及主（承）办单位的需求。

4.2.2　协助主（承）办单位制定《参展指南》，组织召开有主（承）办单位和服务商参加的展前协调会。

4.2.3　协助主（承）办单位、布展工程公司、参展商查看场地，并帮助主（承）办单位制定进馆、撤馆计划。

4.2.4　协助主（承）办单位办理公安、消防等部门的报批手续。

4.2.5　协助主（承）办单位协调现场出现的问题，保证布展工程、展览、会议、餐饮等各项活动的顺利进行。

4.2.6　负责收集整理、分析展会数据和会议记录等资料，做好归档工作，完成展会承接工作总结。

4.3　展览现场部

4.3.1　展会前期，按照场馆规定对各参展单位的展台设计图纸进行审核，对布展工程面积及证件需求进行统计，办理布展工程施工证、车证等各种证件，与主场布展工程单位签订安全责任书。

4.3.2　施工期间，配合安保部、工程部监督、检查展览现场的布展工程施工情况，纠正不符合作业规定和安全生产要求的行为。

4.3.3　开展期间，安排巡视检查人员，排除现场可能出现的各种安全隐患，发生突发事件应及时处理。

4.3.4　撤馆期间，负责撤展管理工作，检查场地，撤展完毕后验收场馆。

4.4　工程部

4.4.1　负责场馆内水、电、气、空调、照明及所有硬件的维修维护工作，保证设备设施的正常运行，确保场馆日常工作顺利开展和所有展会安全进行。

4.4.2　按主（承）办单位和参展商申请提供水、电、气接驳服务。

4.4.3　配合安保部、展览现场部监督检查展览现场的施工情况，纠正不符合作业规定和安全生产要求的行为。

4.4.4　依据主（承）办单位或参展商的需要，提供电话线、网线及光纤接驳、AV灯光音响、投影、吊挂、舞台搭建等服务。

4.4.5　应建立7×24小时值班制度，明确值班人员和值班时间。

4.5　安保部

4.5.1　建立、健全保安、交通、消防、安全生产等各方面的规章制度，监督、检查施工单位的执行情况。

4.5.2　配合工程部、展览现场部监督、检查展览现场的施工情况，纠正不符合作业规定和安全生产要求的行为。

4.5.3　进行治安巡查，保障公共财产、个人财产安全及参展人员和工作人员的人身安全。

4.5.4　进行消防安全检查，防止消防火灾事故发生。

4.5.5　制定完善的场馆管理区内的交通管制方案，指挥交通，引导车辆的指引和停放。

4.5.6　应建立7×24小时值班制度，明确值班人员和值班时间。

4.6　财务部

4.6.1　编制财务计划，监督、检查计划的执行情况。

4.6.2　做好经济预算，控制成本费用。

4.6.3　加强财务分析，提供决策参考。

4.6.4 坚持会计监督，维护财经纪律。

4.6.5 安排人员在规定的服务点位收取和退回费用。

5. 功能设置及配套设施

5.1 展厅场地

5.1.1 装修设计应符合 GB 50222 的规定。

5.1.2 标识应规范、准确、齐全、醒目，符合 GB 2894 的规定。

5.1.3 设计布局应便于展品布置、宜采用无柱大空间。

5.1.4 具有一定层高，以满足较高设备的安装。

5.1.5 地面设计规格通常基于一层 $5t/m^2$，其他楼层 $0.5t/m^2 \sim 1.5t/m^2$ 的负载量。

5.1.6 应设置吊点以满足悬挂结构或物件的需要。

5.2 会议室

5.2.1 具有与经营规模、接待能力相适应的规格不等的大、中、小型会议室或演讲厅。

5.2.2 根据会议需求，可提供服务物品。可提供的服务用品包括但不限于：投影仪、幕布、写字板、音响设备、鲜花绿植、杯具。

5.3 贵宾室

5.3.1 可根据主（承）办单位的需要提供贵宾室。

5.3.2 贵宾室宜设置单独门厅，并有独立的卫生间和服务间。

5.4 出入口

5.4.1 具备展品进出和工作人员、参展人员出入的通道，应做到人流物流分开、工作人员和参展人员分开。

5.4.2 应设置紧急出口或安全出口，出口标志必须清楚醒目，应符合 GB 2894 和 GB 13495 的规定。

5.5 通道

5.5.1 宽度应考虑人流、物流、防火和安全等因素；一般主通道宽度不应小于 4.5m，其他通道不应小于 3m。

5.5.2 应保证畅通，不允许展品、废弃物等堆放在通道上。

5.5.3 应设置紧急通道和消防通道，并保证畅通。

5.5.4 宜设置残障人士专用通道。

5.6 卸货区

5.6.1 宜设在室内，或有顶棚的室外。

5.6.2 区域要足够大，以利于多辆货车同时卸货、装货，能满足 5t 以下（含 5t）的货车掉头。

5.6.3 配备便于布展、撤展和货物运输的运输、装卸设备和设施。

5.6.4 货门要足够宽，能满足大型展览展示物品或货车进入展厅。

5.7 停车场

5.7.1 布局合理、规模适当、设施完善，分析机动车进出口与人员通道。

5.7.2 应有规范、显著的交通指示标志，如车场进出标志、限速标志、限高标志、方向标志等。

5.7.3 应配备安全防范设备，如监控系统、防爆设备、防火设备等。

5.8 商务中心

5.8.1 应配备网络、传真、打字、复印、装订、国际和国内长途直拨电话等设备。

5.8.2 应具有旅游、票务、商务咨询、零售区等服务项目。

5.8.3 保证至少有一台电脑安装英文操作系统。

5.8.4 宜配备十人以下（含十人）小型会议室。

5.9 广播设施

5.9.1 应配备在展会期间播放背景音乐、展会通知及紧急事件通知的广播音响设施。

5.9.2 广播系统要有足够的声压级，声音清晰，声场均匀。

5.9.3 广播系统要有优先控制功能。紧急事件发生，消防和保卫室优先控制广播系统，强制进行应急广播。

5.10 信息标志

5.10.1 应具备功能明确的指示系统，如指路标、导视牌、展室牌、展馆分布图、楼层分布图、展位分布图，并为举办单位预留展会指示系统空间。

5.10.2 标志应规范、准确、醒目，并符合 GB/T 10001.1 的规定。

5.11 其他设备设施

5.11.1 配备数量适宜的办公室、洽谈室、展览服务中心、休息室等。

5.11.2 应配备供主（承）办单位、主场布展工程商、货运服务商、海关、商检、动植检疫、卫生检查、知识产权、公关等部门使用的临时办公场所。

5.11.3 宜配备供主（承）办单位或参展商使用的专门库房，以用于存放先行抵达的展品、资料等物资或存放撤展后等待物流公司来收取的展品，也可用于存放展会期间展品的包装箱。

5.11.4 宜配备参展商用于宣传展品及企业形象的广告牌、灯箱、彩旗、充气拱门以及气球、汽艇等设施。

6. 工程管理

6.1 为展位服务的公共设施

6.1.1 公共服务设施包括但不限于：电箱或三相电源插座、电话和电脑线、压缩空气、饮用水、排水和燃料供应。

6.1.2 应设置地下管沟，方便设备管线的排布、管理、维修以及调整。

6.1.3 管线和电缆的位置、标识、阀门和开关应符合安全要求。

6.2 照明设施

6.2.1 应符合 GB 50034 的要求。

6.2.2 应在配电房、水泵房、消防中心、重要办公室与会议室、疏散走道等设应急照明灯，在疏散通道及公共出口设疏散指示标志灯。

6.2.3 应对所有标准摊位的照明及电源安装提供服务。

6.3 通信系统

6.3.1 根据展会主（承）办单位或参展商的要求，可在展位、会议室、办公用房等场所提供直线电话、国际直拨电话。

6.3.2 在地下层及其他移动通信盲区，宜设置移动通信中继收发设备。

6.4 供电

6.4.1 应保证供电系统满足不同展会活动的电力要求。

6.4.2 展厅内应设有足够的电源接口和插头。

6.4.3 场馆运营单位应对展厅用电及安装灯箱提前审核，审核合格后，派出专门电工指导装接电源。

6.4.4 展厅内使用的电器应符合安全要求和场馆运行方的要求，电器安装时应保证线路连接可靠，并充分考虑通风及散热，不得与易燃物直接接触。

6.5 电梯

6.5.1 在人流密集区安装足够的自动手扶电梯，实际使用时，根据具体流量情况确定电梯不同的运送方式。

6.5.2 应设置货物运输电梯，大宗、大件展品或货物应通过货物电梯运输，禁止用自动扶梯和客梯运送货物、设备或家具等。

6.5.3 宜设置食品专用电梯。

7. 现场管理

7.1 主（承）办单位进场

7.1.1 审核主（承）办单位递交的法人执照、展会批文、消防批准文件及治安批准文件。

7.1.2 审核展位平面图及展位设计图，并保证其符合场馆安全管理规定。

7.1.3 与主（承）办单位签订（治安、消防、施工）安全责任书。

7.2 施工单位进场

7.2.1 审核或配合主场布展工程商审核展览工程设计方、施工方的资质。

7.2.2 审查或配合主场布展工程商审查展位结构、材料、安全用电等项目，审查合格后发放施工证，所有施工单位凭证方可进场。

7.2.3 与施工单位签订施工安全责任书。

7.3 布展工程

7.3.1 在场馆进行的布展工程工作包括但不限于：展位画线、地毯铺设、参展商报道和进场、展位搭建协调、现场施工管理和验收、展位楣板的制作、现场安全保卫、消防和安全检查、现场清洁和布展垃圾的处理。

7.3.2 应对布展工程实施过程的安全、消防、作业规范和出入人员进行全程监督，对违规情况进行整改跟踪。

7.4 开展

7.4.1 全程监督展会开馆前的各项工作，协调展会开幕式环节中的相关事宜。

7.4.2 展会控制包括但不限于：观展线路、人流量、各展位情况；应对突发事件的处理，保证展会现场的安全、有序；做好过程中的沟通、协调、记录工作。

7.4.3 闭馆前，应在保证安全的前提下，切断水电气、安全门及通道的锁闭；并保证展会夜间的安全。

7.5 撤展

7.5.1 在场馆的撤展工作包括但不限于：展位的拆除、参展商租用展览器材的退还、参展商展品的处理和回运、场馆的清洁和撤展安全保卫等。

7.5.2 场馆运营方应监督参展商或承建商按规定的程序进行展位的拆除，并检验场馆设施设备是否有损坏。

7.5.3 场馆运营方宜督促参展商将临时租用的展览器材及时退还场馆，并应对所有出馆展品进行查验。

7.5.4 场馆运营方或指定的布展工程商宜在撤展结束后6h内处理完场馆内的垃圾。

7.5.5 履行合同结算工作。

7.6 交通管理

7.6.1 展会活动开始前，应就活动期间的交通问题与当地交管部门进行沟通，并取得交管部门的支持。

7.6.2 统一发放"车辆通行证"，无"车辆通行证"的车辆一律不允许进入场馆区。

7.6.3 在重要的道路出口和交叉路口设置清楚、明显且足够多的指示信号灯和指示标牌，引导车辆按规定的路线行驶。

7.6.4 设计车辆行驶路线时，应把人流和车流分开。

7.7 现场保洁管理

7.7.1 应随时保持场馆内外环境整洁，地面无废弃物，及时清除场内的所有垃圾和污垢。

7.7.2 每天展会闭馆后，应对地面、墙面和为客人提供的公共用品（如电梯扶手、柜台、门把手和水龙头等）进行清洁、消毒；特殊时期应对场馆内部进行空气消毒。

7.7.3 场馆内应张贴醒目的禁烟标志，有条件的场馆宜设置吸烟室，吸烟室应及时清扫，避免烟头、烟灰污染其他地方。

7.8 现场安全管理

7.8.1 协助主（承）办单位制定安全、保卫方案，并保障方案的实施。

7.8.2 展台设计、制作及安装应符合安全操作要求，无安全隐患。

7.8.3 布展基本结束后（一般在开幕的前一天），场馆运营方应会同主（承）办单位以及公安消防部门，组织以防火为主的安全大检查，对查出的隐患应立即进行整改。

7.8.4 展会期间加强巡视，维护参展人员的人身及财产安全。

7.8.5 针对活动特点，制定公共卫生、治安事件、设施设备突发故障等各项突发事件应急响应预案。

8. 配套服务

8.1 信息咨询服务

8.1.1 设置信息咨询台，要求信息咨询台的工作人员能详细解答参展人员提出的展位布置、场馆所提供的服务、当地旅游景点、展馆周边交通、住宿、就餐、购物等方面的问题。

8.1.2 咨询台应配置足够的信息资料以供参展人员索取，信息资料宜准备多种语言版本。

8.2 物品寄存或保管服务

8.2.1 应提供保管箱服务，用于衣帽存放和小件物品寄存。

8.2.2 严格办理寄存手续，严格按照手续要求存放和提取物品，并说明贵重物品丢失的免责范围。

8.2.3 严格检查存放的物品，不得寄存有毒有害品、易燃易爆品、具有腐蚀性的物品。

8.3 餐饮服务

8.3.1 宜提供包括快餐服务、咖啡厅服务、饮用水供应、小食品售卖等多种形式的餐饮服务。

8.3.2 餐厅和厨房的建筑设计应符合 JGJ 64 的规定。

8.3.3 应确保饮食安全。为展会活动提供的餐饮应经过卫生防疫部门的许可，食品留样 24h。

8.3.4 餐饮工作人员应持卫生健康证上岗。

8.4 投诉与意见反馈

8.4.1 定期或不定期收集和整理各方的反馈意见和建议，按照 GB/T 17242 的要求，建立完善的客户投诉处理制度。

8.4.2 处理顾客意见或建议时应积极热情、认真及时、记录完整。

8.5 网络和信息服务

8.5.1 应配备智能化网络信息系统，并宜提供包括无线宽带网、有线宽带网在内的多种上网服务。

8.5.2 应保证活动期间网络运行质量，确保网络安全、畅通、稳定。

附录三
《展览场馆服务管理规范》（GB/T 36681-2018）

本标准按照 GB/T 1.1-2009 给出的规则起草。

本标准由全国会展业标准化技术委员会（SAC/TC 348）提出并归口。

本标准起草单位：中国国际展览中心集团公司、中国国际贸易促进委员会纺织行业分会、中国邮电器材集团公司、北京国贸国际会展有限公司、北京华毅东方展览有限公司、北京德士比形象策划有限责任公司。

本标准主要起草人：贺彩龙、蔡国枫、陈峰、王媛斌、赵鸥、徐迎新、潘臻、孙国伟、安翔、何春生。

1. 范围

本标准规定了展览场馆服务与管理的基本要求、分项要求及评价与改进要求等。

本标准适用于展览场馆运营方对展览场馆服务的全程管理以及管理活动。

2. 规范性引用文件

下列文件对于本文件的应用是必不可少的。凡是注日期的引用文件，仅注日期的版本适用于本文件。凡是不注日期的引用文件，其最新版本（包括所有的修改单）适用于本文件。

GB/T 19012　质量管理　顾客满意　组织处理投诉指南

GB/T 26165　经济贸易展览会术语

GB/T 27306　食品安全管理体系　餐饮业要求

3. 术语和定义

GB/T 26165 界定的以及下列术语和定义适用于本文件。

3.1　展览场馆运营方 Exhibition Venue Operator

自有展览场馆或受展览场馆产权方委托，对展览场馆进行经营管理和日常维护的单位。

3.2　外包服务商 Outsourced Service Provider

展览场馆运营方根据需要聘用的为展览场馆提供专业服务的机构。

4. 基本要求

4.1　组织

展览场馆运营方应具有工商行政管理机关注册登记的独立法人资质。

4.2 人员

4.2.1 展览场馆运营方应审核服务人员符合服务岗位在健康、卫生和技能等方面的资质要求。

4.2.2 展览场馆运营方应建立服务人员岗前培训和在岗培训制度,定期考核服务人员对相关法律法规要求、服务知识和服务技能的掌握。

4.2.3 展览场馆运营方应建立服务人员的服务行为规范并推动实施。

4.3 设备设施

4.3.1 展览场馆运营方应根据设备性能、使用要求和使用限制等制定展览场馆设备设施的使用方案,包括但不限于:

a) 标识系统设计;

b) 人流、车流、物流规划;

c) 安防监控系统规划;

d) 门禁、安检区域规划;

e) 水电气接驳规划;

f) 餐饮点规划;

g) 广告设施规划;

h) 临时通讯基站规划;

i) 停车场、室外场地和临时仓储规划;

j) 垃圾分拣和临时存放区域规划。

4.3.2 展览场馆运营方应审核外包服务商提供的设备设施,确认其符合国家相关规定要求和展览场馆整体使用规划。

4.3.3 展览场馆运营方应建立设备设施巡查、检测、维护、维修、保养管理制度和工作流程,分层级确认管理要求和责任,建立实施档案管理制度。

4.4 管理体系

4.4.1 展览场馆运营方应遵守服务管理中所涉及的安全消防、检验检疫、卫生防疫等方面的法律、法规要求。

4.4.2 展览场馆运营方应建立与展览场馆特点相适应的管理体系,制定服务流程、服务规范和应急预案。

4.4.3 展览场馆运营方应建立外包服务商选择、监管、沟通和评估机制,并与外包服务商签订相关合同,明确责任和义务。

5. 服务与管理要求

5.1 销售

5.1.1 应审核主(承)办单位资质和展览会基本情况。

5.1.2 应向主(承)办单位介绍展览场馆情况并提供相关资料,包括但不限于:展览场馆设施介绍及技术参数、合同范本、展览场馆使用规定和展览场馆周边配套服务等。

5.1.3 应根据展览场馆使用情况和主（承）办单位需求协商安排展览会档期。

5.1.4 应要求主（承）办单位提供相关资料备案，并提交统一格式的租馆申请。

5.1.5 应与主（承）办单位签订规范格式的租馆合同，跟踪主（承）办单位招展情况，并及时签订补充合同。

5.2 运营

5.2.1 应向主（承）办单位介绍展览场馆服务项目、申请流程、申请时限及相关规定等，汇总、落实主（承）办单位和参展商的服务需求。

5.2.2 应收集并分析主（承）办单位制定的市场推广方案、观众组织方案和现场活动方案，对项目进行风险评估。

5.2.3 应要求主（承）办单位对展会过程中可能造成的人身伤害、财产损失和其他风险进行充分、足额的保险，并提供保险合同备案。

5.2.4 应根据展览会规模和特点制定实施方案，内容包括但不限于展会基本信息、工作人员联络表、各项服务工作计划和应急预案等。

5.2.5 应按照规范程序与主（承）办单位办理展馆租用交接手续。

5.2.6 应在展览会期间对服务设施、服务人员、服务质量和服务安全进行检查监督。

5.2.7 宜在展览场馆内明显位置设置现场服务中心，受理各类问询和投诉。

5.2.8 应建立项目档案管理制度，内容包括但不限于：展会基本情况、备案文件合同及服务订单、付款凭证和实施方案等。

5.3 水电气施工

5.3.1 应根据展览场馆水、电、气负荷能力和使用要求，对承建商和参展商申报的展台用水、用电及压缩空气需求进行审核。

5.3.2 应对展览会现场水电气接驳和使用进行监督，监测实际用量。

5.3.3 应按照与主（承）办单位约定的时间和程序，按时接通或切断水电气源。

5.4 搭建施工

5.4.1 应审核主场服务商资质并签订安全责任书。

5.4.2 应根据国家相关规定，审核或复核主场承建商和特装承建商提交的展台及公共设施设计方案。

5.4.3 应根据展览场馆施工搭建管理规定，发放统一施工证件，并对施工人员和施工作业现场进行规范管理。

5.4.4 应根据审核通过的设计方案对现场展台和公共设施的结构材料、高度等进行检查。

5.5 安全消防

5.5.1 应根据国家相关规定，制定展览场馆安全管理制度和应急预案，对展览场馆安全消防设施进行日常维护，并对日常安全消防工作进行检查监督。

5.5.2 应根据国家相关规定，审核主（承）办单位提交的展位平面图和展览会安全方案，并协助主（承）办单位办理展览会安全、消防报批手续。

5.5.3　应配合相关管理部门和主（承）办单位，对展览会期间的安全消防工作进行检查监督。

5.5.4　应要求外包服务商对服务人员进行安全培训，落实安全责任。

5.6　保洁和垃圾清运

5.6.1　应根据展览场馆设施条件和主（承）办单位需求，对保洁和垃圾清运工作的范围、程序、时限和质量进行检查监督。

5.6.2　应确认垃圾分类收集和清运方式符合国家环境保护的要求。

5.7　餐饮

5.7.1　应根据展览场馆设施条件和展览会的规模、特点，对展览场馆内的餐饮设施和餐饮服务进行规划统筹。

5.7.2　应按照 GB/T 27306 的要求，对展览场馆内餐饮服务的人员、设备设施、关键过程进行检查监督。

5.8　会议

5.8.1　应审核会议相关文件，并根据会议规模和需求安排适当的会议场地。

5.8.2　应按照规范程序与主（承）办单位办理会议场地和会议设备租用交接手续。

5.9　票证和展会信息

5.9.1　应根据展览场馆设施条件和主（承）办单位需求，对票证制作、发放和核验流程进行监督。

5.9.2　应根据展览场馆票证管理规定审核主（承）办单位发放的各类票证样本并登记备案。

5.9.3　应根据主（承）办单位发放票证数量，对展览会期间每日人流量进行监测和风险评估并制定相关预案。

5.10　网络通讯

5.10.1　应根据国家相关规定落实互联网安全保护技术措施。

5.10.2　应根据展览场馆设施条件和使用要求对展览服务商和参展商申报的网络通讯需求进行审核。

5.10.3　应对展览场馆网络通讯服务质量进行检查监督。

5.11　交通和物流

5.11.1　应根据展览场馆设施条件、展会规模、展品性质和主（承）办单位需求，对展览场馆内部交通路线和交通状况进行协调管理，包括但不限于设定各类车辆进出馆时间、进出馆路线、作业区域、停放区域和允许停留时间等，并进行现场指挥疏导。

5.11.2　应根据展览场馆车辆管理规定，统一制作、发放、核验各类车辆证件。

5.11.3　应配合地方交通管理部门，对布展和撤展期间展览场馆周边交通路线和交通状况进行协调管理。

5.12　广告

5.12.1　应根据国家相关法律法规对展览场馆内发布的广告内容进行审核。

5.12.2　应根据审批通过的广告发布方案对现场广告的内容、位置、数量和施工安全进行检查监督。

5.13　其他服务

5.13.1　可根据展览场馆设施条件和主（承）办单位需求提供其他服务，包括但不限于商务中心、医疗急救、物品寄存、物品租赁、信息咨询等。

5.13.2　应对各项服务的服务范围、服务流程、服务质量及收费标准进行规范监督。

6. 评价与持续改进

6.1　应建立完善的服务质量管理体系，对服务效果和服务效率进行评估。

6.2　应建立完善的客户意见反馈体系，按照 GB/T 19012 的要求，透明、公正、快捷地处理主（承）办单位、参展商和观众的投诉。

6.3　应根据评估结果和投诉意见确定服务改进目标并落实服务改进措施。

附 录 四 会 展 场 馆 相 关 网 址

[1] 场馆管理协会

https：//www. vma. org. au/.

[2] 国际场馆管理者协会

https：//www. iavm. org/.

[3] 卓越会议中心管理

http：//www. aipc. org.

[4] 活动场馆协会

https：//www. aev. org. uk/.

[5] 国际会议中心协会

http：//www. iacconline. org/.

[6] 国际目的地

https：//destinationsinternational. org/.

[7] 会小二

http：//www. huixiaoer. cn/.

[8] 中国会议酒店联盟

http：//www. confhotel. cn/nav2. html.

[9] 中国展览馆协会

http：//www. caec. org. cn/home.

[10] 中国博物馆协会

http：//www. chinamuseum. org. cn/.

[11] 中国体育场馆协会

http：//www. csva. org. cn/news/58. html.

后　记

经过四年的文献分析和场馆现场考察、近两年的文案撰写和多次修改，以及多方筹集资金，本书终于付梓。其中之甘苦，只有过来者知道。然而，会展场馆的经营与管理仍然面临着许多亟待解决的重要问题。决策失误和（或）管理低效造成的场馆闲置和服务不满意，以及由此导致的巨大资源浪费，在现实中并不是个案。这些问题需要学术界同仁深入研究，提出更有效和更易于操作的办法。本书介绍的那些成功的可视为"标杆性"的实践经验也需要时间检验，经历理论升华的过程。令人担忧的是，部分理论还相当"不成体系"和"不够深入"。期待业内同仁投入更多精力和经费，建立更为科学和专业的知识体系。

在我出版的多本书籍中，能够认真求证每一个问题的出版社并不多，经济管理出版社可算其中之一。这种严谨不仅是对编著者负责，更是对广大读者负责，是对本人治学的激励和鞭策。再次感谢王光艳老师及其编审团队的辛勤工作。

贾岷江

2021 年 6 月